本丛书为中国海洋大学中国传统文化研究中心、青岛大学国学研究院规划项目；本丛书 6 部著作分别获得山东省及青岛市社会科学规划办立项支持，丛书的出版得到青岛市崂山风景区管理局崂山旅游集团有限公司的部分资助。

　　本书为 2018 年度青岛市社会科学规划项目（批准号：QD-SKL1801082）结项成果。

崂山
文化研究丛书

第二辑

研究 崂山道教题刻

孙立涛 著

中国社会科学出版社

图书在版编目(CIP)数据

崂山道教题刻研究 / 孙立涛著 . —北京：中国社会科学出版社，2020. 12
(崂山文化研究丛书·第二辑)
ISBN 978-7-5203-6285-6

Ⅰ.①崂… Ⅱ.①孙… Ⅲ.①崂山—道教—石刻—研究 Ⅳ.①K877.404

中国版本图书馆 CIP 数据核字(2020)第 059419 号

出 版 人	赵剑英
责任编辑	宫京蕾
责任校对	秦 婵
责任印制	郝美娜

出 版	中国社会科学出版社
社 址	北京鼓楼西大街甲 158 号
邮 编	100720
网 址	http：//www.csspw.cn
发 行 部	010-84083685
门 市 部	010-84029450
经 销	新华书店及其他书店

印刷装订	北京君升印刷有限公司
版 次	2020 年 12 月第 1 版
印 次	2020 年 12 月第 1 次印刷

开 本	710×1000 1/16
印 张	17
插 页	2
字 数	284 千字
定 价	98.00 元

凡购买中国社会科学出版社图书，如有质量问题请与本社营销中心联系调换
电话：010-84083683

崂山文化研究丛书（第二辑）
编委会

主编：刘怀荣　宫泉久

编委会成员

（按姓氏笔画排列）

孙立涛　汪　泽　苑秀丽

赵　伟　潘文竹

总　序

刘怀荣

　　崂山位于齐地之东部，僻处海滨，砥柱洪流，在很长的历史时期里，都属于人迹罕至之地。然崂山之名，不仅在历史上很早就广为人知，而且在当代国际社会，也堪称东方名城青岛的特殊标志。在国外，如果有人知道崂山而不知道青岛，也许并不是一件不可理解的事。

　　崂山美誉的广泛传播，固然与其"三围大海、背负平川、巨石巍峨、群峰峭拔"①，深幽而罕见的自然风光不无关系，而就实际的情形来看，道教及与之相关的一系列神秘文化，也许是引起古今中外人士关注崂山更重要的因素。崂山道教的真正起源虽然要晚得多，但是早在道教正式诞生之前，齐地即已因方仙道、黄老之学以及黄老道而闻名遐迩。这不仅构成了崂山道教特有的显赫"家世"，也成为其后来植根深厚、叶茂枝繁的地域文化沃壤。因此，从唐末五代的李哲玄，到北宋的华盖真人刘若拙，再到金元之际的全真诸位高道，都不约而同地选择崂山作为修道之所，可谓英雄所见略同。崂山道教后来能发展为"道教全真天下第二丛林"，出现"九宫八观七十二庵"的盛况，虽离不开全真教历代高道的大力弘扬，但神秘独特的自然环境与悠久深厚的文化传统，更是缺一不可的。

　　崂山道教的发展，进一步提升了崂山的知名度。从明代万历年间起，佛教中人也开始把目光投向这里，但道教在这里有深厚的根基，晚来的佛教注定无法占据上风。憨山、自华、慈霑，虽然都是僧人中的佼佼者，但憨山所建海印寺在万历佛道之争中被毁，黄氏、周氏两大家族为明朝僧人自华大师所建的洪门寺（又名西莲台），到了清代乾隆末年

---

① 《道藏》第25册，文物出版社、上海书店、天津古籍出版社1988年版，第819页。

就已倾圮，只有慈霑任第一代住持的华严庵，经数次重建，后更名为华严寺，至今仍存，这也是崂山目前唯一的佛寺。虽然崂山佛教远不如道教兴盛，但同样不可忽视。

山海胜境、神仙传统，吸引了道、佛二教，而这三大资源的汇合，进而引发了世人无穷的好奇之心。虽然道路崎岖难行，历代仍不乏名人雅士前来探胜观光。直到德国占领青岛期间（1897—1914），开辟了十六条登山通道。此后，沈鸿烈主政青岛时期（1932—1937），进山道路得到进一步的修缮，游人更是接踵而至。而古今文人墨客来游者，往往将人生之悟、身世之慨与山水之美融为一体，即兴为文。岁月沉积既久，不仅道佛文化自成体系，自有历史，名人也为崂山日益增色，他们留下的那些脍炙人口、传之后世的诗词文赋，更成为崂山人文的重要组成部分，使这座清奇幽深的名山，增添了更加丰富深沉的人文意味。因而，梳理、总结崂山之人文，也就显得更加重要了。在这方面，古人已经做了很多，从明末黄宗昌撰写第一部《崂山志》、近代太清宫道士周宗颐撰写《太清宫志》起，修撰各类《崂山志》及探究崂山道教历史者，实在不乏其人。因而，崂山宗教文化与历史、来游崂山的名人及其诗文著述，已在无形中构成了人文崂山的重要组成部分。尤其在每年前来崂山的游人动辄过千万①人次的今日，把崂山文化以通俗易懂的方式，准确地介绍给海内外游客，就显得更为重要。

这样的一种认识，对我们来说并非一时的心血来潮。早在笔者初到青岛工作的 1992 年，就发现在有关崂山道教史及文化史的相关介绍中，存在着不少似是而非的问题。1993 年 9 月 15—18 日，中国旅游协会旅游文

----

① 据崂山区统计局《2012 年崂山区国民经济和社会发展统计公报》《2013 年崂山区国民经济和社会发展统计公报》，2012 年崂山区接待海内外游客 995 万人次，其中，国内游客 863.5 万人次，入境游客 131.5 万人次；2013 年接待海内外游客 1147 万人次，其中，国内游客 1119 万人次，入境游客 28 万人次。分别见崂山区委区政府门户网站"崂山统计局"，http://tjj.laoshan.gov.cn/n206250/n500254/index.html，2013 年 2 月 5 日、2014 年 2 月 21 日。到了 2017 年，崂山区全年旅游接待人数达到 1680 万人次，见《2017 年崂山区国民经济和社会发展统计公报》，崂统〔2018〕6 号，http://www.laoshan.gov.cn/n206250/upload/180224090240818770/180224090240795134.pdf，2018 年 2 月 24 日。又据 2018 年 5 月 29 日公布的《青岛市全域旅游规划纲要（2018—2021 年）》统计，2017 年，青岛市全年接待游客总人数 8808 万人次，而 2021 年的目标则是接待海内外游客 1.2 亿人次。这说明来青岛的游客在逐年增加，每年至少有上千万人到崂山观光旅游。

学专业委员会（中国旅游文学研究会）第六届年会暨 1993 青岛国际旅游文化研讨会在青岛市召开，会议由青岛大学文学院具体承办。笔者当时提交的论文是《崂山道教及其在中国道教史上的地位》（后刊于《东方论坛》1995 年第 3 期），这是我探讨崂山道教文化最早的一篇文章。自此之后的 20 多年来，我本人断断续续写了一些有关崂山道教、崂山志或崂山文化的文章，也尽可能收集了与崂山文化有关的典籍。其间，还在青岛市崂山文化研究会负责过宗教文化专业委员会的工作。研究会出版的《崂山研究》第一辑（中国海洋大学出版社 2006 年版）、第二辑（中国海洋大学出版社 2008 年版）所收的部分论文，也是在上述认识的指导下，组织部分师友所做的一点工作。

《崂山道教与〈崂山志〉研究》（中国社会科学出版社 2011 年版），是我们出版的第一部专著。在完成此书的同时，我们逐渐形成了选择典型的专题和典籍对崂山文化进行系统整理、研究的思路，拟定了《崂山文化研究丛书》（以下简称《丛书》，包括 40 余部著作）的研究书目，计划分四到五辑陆续出版。《丛书》第一辑由人民出版社于 2015 年 6 月出版，包括《崂山道教佛教研究》《崂山文化名人考略》《崂山志校注》《劳山集校注》《周至元诗集校注》《崂山游记精选评注》《崂山诗词精选评注》七部著作近 200 万字。这七部著作出版后，产生了良好的社会反响。《文汇读书周报》《山东社会科学》《东方论坛》《青岛早报》《青岛财经日报》、"大众网·理论之光"、推荐书网等报刊和媒体都刊发了书评，对《丛书》第一辑给予了很高的评价。《丛书》获得了 2016 年山东省社科普及一等奖，2016 年全国社科普及优秀作品奖。青岛市风景管理局则将《丛书》第一辑定为礼品书和下一步崂山文化旅游规划与发展的重要参考丛书。

本书为《丛书》第二辑，在《丛书》第一辑的基础上，选择了六个专题，对崂山文化做了进一步的深入研究，现将六部著作简要介绍如下。

《沈鸿烈研究》，是第一部沈鸿烈研究的专著。全书以沈鸿烈驻守及主政青岛时期的崂山开发和市政建设为重点，在尽可能参考沈鸿烈及他当年同事们的回忆，并在参阅《青岛市实施都市计划方案（初稿）》《青岛市政府行政纪要》等第一手档案材料的基础上，系统探讨了沈鸿烈在青岛十年多的崂山规划与开发、主政期间的施政纲领及在市政规划建设、乡村建设、民生、教育、抗战等方面的贡献，意在还原一座城市与一个人的关系史。同时，对沈鸿烈一生其他阶段的生平事迹，也做了初步系统的梳理，力求比较全面地反映其生平行事和仕宦交游。

《游崂名士研究》，是第一部研究游崂山名士的专著。名士的游赏活动是山水文化的重要组成部分，对于提升自然山水的知名度具有无可替代的作用，游历崂山的名士也不例外。本书选取郑玄、法显、李白、丘处机、高弘图、憨山、黄宗昌、顾炎武、王士禛、高凤翰、蒲松龄、胡峄阳、匡源、康有为、周志元从汉代至 20 世纪 60 年代的 15 位游崂名士，对他们的活动踪迹及与崂山的关系做了深入的考察，通过历史事实的生动还原，揭示了作为海上名山的崂山，如何在名士的游赏活动和生花妙笔中，展现出更令人神往的人文魅力，获得了"山因人而重，文因山而传"，名士、名文与名山相得益彰的传播效应，对崂山文化的升华起到了非常重要的作用。

《即墨黄氏家族文化研究》，是第一部系统研究黄氏家族文化的专著。在即墨"周黄蓝郭杨"五大家族中，黄氏家族持续时间较长、代表性人物较多、影响力也最为深远。因地域关系，黄家几代人的命运和生活都与崂山发生了密切的联系。本书在对黄氏家族的家族历史、家族名人、家风家教、家族文学等进行系统梳理的基础上，重点对黄氏族人，尤其是黄宗昌父子和黄肇颚与崂山的关系作了深入探讨。不仅有助于更好地了解明清时期山东文化家族的发展文化，对传承崂山文化及发掘崂山旅游文化资源，也有重要的现实意义。

《即墨蓝氏家族文化研究》，是第一部系统研究蓝氏家族文化的专著。即墨蓝氏家族自蒙元时期以军功起家，至明清时期，人才辈出，逐渐成为山东知名的文化世家。本书从家族概说、仕宦佳绩、艺文著述、孝行义举、家族教育、崂山情结等方面，探讨蓝氏家族重农兴商的治家原则、"为官一任，造福一方"的从政理念、"诗书继世，孝义传家"的家风；并对蓝氏建于崂山的祖坟和华阳书院、蓝氏族人的崂山之游和崂山之咏做了详细的考证和分析，揭示了蓝章、蓝田、蓝润、蓝启肃等蓝氏名人与崂山的诸多因缘及其对崂山人文美锦上添花的历史事实。

《崂山道教题刻研究》，是第一部系统研究崂山道教题刻的专著，以崂山道教人物事迹题刻、诗词题刻、碑记与庙记题刻为研究对象，从历史、文学、文献、训诂等多学科入手，对崂山道教题刻的产生背景、题刻作者及生平、题刻内容及相关的道教术语、诗词典故、疑难字句、史事、掌故及题刻的艺术特征和文化意义等，做了详细考证和解说，对其中的疑难文字及前人成果中的错谬，加以辨识与正误。有助于读者深入了解崂山历史文化的底蕴，对崂山题刻的挖掘、保存和传承具有重要的价值。

《崂山民间故事研究》，是第一部系统研究崂山民间故事的专著。崂山民间流传的人物故事和风物故事集中体现了当地民众对神话、历史、自然地理乃至社会生活诸多方面的原生态理解，其集体性、口头性、变异性、传承性等特点鲜明。"异类婚恋""兄弟分家""问神仙"等世界民间故事主题在崂山地区的流传，反映出中外文化的交流及异同。某些众所周知的朴野乡谈，实际上植根于中国古代相关典籍之中，既昭示了传统典籍的魅力，也是崂山地区文化底蕴深厚的明证。本书在立足民间故事、反映崂山特色的同时，力图以故事文本为枢纽，建立起沟通古今、中西、雅俗的桥梁。

上述六部著作，《沈鸿烈研究》《游崂名士研究》立足政治文化名人，《即墨黄氏家族文化研究》《即墨蓝氏家族文化研究》以家族文化为中心，《崂山道教题刻研究》和《崂山民间故事研究》分别从道教和民间故事入手，在《丛书》第一辑研究的基础上，对崂山文化进行了系统、深入的专题研究，所使用的地方志、档案及家族文献资料，多为以往论著重视不够或未曾系统关注，因而也是各自论题系统性专门研究的首部专著，都具有鲜明的开拓性和创新性。是为《崂山文化研究丛书》第二辑。

我们的研究工作，获得了山东省和青岛市社科规划办的立项支持。中国海洋大学中国传统文化研究中心、青岛大学国学研究院将本辑六部著作列为规划项目，第二辑的部分出版费来自我个人的校拨科研启动费。青岛市崂山风景名胜区管理局崂山旅游集团有限公司，也为本辑的出版提供了部分资助。我谨代表课题组全体成员，在此对上述单位和机构的扶持表示衷心的感谢！

中国社会科学出版社的宫京蕾老师，是一位优秀的编辑。我们曾有过多次合作，我个人的多部著作，都是宫老师任责任编辑。本辑的出版，再次得到宫老师的支持。她严谨高效的工作，为本辑的质量提供了重要的保证。我们在此表达崇高的敬意，愿学术的友谊长存！

丛书的研究工作将在中国海洋大学传统文化研究中心和青岛古典文学

研究会的共同努力下继续推进，争取在以后几年里陆续完成预定计划中的其他工作。这些工作也许不在各高校的考评范围之内，但能够发掘崂山的人文魅力，为青岛这个年轻城市的文化建设尽一点绵薄之力，我们仍会深感欣慰。

刘怀荣

2019 年 2 月 22 日

于中国海洋大学

前　言

　　崂山作为公认的道教名山，不仅有众多的宫观庙宇及相关的文化古迹分布其上，而且有大量与道教相关的碑碣刻石遍布于各个山区。从类型上看，崂山道教题刻包括题字、诗词题刻、道事题记、宫观碑和道教符号、道教图录等。从年度分布上看，崂山上最早的道教题刻可追溯至唐代，元明两代所留题刻最多，尤其以道家诗词最为明显，明清以来又出现了较多与道观重建相关的碑刻与庙记。这些道教题刻是历史留给崂山的文化遗产，它们载录着崂山道教文化发展的历程，从中我们能够真真切切地感受到崂山道教文化的生机与活力。

　　关于崂山题刻，历代文人学士给予过一定的关注，如青岛市史志办公室所编《崂山志》言及："自元、明两代以来，崂山刻石甚多，宫观寺院碑碣林立，高山古洞摩崖连壁，分散在整个山区，诚为可观。清代光绪年间，即墨人黄肇颚编纂《崂山艺文志》时，曾对崂山的刻石作过考察，但因崂山地域宽广，山路崎岖，难以全部搜罗。1928年撰修《胶澳志》时，曾派拓手两人入山寻拓，恰逢霖雨为灾，中途折回。30年代，袁榕叟、唐廷章曾入山经年，寻得崂山刻石及碑记共242处，拓片200余帧，后亦散佚不存……1979年，青岛市成立'崂山风景点恢复领导小组'，组织专人恢复和增刻崂山的摩崖刻石……初步查得残存摩崖刻石及题刻121处，又增补刻石106处，合得227处，另外，在山区偏远处仍有刻石数十处未能勘察修复，共计崂山之刻石为270余处。1999年普查共查得保存较为完好的摩崖字画359处。"

　　自清代以来，在与崂山相关的史志文献中，多有对崂山题刻的相关介绍。如清代即墨贡生黄肇颚于光绪年间编成的《崂山续志》（后改名《崂山艺文志》），对崂山各地名胜古迹处遗存的石刻铭文有详细的载录。民国时期赵琪修、袁荣等编纂的《胶澳志》言及清末续修《山东通志》时，

"载有（崂山）明霞洞、鹤山洞、南天门各题字及邱长春诗刻，翠屏山金元人摩崖、聚仙宫碑、宋李侍郎墓碑等目"。除此之外，清末胶州人士王葆崇还专门撰有《崂山金石录》一卷。

近代以来，文人学者编写崂山文化类的著作时，更是离不开崂山题刻方面的内容。如民国时期太清宫监院周宗颐所编《太清宫志》即辑有太清宫中历代碑志资料；周志元的《崂山志》专设"金石志"一卷对崂山各地的摩崖碑碣进行辑录；蓝水《崂山古今谈》叙及崂山各地名胜之时亦附有相关的题刻内容。当代崂山县志编纂委员会编《崂山县志》、青岛市史志办公室编《崂山志》、高明见的《道教海上名山——东海崂山》、任颖厄的《崂山道教史》等，都设有专门的章节对崂山刻石、碑碣进行辑录或介绍。而王集钦的《崂山碑碣与刻石》（此外尚有《崂山刻石录》一文）、王瑞竹的《崂山诗刻今存》和《崂山题刻今存》是特意辑录崂山题刻的专著，且配有相应的图片予以参照。青岛市崂山风景区管理局和崂山区文化新闻出版局新近出版的《崂山摩崖集萃——华楼篇》，则是专门针对崂山西北华楼山地区的众多摩崖题刻，采取图文并茂的方式并按照题刻的年代顺序进行的考察。

以上文史资料和相关著作述及的崂山题刻基本为文本辑录性质，未对题刻的内容及其文化蕴含作出详解，且多是各类题刻并存载录，既有题字，又有诗词或碑记，既有崂山道人题刻，又有游崂文士题刻。只有王瑞竹的《崂山诗刻今存》是专门辑录崂山诗词题刻的专著，但亦侧重于本文辑录。不过，大部分前期成果对某一题刻在崂山的方位、字体字径、产生背景、题刻作者或其中的疑难字词进行了简述。因部分题刻产生的时间较早，历经多年已风化严重，文字辨识上存在困难，再加上有些文献对题刻内容进行载录时存在过多的随意性，故导致各著作间对同一题刻的记载于文字、断句、断章等方面产生不少差异。总体来看，与崂山题刻相关的以上成果，虽未对崂山题刻进行深入具体的分析与研究，但题刻文本的辑录、归类和简释等，为后人的继续研究打下了基础、提供了便利。

除此之外，一些论文类的成果则对崂山部分题刻进行了较为细致的分析。比如崂山太清宫至今保存着元太祖颁赐给丘处机的圣旨碑，佟柱臣《成吉思皇帝赐丘处机圣旨石刻考》、刘明《元初崂山太清宫圣旨石刻研究》等文对此进行了较为详尽的研究；又如常大群《至今绝壁幽岩下，尚有群仙听海潮——崂山全真道胜迹》一文，对崂山白龙洞、太清宫、上清宫、华楼宫等地所留丘处机等人的诗词题刻进行了分析；曲宝光《丘处机与崂山道教文化考略》一文对丘处机吟咏崂山的诗词题刻和相关题字有所论及；冷卫国《崂山题咏的巅峰之作——丘处机白龙洞刻石诗二十首疏解》一文，专门就崂山白龙洞处的丘处机诗题刻进行了诠释；宋立嘉《寻找崂山地产诗刻》一文则对崂山界碑类的题刻有所阐述。

崂山范围广阔、支脉错综，题刻分散于山区各地，其种类和数量甚多，故难以面面俱到。本书在充分借鉴前人研究成果的基础上，采用专题和个案的方式，专门针对民国之前与崂山道教相关且成文的题刻予以考察，并将其置于广阔的政治文化背景中进行了较为充分的研究。研究内容主要集中在三个方面。

第一，道教人物事迹题刻。这类题刻分布于崂山各处，通过文字考证并结合相关文献，可从中了解到当时道教事迹的大概，或揭示这些题刻背后隐含的史事细节。此类与道教人物或道教事迹相关的题刻是崂山道教文化发展历程的真实载录，通过考证可以感受到崂山道人的魅力和崂山道教文化的深长意蕴。

第二，道教诗词题刻。崂山诗词题刻主要分布于华楼山地区，其他地区相对较少。这些道家诗词题刻有的是历代名道到访崂山时所留，如丘处机几次游览崂山，作有多首吟咏崂山胜迹和崂山道事的诗词，这些诗词后被崂山道众陆续镌刻上石。还有一些诗词题刻是崂山本地道士所作所为，如元代崂山道人刘志坚将自己和前代名道的大量诗词作品及道家修炼要诀镌刻到了崂山之上。

第三，道教碑记与庙记。碑记与庙记是人为建造、区别于自然山石的题刻，此类题刻在崂山上分布广泛、数量众多、年代跨度较大，内容涉及宫观庙宇重建、道教盛典大事、道教名人生平、宫观名胜介绍等，是崂山历史文化底蕴和悠长道教文化的深刻体现。本书选取与崂山道教或崂山道人密切相关的碑刻和庙记作出了分析与探讨，通过考证可领略某个历史时期各方人士与崂山道教的交际遇合，或详知崂山个别宫观庙宇的兴衰浮沉等。

在崂山各地数量众多且成文的题刻中，有些因年代久远已经漫漶不清，本书在论述过程中，全面搜集与题刻内容及题刻人物相关的史料，通过文献互校，并结合实地考察，对多数题刻中的文字进行了校勘、辨识与正误。在此基础上根据有关文史资料的记载，着重考述了题刻产生的历史背景及相关史事，对题刻内容进行了详细的解读，对题刻中所涉人物的生平及其与崂山的相关事迹进行了考述，对题刻中道家疑难术语的含义和相关的道教知识进行了考察，对诗词题刻中的典故和疑难字句作出了详细的注解，阐释了部分诗词题刻和庙宇碑记的艺术特征及文化意义等，以最大限度地展示崂山道教文化的深厚底蕴和崂山整体文化的丰富性与多样性。本书在参考前人研究成果的同时，也对存在争议的部分题刻进行了分析与探讨，对前人成果中的错误之处进行了更正，对前人著述中的缺漏之处进行了补充。

本书是第一部对崂山道教题刻的内容进行全面解读的著作，且针对部分题刻的文化含蕴由点到面进行了深度的探究。真诚地希望本书能给更多的人士了解崂山及其历史文化提供帮助，能给青岛地方文化的研究增添一分光彩，更希望本书能为崂山乃至全国道教题刻文化的挖掘、保存和传承贡献一丝绵薄之力。但限于本人的能力和水平，书中错谬或不当之处在所难免，敬请相关专家批评指正。

目　录

第一章

道教人物事迹题刻

在崂山各地众多不同类型的石刻之中，分布着一些与道教人物或道教事迹相关的题刻。这些题刻的年代跨度较大，是崂山悠久历史文化的直接展现，也是崂山道教文化发展历程的真实载录。其中部分题刻已经漫漶不清，只能从局部可以辨识的文字中了解当时道家事迹的大概。通过结合相关文献资料的考证，我们还可以相对清晰地揭示这些题刻背后隐含的史事细节，并能从中真切地感受到前代崂山道人的风采及崂山道教文化的意味深长。

第一节　与唐代道士孙昙相关的题刻

位于崂山东麓华严景区招风岭前的明道观，是崂山居地最高的道教宫观。周志元（1910—1962）《崂山志》云："（明道观）在白云洞西南，蔚竹庵之正东，是崂山处境最高的庙宇，为孙昙采药山房遗址。"① 引文中提及的明道观处"孙昙采药山房遗址"及其附近的"棋盘石"上，即遗存着与唐代道士孙昙相关的题刻。

孙昙采药山房遗址位于明道观之南不远处，附近有一巨石，上面竖刻8行文字，因年代久远，部分字迹已经看不太清，如今尚可辨认的文字为："大唐天宝二年三月六日……敕采仙药……孙昙……元……山……于……见灵药采……因……使……之以俟来命。"刻字为阴刻的楷书，字径约15厘米。

与崂山文化相关的文献资料对此处题刻也多有述及。清代即墨文人黄

---

① 周志元：《崂山志》，齐鲁书社1993年版，第96页。

肇颚在其著作《崂山续志》中谈及"棋盘石"时曰："面镌'敕采仙药孙昙遣祭山海石求仙'十数字，似篆似隶。西面横檐下，有字不可辨。其西曰柴场，有石兀立，镌'敕孙昙采仙药山房'。旁刻孙昙遗像，须眉衣纹毕现。稍西一大石，镌'大唐天宝二年三月六日□□采仙药□□孙昙远行□□□至□□□元□□□□□□□□□□山海于□□见仙药□□□因□为□使□□山房郡□□□之以俟来命'共六十余字。多剥蚀不可读，仿佛可见者此耳。"① 民国时期所修《胶澳志》述及"唐棋盘石石刻"也言："白云洞西南六里，明道观之东南，棋盘石上面镌'敕采仙药孙昙遣祭山海求仙石'十数字，似篆似隶，其西曰柴场，石上刻孙昙遗像，须眉皆具，稍西一大石镌'大唐天宝二年三月六日采仙药孙昙'等字，剥蚀不可读。"② 除此之外，又如青岛市史志办公室所编《崂山志》"刻石"部分将此石刻题为"孙昙记事刻石"，并介绍说："据清代资料记载，此摩崖共 69 字，当时尚可辨识 37 字"，又辨认剩余的 34 个文字为："大 唐 天 宝 二 年 三 月 初 六 日 □□ 孙 昙 远 行 □□□ 至 □□□ 元 □□□□□□□□□□山海于□□见仙药□□□因□为□使□山房郡□□□之以俟来命。"③ 今人王集钦《崂山碑碣与刻石》称此则石刻为"唐人采药"，辨出其中 31 个字："大唐天宝二年三月六日敕采仙药……孙昙远行……见灵药采……山房郡景之以俟来命。"④ 王瑞竹《崂山题刻今存》又将此记为"孙昙采仙药记事刻石"，辨出其中 30 个字："大唐天宝二年三月六日敕采仙药……孙昙……元……山……于……见灵药采……因……使……之以俟来命。"⑤

由以上资料可以看出，"孙昙记事刻石"是一则较为古老并且成篇的刻石文，具有极高的史料价值。黄肇颚《崂山续志》云："崂山摩崖，除烟台顶晋刻，惟此为最古焉。"⑥ 只是随着时间的推移，刻石中的文字逐渐变得漫漶不清。其中有些刻字，今人在辨识时也不免出现差误，如上文青岛市史志办公室《崂山志》所记"孙昙记事刻石"中的"三月初六

① （清）黄肇颚：《崂山续志》，山东省地图出版社 2008 年版，第 321 页。

② 赵琪修、袁荣等纂：《胶澳志》，成文出版社 1968 年版，第 1443 页。

③ 青岛市史志办公室编：《崂山志》，五洲传播出版社 2003 年版，第 194 页。

④ 王集钦：《崂山碑碣与刻石》，青岛出版社 1998 年版，第 76 页。

⑤ 王瑞竹：《崂山题刻今存》，中国海洋大学出版社 2016 年版，第 41 页。

⑥ （清）黄肇颚：《崂山续志》，山东省地图出版社 2008 年版，第 321 页。

图 1-1-1　孙昙记事刻石

日"，在黄肇颚《崂山续志》《胶澳志》、王集钦《崂山碑碣与刻石》和王瑞竹《崂山题刻今存》中都写作"三月六日"；黄肇颚《崂山续志》和青岛市史志办公室《崂山志》所记"孙昙记事刻石"中的"见仙药"字样，在王集钦《崂山碑碣与刻石》和王瑞竹《崂山题刻今存》中写作"见灵药"。王集钦和王瑞竹在述及"孙昙记事刻石"时都配有相应的拍摄图片，根据刻石文的字间距可明显看出，"三月初六日"中的"月"与"六"二字间没有可以容纳一个字的间距，故青岛市史志办公室《崂山志》中的"初"字应为衍字。而图片所示的"见"和"药"之间的字虽已模糊不清，但根据残余字体可辨出其为繁体"靈"字，况且前文已有"采仙药"字样，后文不应再以重复之字刻录，故应以王集钦《崂山碑碣与刻石》和王瑞竹《崂山题刻今存》所记"见灵药"为准。

在"孙昙记事刻石"东约 50 米处还有一巨石，其上题字曰："敕孙昙采仙药山房。"文字为阴刻，竖排两行，字径约 20 厘米，相比前一刻石文字稍大，其中字体有的像篆书，有的像隶书，上引黄肇颚《崂山续志》对此已提及。同一巨石上，还有一盘坐在莲花宝座上的菩萨图像位于题字的东侧，图像为线刻，高约 1.5 米，宽约 0.8 米。

以上与"孙昙"相关的两处题刻是如今在崂山能够明显看到的。不过，根据黄肇颚《崂山续志》及《胶澳志》等相关文献资料的记载可知，"孙昙石刻"应该有三处。近代即墨文士蓝水（1911—2004）在其著作《崂山古今谈·名胜》"明道观"条言及与"孙昙"相关的摩崖题刻

图 1-1-2　敕孙昙采仙药山房

时曰：

> 有唐道人孙昙摩崖三处，一在观前地名柴场小路北，大石东南向，字分八行，多漫漶，可辨识者"大唐天宝三月六日敕采仙药孙昙以俟来命"等字。二在石东数十武大石上，"敕孙昙采仙药山房"八字。左边刻一坐佛像，上有佛焰圈，下有莲座，高约三尺，刻法甚劣。当是后人续为，绝非摩崖时刻，孙昙为道家者流，必不为此。二石后旷荡，当日山房可能即在石北。三在棋盘石下，"敕采仙药孙昙遣祭山海求仙石"十三字，旁刻孙昙原身大像，面向西，须眉生动。①

从蓝水辨识的文字上可明显看出，其所记第一处摩崖，也就是柴场小路北的 8 行刻石，即是上文提及的"孙昙记事刻石"，第二处摩崖亦即上文叙及的"敕孙昙采仙药山房"刻石。而他所提及的第三处摩崖，是位于棋盘石下的"敕采仙药孙昙遣祭山海求仙石"。这在上文所引的黄肇颚《崂山续志》和《胶澳志》中均有记载。此外，周志元《崂山志》卷六《金石志》中亦录有"唐棋盘石石刻"，言："石上镌：'敕采仙药孙昙遣祭山海求仙石'十数字。似篆似隶。其西北下一石，上刻孙昙遗像，高

---

① 蓝水：《崂山古今谈》，崂山县县志办公室编，1985 年版，第 32 页。

可六尺，须眉毕具。稍西一大石镌：'大唐天宝二年三月六日采仙药孙昙山房'等字。余不可读。"[1] 可见，黄肇颚、周志元、蓝水所见石刻基本相同，三人都提到了位于棋盘石的第三处"孙昙刻石"。但是，近年来一般游人很难见到这则题刻，相关文史资料也多对其缺载或记述不详，如王集钦《崂山碑碣与刻石》和王瑞竹《崂山题刻今存》在介绍棋盘石和明道观一带的题刻时均未提及此，而青岛市史志办公室编《崂山志》叙及此处刻石时只是笼统地说："明道观之南 0.5 公里许，有一孤峰，顶部平坦，峰西突出，下临深渊，此即著名的'棋盘石'，'敕采仙药孙昙遣祭山海求仙石'一行字镌于石下。"[2]

棋盘石位于以上所述两处题刻的东南方向，距离不远。棋盘石第三处"孙昙石刻"难以寻见的原因无外乎有两点：一是此处地势险要，游人难以攀登；二是历经多年的风雨侵蚀，文字已非醒目。这使其重新面世变得异常困难。不过，多年来一些登山爱好者及相关金石学者并未放弃对它的寻找。据 2012 年青岛新闻网报道，一位白姓游客在棋盘石非常倾斜的一侧，"距离悬崖不到一米的距离"发现了这块刻石，青岛崂山区非物质文化遗产保护协会秘书长曲宝光现场鉴定后认为，这处石刻应该就是唐朝的孙昙刻石。崂山区文化局的工作人员在做好了充分的保护措施后，探到斜面上用蓝色粉笔对刻字进行了描绘，且拍有照片留存。[3]

根据其提供的照片来看，刻字为阴刻，字体和"敕孙昙采仙药山房"题刻类似：有的字像篆书，有的字像隶书；历经多年风化，个别文字或已磨灭，或笔画残缺。将照片与先前相关文献的记载作对比，能看出些许不同之处，如上文提到青岛市史志办公室《崂山志》叙及"敕采仙药孙昙遣祭山海求仙石"时说"一行字"镌于石下，应是两竖排文字。黄肇颚《崂山续志》将题刻最后五个字记为"山海石求仙"，应为"山海求仙石"。各文献中记载的"敕采仙药"应为"敕采药"，"仙"为衍字。另

① 周志元：《崂山志》，齐鲁书社 1993 年版，第 194 页。

② 青岛市史志办公室编：《崂山志》，五洲传播出版社 2003 年版，第 195 页。

③ 参见青岛新闻《驴友崂山发现石刻佐证李白曾来过》，青岛新闻网门户网站"新闻"（http：//www.qingdaonews.com/content/2012-06/09/content_9270430.htm），2012 年 6 月 9 日。在 2012 年 6 月 9 日稍前，似有青岛本地学者已经发现此处石刻，并写有相关博文予以介绍，详见浅水泉《千年孙昙"求仙石"终现真容》，歪歪鱼的博客（http：//blog.sina.com.cn/s/blog_49b0d9cd0100z71x.html），2012 年 5 月 26 日。

图 1-1-3　敕采仙药孙昙逸祭山海求仙石

外，《胶澳志》、蓝水《崂山古今谈》和青岛市史志办公室《崂山志》"敕采仙药孙昙遣祭山海求仙石"中的"遣"字，在黄肇颚《崂山续志》、周志元《崂山志》中写作"遗"，而崂山区文化局所示照片中则描绘成"逸"字。对此，曲宝光先生解释说："逸"字表明孙昙是逸士，不同于凡人的身份。但将"逸"字放入题刻整句中审视，感觉突兀，于语句亦不通。文献中之所以出现如此差异，皆是因题刻漫漶而"遣""遗""逸"三字形体又较为接近的缘故。笔者认为作"遣"字更为合适，原因有三。

第一，"遣"字作"派遣、差遣"解，那么"遣祭"一词则是"派遣祭祀"之意。同时"遣"字又和前面的"敕"字相呼应，"敕"即奉皇帝诏命。那么，整句题刻的含义则是：孙昙接受皇命采集仙药并且差遣他祭祀山海以求仙。如此解，于文意相通。

第二，孙昙来崂山的"大唐天宝二年"，正值唐玄宗统治时期，此时是唐代道教发展的顶峰，唐玄宗本人亦痴迷神仙长生之说并服食丹药。《旧唐书》卷二四《礼仪志》载："玄宗先天二年，封华岳神为金天王。开元十三年，封泰山神为天齐王。天宝五载，封中岳神为中天王，南岳神为司天王，北岳神为安天王。六载，河渎封灵源公，济渎封清源公，江渎封广源公，淮渎封长源公。十载正月，四海并封为王。遣国子祭酒嗣吴王祗祭东岳天齐王，太子家令嗣鲁王宇祭南岳司天王，秘书监崔秀祭中岳中天王，国子祭酒班景倩祭西岳金天王，宗正少卿李成裕祭北岳安天王。卫尉少卿李浣祭江渎广源公，京兆少尹章恒祭河渎灵源公，太子左谕德柳偡祭淮渎长源公，河南少尹豆卢回祭济渎清源公。太子率更令嗣道王炼祭沂山东安公，吴郡太守赵居贞祭会稽山永兴公，大理少卿李积祭吴岳山成德公，颍王府长史甘守默祭霍山应圣公，范阳司马毕炕祭医无闾山广宁公。太子中允李随祭东海广德王，义王府长史张九章祭南海广利王，太子中允柳奕祭西海广润王，太子洗马李齐荣祭北海广泽王。"可见，唐玄宗封山海名川或为王或为公，并派遣朝臣、太子府人员或地方官吏对它们进行祭祀。又载："玄宗御极多年，尚长生轻举之术。于大同殿立真仙之像，每中夜凤兴，焚香顶礼。天下名山，令道士、中官合炼醮祭，相继于路。投龙奠玉，造精舍，采药饵，真诀仙踪，滋于岁月。"① 以此可知，唐玄宗不仅派遣了各路人士对山神、海神、河神进行祭祀，还诏令道士、中官醮祭天下名山、采药饵。在这样的情形之下，道士孙昙被"遣祭"著名的崂山并于此地采集仙药，与当时的社会背景是契合的。

第三，"遣祭"一词频繁地出现在唐代前后的文史资料中，且基本为"差遣祭祀"或"派人祭奠"之意，祭祀的对象有陵墓、山川、神灵、庙宇等。如梁沈约《宋书》卷六《孝武帝纪》载大明七年（463）十一月，"乙酉，诏遣祭晋大司马桓温、征西将军毛璩墓"；② 唐人所修《南史》卷二《武帝纪》亦载大明五年（461）三月甲戌，"行幸江乘，遣祭故太保王弘、光禄大夫王昙首墓"；③《北史》卷二〇《和跋传》也载："后太武蒐狩之日，每先遣祭之（和跋祠冢）。"④ 唐代之后，"遣祭"一词一直沿用，《宋史》卷一〇二《礼志》："康定二年三月，以黄河水势甚浅，致分流入汴未能通济，遣祭河渎及灵津庙"，⑤《金史》卷一〇八《侯挚传》："壬申，遣祭河神于宜村。"⑥ 至明代，"遣祭"甚至发展为固定的祭祀制度，相关记载更为频见。

基于以上理由，笔者赞同《胶澳志》、蓝水《崂山古今谈》和青岛市史志办公室《崂山志》将棋盘石处"孙昙刻石"写为："敕采仙药孙昙遣

① （后晋）刘昫等撰：《旧唐书》，中华书局1975年版，第934页。

② （南朝梁）沈约撰：《宋书》，中华书局1974年版，第134页。

③ （唐）李延寿撰：《南史》，中华书局1975年版，第63页。

④ （唐）李延寿撰：《北史》，中华书局1974年版，第759页。

⑤ （元）脱脱等撰：《宋史》，中华书局1977年版，第2501页。

⑥ （元）脱脱等撰：《金史》，中华书局1975年版，第2386页。

祭山海求仙石"（其中"仙"为衍字）。

经上所述可知，明道观和棋盘石附近与唐人孙昙有关的文字题刻共有三处，即"孙昙记事刻石"（共 69 个字，部分文字已不可辨认）、"敕孙昙采仙药山房" 8 字题刻、"敕采药孙昙遣祭山海求仙石" 12 字题刻。笔者于 2018 年 6 月底，对这三处题刻进行了实地考察，石刻附近的道路皆为密林覆盖下的羊肠小道，且交错纵横，反复寻找良久才寻得全部石刻。其中"孙昙记事刻石"和"敕采药孙昙遣祭山海求仙石"题刻剥蚀严重，或为石锈所掩，文字愈加不清，而"敕孙昙采仙药山房"八字题刻尚较清晰。

关于孙昙其人，史料中没有相关记载。但综合三处石刻的内容并联系唐代社会背景可大体推知，孙昙是奉唐玄宗之命到崂山采仙药、祭山海并求仙的道士。之所以这样说，也是有史料依据的，据《新唐书》卷二〇四《方技传》载："姜抚，宋州人。自言通仙人不死术，隐居不出。开元末，太常卿韦绦祭名山，因访隐民，还白抚已数百岁。召至东都，舍集贤院"，姜抚向唐玄宗献言太湖的常春藤和终南山的旱藕可以使人长生，玄宗大悦擢升其为银青光禄大夫，后右骁卫将军甘守诚揭露姜抚把常春藤和旱藕"易名以神之"，这两样东西方家早已不用，因为"民间以酒渍藤，饮者多暴死"，姜抚感觉惭愧，"请求药牢山，遂逃去"①。材料中的"牢山"即"崂山"。虽然姜抚是否真的到了崂山采药我们不得而知，但是从这段记载中至少可以看出两点：一是唐玄宗确实热衷于长生之术，并派遣方士到各地采集仙药；二是崂山是当时方士采集仙药的重要地点之一。又《太平广记》卷七十二"道术"条载"王旻"曰：

> 太和先生王旻，得道者也。常游名山五岳，貌如三十余人。其父亦道成，有姑亦得道，道高于父……天宝初，有荐旻者，诏征之，至则于内道场安置。学通内外，长于佛教。帝与贵妃杨氏旦夕礼谒，拜于床下，访以道术，旻随事教之。然大约在于修身俭约，慈心为本，以帝不好释典，旻每以释教引之，广陈报应，以开其志。帝亦雅信之……天宝六年，南岳道者李退周，恐其恋京不出……于是劝旻令

---

① （宋）欧阳修、宋祁撰：《新唐书》，中华书局 1975 年版，第 5811—5812 页。

出。旻乃请于高密牢山合炼，玄宗许之，因改牢山为辅唐山，许澶居之。①

　　王旻是另一位生活在唐玄宗时代并受宠的道人，他于天宝六载（747）请求玄宗去崂山合炼。不管是姜抚所处的"开元末"，还是王旻所处的"天宝六年"，都与"孙昙记事刻石"中的"天宝二年"非常接近。所以我们有理由推测，孙昙也应该是唐玄宗派遣或应唐玄宗允许而到崂山采药求仙的道士之一。曲宝光先生也认为，从字体上看，孙昙的"孙"字特意刻上了道教中寓意吉祥的葫芦，这和唐朝道教文化完全吻合。在玄宗痴迷神仙长生的时代，应该有很多道士到各大名山采药求仙，史料不可能一一述及，故文献中不见孙昙之事亦在情理之中。

　　综合与孙昙相关的三处题刻内容可知，孙昙在崂山的活动定非一朝一夕之事，而是在崂山建有"采仙药山房"长期居住，由此亦可看出，当时采集仙药并非易事，即使采集到仙药也要先上报朝廷，"以俟来命"。除了日常采集仙药外，祭祀山海、求仙也是孙昙在崂山的主要任务，而"敕采药孙昙遣祭山海求仙石"题刻的内容已点明，这块刻石应该就是孙昙祭祀山海以求仙的处所，况且刻石位于人迹罕至的高险之处，符合古人虔诚遥祭的心理。关于"孙昙刻石"产生的具体年代已经难以考证，不过在缺乏史料记载孙昙其人其事的情况下，题刻文字能够把其到崂山的日期精确到"三月六日"，由此似可推知，题刻应该是孙昙本人及其追随者所刻，根据"孙昙记事刻石"风化的程度也可以看出，"孙昙刻石"距今遥远，应该是现存的唐代题刻。

　　除三处文字刻石外，与文字相配的还有两幅人物刻像，一为线刻佛像，一为孙昙原身图像。棋盘石处的孙昙原身图像目前尚未寻得，根据黄肇颚《崂山续志》《胶澳志》及蓝水《崂山古今谈》的记载，孙昙原身大像"须眉衣纹毕现""面向西，须眉生动"。蓝水还作有《孙昙像》诗一首："棋盘石下孙昙像，当日气焰非等闲。安有神仙空采药，此无捷径枉栖山。东来方士少成果，西望长安难赐环。姜抚也教先后至，可曾相对共汗颜。采药山房何处寻？寒烟漠漠但空林。不须归化千年鹤，留得仙颜直到今。神留宇宙孙昙像，千二百年常在望。平越三丰存壁影，东西映带

---

①　（宋）李昉等编：《太平广记》，中华书局1961年版，第447—448页。

有辉光。"又作《陆贵臣》诗曰："如此妙年知好古，荷梯拂拭石华皱。九泉倘使有知者，君是孙昙感激人。"注曰："工友陆贵臣，荷梯同寻孙昙摩崖，为赋诗。"[1] 陆贵臣是蓝水在崂山林业局明道观林业组劳作时的工友，是他与蓝水"荷梯"共同观摩孙昙像的，需要带着梯子并拂拭山石寻找，可见当时观览孙昙刻像也非易事。此外，上引周志元《崂山志》亦言孙昙遗像"高可六尺，须眉毕具"。根据这些描述可知，棋盘石处的人物刻像应该是根据孙昙相貌雕刻而成的等身图像，雕刻时代也应该在孙昙活动于崂山之时或稍后，直到近代还较为醒目。

而"敕孙昙采仙药山房"旁的线刻佛像，现在尚能清晰地看到。但是佛徒与孙昙的身份不符，蓝水先生已经指出此处佛像："上有佛焰圈，下有莲座，高约三尺，刻法甚劣。当是后人续为，绝非摩崖时刻，孙昙为道家者流，必不为此。"孙昙是道家人物，而此处雕刻的是佛像，且刻法甚劣，所以蓝水先生认为佛像应该是后人所刻。从目前佛像的清晰度上来看，其出于后刻亦很明显，所以蓝水先生的推断是有道理的。关于此处佛像，我们可有三种推断：一，佛像不具备孙昙原身图像"须眉生动"的特点，应是后人附加的，与孙昙本人无关；二，佛像有可能是与孙昙同时期的其他人物，例如前文提及的受唐玄宗宠幸的另一道人王旻，文献言其"学通内外，长于佛教"；三，因孙昙在崂山的事迹有一定的影响，后人知其事但未明确其身份，故出现误刻。

第二节　华楼山"道教门人名录"题刻

华楼山位于崂山西北部，华楼山巅王乔崮下有道教宫观华楼宫。在华楼宫西北方向，穿过沈鸿烈别墅不远处的石路边有一块巨石，其上繁密地刻录着元代大德年间（1297—1307）崂山道士的名姓。题刻为竖排，阴刻楷书，其文为：

> 门人壹佰伍拾个，云岩子上石，宫常主知宫刘志深、高志通、李志明、赵道通、李志安、吕道通、刘道通、丁志安、万志希、张道

---

① 蓝水：《崂山古今谈》，崂山县县志办公室编，1985 年版，第 209—210 页。

顺、孟志和、张志平、孟志玄、许道通、王志坚、杨道顺、张志纯、王志通、张志顺、赵道良、车□童、王志灵、刘志元、朱道真、孟志□、赵志静、董志顺、刘道顺、史道顺、李志元、孙子、白志曲、李清童、刘道安、纪道顺、耿志春、李志和、王志通、徐志安、姜志纯、孙道良、沈道良、王道善、王元童、刘志和、徐志德、王志元。

大德七年，门人一百九十个，知观裴志坚、李志石、丁志坚、王坚童。

大德九年，云岩子上石，门人贰百三十个，都提点姜志平、宫门提点曹志元、知宫孙道隐、知观刘道宗、常住知宫姜志通。

王志通刊，时志元书。

此处题刻因是不同时间题刻上石的，故整体看上去文字参差错落、大小不一，字径10—15厘米不等。题刻大概是分三次题刻上石的，共记有60余位道士的姓名。其中"王志通"之名出现三次，文中两次，落款处一次，不知是重复，还是同名者。第一次题刻文字较多，载及当时崂山华楼地区道士有150人。第二次题刻时间为大德七年（1303），载及当时华楼地区道士有190人。第三次题刻时间为大德九年（1305），载及当时华楼地区道士有230人。以此可见，当时华楼山地区道士的数量在不断增加，道教规模也在不断扩大。

图1-2-1 华楼山"道教门人名录"题刻

三次题刻之中，第一次题刻对当时道教门人的姓名记录较详，而第二次和第三次的题刻文字则相对较少，并未详细刻录每个道士的姓名，只列及个别在道教中担任某些职务的道人的姓名，如知观裴志坚、都提点姜志平、宫门提点曹志元、知宫孙道隐等。"知观"和"知宫"大概是主持道教宫观事务的道士，"提点"职务将在下文述及。

由落款可知，这篇题刻由时志元撰书，王志通刊刻，但三次刻石的主持者均为"云岩子"。"云岩子"是当时崂山著名道士刘志坚的道号。刘志坚（1240—1305），元代博州（今山东聊城市东北）人，是丘处机的第三代传人。明人黄宗昌《崂山志》载："（刘志坚）倜傥有材干。少事元永昌王，掌鹰坊，凡王名多任之，故有刘使臣之称……弃家入道，师事东平郭至空……遂唯而笃行，辞郭而东至崂山。私喜曰：'机缘在是矣。'即山麓南阿为椽，虎狼旁午……岁余，徙入深涧……凡一言一行，必践其实。诚则必明，颇知休咎……悠然而逝，年六十六。门人葬华楼之凌烟崮，今有墓在焉。"[1] 青岛市史志办公室编《崂山志》又载："刘志坚初栖崂山清虚庵，后在华楼山碧落岩下结茅庐居此修行，洞祁真人闻之，特赐'云岩'为号。元大德八年，敕封'崇真利物明道真人'。"[2] 此处"道教门人名录"题刻，正是在刘志坚的带领下，崂山道教发展壮大历程的真实写照。

除了此处题刻外，刘志坚在崂山之上留下的石刻还有多处，比如他还将王重阳、马钰、丘处机等人的诗词作品和众多的道家修行语录题刻上石（详见下文），这些均能看出他对道教事务的尽职尽责之心。刘志坚逝世后，集贤大学士赵世延撰有《云岩子道行碑》，此碑曾立于华楼宫，[3] 其文详细记述了刘志坚的身世、入道及在崂山艰苦修真等事迹（详见第五章第一节）。

第三节　翠屏岩"至元四年道教提点会晤"题记

在崂山华楼宫后山，紧邻沈鸿烈别墅有一峭壁，高宽均约 20 米，石色苍翠、形如锦屏，名曰"翠屏岩"。岩上镌刻"翠屏岩"三字共四处，

---

① （明）黄宗昌：《崂山志》卷五，文海出版社 1961 年版，第 50—51 页。

② 青岛市史志办公室编：《崂山志》，五洲传播出版社 2003 年版，第 316 页。

③ 此碑已毁，但与崂山相关的史志资料对其内容多有载录。

字体有草书、篆书和楷书。其中草书为明代蔡叔逵书，篆书为明代陈沂书。在陈沂篆书"翠屏岩"的下方有一篇题记，因部分文字已风化剥落，故早期相关书籍多对其失载。如王集钦《崂山碑碣与刻石》未载此处题刻，青岛市史志办公室编《崂山志》在介绍"翠屏岩"题刻时只是说："下有题记一篇，已剥蚀不可读。"①

不过，近年来经相关人士辨识，已有部分文字可读。如王瑞竹《崂山题刻今存》、青岛市崂山风景区管理局和崂山区文化新闻出版局新近所编的《崂山摩崖集萃——华楼篇》均载录了此则题刻。可读部分为竖排7行文字，阴刻楷书，字径约15厘米，其文为：

　　玄门道教所知事提点吕德通，益都路道门提点无尘子王道真，至元四年正月十日，同道教委本宫宗门提点黄道盈……

图 1-3-1　翠屏岩"至元四年道教提点会晤"题记

剩余文字已漫漶不清，不能辨识。题刻文中明确记载刻石的时间为"至元四年正月十日"。此处"至元"为元顺帝年号，"至元四年"为1338年②。可读文字部分主要提及了三个道教人物，即吕德通、王道真、

①　青岛市史志办公室编：《崂山志》，五洲传播出版社2003年版，第209页。

②　元世祖和元顺帝都用过"至元"年号。题刻中的人物之一黄道盈，其生卒年与生平事迹在文献资料中有记载（下文有述），据此可知此处题刻中的"至元"为元顺帝年号。

黄道盈。三人的道教职务都是"提点","提点"官名自宋代始设,辽、金、元均有沿用。在元代,包括与道教相关的百官府第多设有"提点"一职,品级不尽相同,但多数为五品官员,主要掌管刑法、河渠、农桑等事务。青岛市崂山风景区管理局和崂山区文化新闻出版局所编《崂山摩崖集萃——华楼篇》谈到"提点"一职时说:"金、元专管机构常以提点为长官。元代已形成了全国性的道官系统,中央通过集贤院管理道教事务;具体到道观的管理,例由政府受命道士首领担任,如掌教、权教、诸路道教都提点、诸路道教都提举、都道录、诸路道教所详议提点、诸路玄学提举等。"①

虽然三人均为"提点",但他们隶属的官署机构不同。其中吕德通属于"玄门道教"提点,据《元史》卷八七《百官志三》"集贤院"条载:"集贤院,秩从二品。掌提调学校、征求隐逸、召集贤良,凡国子监、玄门道教、阴阳祭祀、占卜祭遁之事,悉隶焉。"② 可见"玄门道教"隶属于"集贤院",地位相对较高。题刻中还提到吕德通的另一职务为"知事","知事"官名辽金时期已经设立,元代沿用,与"提点"相似,元代多数官署设有"知事"一职,一般为八品官员。据载,在宋代,朝廷分命出守各郡的京官被称为权知某府或某州县事,"知事"之名就是由此而来的。后来"知事"成为官职称谓,也基本保留着初起之时的含义。由此可知,吕德通应为朝廷派遣到崂山等地监管道教的京官。

另一人物王道真为"益都路"提点,题刻中的"道门"为道教别称,"无尘子"是他的道号。《元史》卷五八《地理志一》"益都路"条记载:"益都路,唐青州,又升卢龙军。宋改镇海军。金为益都路总管府……领司一、县六、州八",③ 并详载益都路六县为:益都,临淄,临朐,高苑,乐安,寿光;八州为:潍州,胶州,密州,莒州,沂州,滕州,峄州,博兴州。其中,胶州领胶西、即墨、高密三县。由此可知,崂山道教即属于益都路的管辖范围,而王道真则是分管道教的最高地方行政官员。

第三个人物黄道盈属于"本宫宗门"提点,"本宫"就是此处题刻所在的"华楼宫"。也就是说,黄道盈是主管崂山华楼宫道教事务之人。崂

---

① 青岛市崂山风景区管理局、青岛市崂山区文化新闻出版局编:《崂山摩崖集萃——华楼篇》,中国海洋大学出版社 2016 年版,第 86 页。

② (明) 宋濂等撰:《元史》,中华书局 1976 年版,第 2192 页。

③ 同上书,第 1370 页。

山华楼宫有"元泰定三年云岩子道行碑"，此碑为元代集贤学士赵世延所撰，泰定三年为1326年，"云岩子"为崂山名道刘志坚的道号，已见上述。据"云岩子道行碑"记载："泰定改元之秋，门人黄道盈稽首来请曰：'吾师云岩殁久矣，未有铭，必待知师之道者而铭之，敢请。'辞以不能。道盈请益勤，不得而辞，遂按状叙以其事。"以此可知，黄道盈是云岩子刘志坚的门徒，刘志坚在崂山仙逝后，黄道盈专门到京都恳求赵世延为其师撰作碑铭。碑文末又载："特赐金冠金襕紫服葆玄崇素圆明真静大师天佑道人混成子，前益都路道门提点，本宫宗门提点黄道盈。"[①] 据此又知，黄道盈又称"天佑道人"，道号"混成子"，在任职华楼宫道门提点之前，做过益都路的道门提点，还曾得到朝廷"葆玄崇素圆明真静大师"的赐号。又据《析津志辑佚》记载，云岩观在金水河西，与高□寺邻，内有记略曰：

　　君讳道盈，号天佑道人，混成子，姓黄氏。父喜，母吕氏，乐善好施。真人生于至元九年癸酉三月廿有七日，有红光照空，□即颖悟。闻胶州即墨县鳌山（按：应为"鳌山"）刘真人有道术，往师之，数年归。适关西云游，至缅历诸方。在途旅中，而以饮食制情魔战睡为务，心目开明。遇道术者张公带黄教习书细字，每芝麻一粒，书天地日月国王父母八字。至于方尺扇中，取方，写孝经一十八章，四畔写胡曾咏史诗一百二十首。至元三十一年，又还至鳌山（按：应为"鳌山"），刘真人大赏异之。大德元年，云游至大都集庆里，得地二亩，建云岩观，起三清殿，殿之后建一室，为供老人之计。至治元年三月，敬受完者台皇后懿旨，特赐金冠法服，法号葆崇素圆明贞静真人。又奉旨斋御香往鳌山（按：应为"鳌山"）祝厘，事毕，奉掌教大真人法旨，充益都路道门都提点。至正四年春，奉特进神仙法旨，充大都大长春宫诣诸路道教所详议提点事。至正十二年三月三日，于云岩观寝室，命门人诸侄孙具汤沐衣冠，端坐而逝。享年八十。黄益都东关人。黄真人则师刘云岩真人，云岩真人则师郭真人，

　　① 关于"云岩子道行碑"的详细阐述，可参本书第五章第一节。另外，此碑还可参见（清）黄肇颚《崂山续志》，山东省地图出版社2008年版，第152—154页；周志元《崂山志》，齐鲁书社1993年版，第214—217页。

郭师王真人，真人所师，则丘真人也。①

　　这里对黄道盈的生平事迹叙述较详。其中提到，黄道盈为东关人，生于至元九年（1272），逝于至正十二年（1352），享年80岁。他初拜鳌山（按："鳌山"应为"鳌山"之误）刘真人（即云岩子刘志坚）为师，后又云游关西、大都等地。其云游关西之时"遇道术者张公带黄教习书细字"，故展示了在细小事物上刻字的技能，"每芝麻一粒，书天地日月国王父母八字。至于方尺扇中，取方，写孝经一十八章，四畔写胡曾咏诗史一百二十首"，从中还可看出，黄道盈不仅擅写微书，而且文化素养较高，对《孝经》非常熟稔，对诗歌作品亦多有研磨。引文中还提及，黄道盈于大德元年（1297）云游至大都后，以师父"云岩"之号建起"云岩观"；至治元年（1321）朝廷赐其金冠法服和"葆崇素圆明贞静真人"法号；奉旨为鳌山（即崂山）祷祝后，担任益都路道门提点；至正四年（1344）又担任大都大长春宫诣诸路道教所详议提点。引文末又述及黄道盈从道的师承关系，从中可知，其为丘处机的再传弟子。

　　由上所述看来，翠屏岩"至元四年"题记产生的背景是：（后）至元四年（1338）（正值黄道盈任益都路道门提点之后、任大都大长春宫诣诸路提点之前的一段时间）正月十日前后，分别代表朝廷（玄门道教提点吕德通）、地方（益都路道门提点王道真）和崂山（华楼宫宗门提点黄道盈）的三位道教提点，在崂山华楼宫有一次会晤，事后将此次会晤之事刻石留记。

第四节　明霞洞"孙真人紫阳疏"及相关题刻

　　明霞洞是一天然石洞，位于崂山南部昆仑山之玄武峰下，上清宫之北。黄宗昌《崂山志》载："（明霞洞）上如厦石之环列，若堵户牖，皆天成也。佛宇僧舍居左右，有石壁，缘石登数百级乃上，观海色清澈，恍度越天际矣。"②此洞在金代被修建成庙宇，元代道士李志明曾于此修真，

---

① （元）熊梦祥：《析津志辑佚》，北京古籍出版社1983年版，第90—91页。
② （明）黄宗昌：《崂山志》卷五，文海出版社1961年版，第40页。

明清两代此洞由佛、道交替住持。明代道士张三丰、孙紫阳，道姑刘贞洁，先后于此修行。元代明霞洞处建有斗母宫，明代道士孙紫阳重新建起三清殿，至清代又有重修工作。后因自然灾害，山洞塌陷，大半隐入地下，如今明霞洞额有"明霞洞"等题字存在。

明霞洞左侧有一高约 5 米、长约 15 米的巨石，上面刻有《孙真人紫阳疏》，篇幅较长，共竖排 21 行，阴刻楷书，字径约 5 厘米，其文为：

孙紫阳曰，臣居东齐海滨，潜跡牢山上清宫明霞洞，修行五十余年，大悟千百遍，小悟不可以计数清。自得道之后，每思皇王浩荡之恩，无由寸报，旦夕实切遑遑，忽闻朝廷差官，访取天下玄文秘箓，同治并参，辞别尊师斗篷张，遂即下山上京。至景州娘娘庙，天降大雪，七日七夜方晴。感刘知县会见，请留数月。同崔郎千佛顶墊头村，修庵丛林一处。至嘉靖三十七年，功行完毕，进京白云观，坐钵堂一年，造《释门卷宗》捌部六册。阁老翟公讳鸾者、少卿龚公中佩，二人具本呈进御览。敕封护国天师府左赞教玄清真人。嘉靖岁秋八月望前二日，复将《灵宝秘诀》，清净真一，玉帝敕命，持上药三品，自升而降，行坐运筹，水火既济，正谓《金液大还丹集》，为真人府供事，太常寺少卿龚中佩者，具本进御览，表臣之忠孝，勤慰圣心，得沐恩光宠褒。至癸亥岁春三月二十六日，复将皇经备述其始末玄奥，集成四帙，并及诸书丹诀，总成二十六册，令徒子孙至鸾，具本呈进御览，于二十七日奉圣旨，适所进法，至秘留览。孙至鸾钦赏银伍拾两，礼部知道，钦此。窃惟叨罢，恩盛优渥，思无补报，今将各经书，广行刊刻，传布流通。上祝圣寿无疆，永赞皇图悠久。后续飞升。

赞曰：林下五十年，大悟几千翻。诸仙口诀同，工夫常现前。不得帝封号，困难不还元。古至诸天仙，受封跨祥鸾。万岁常觉照，行坐默绵绵。凡圣皆无碍，玉帝在其前。内外无间断，延寿与天全。自古有长生，非止小臣言。西母无间断，丹诀震心寒。功满飞升去，九宫音乐悬。天仙皆拱候，香花默绵绵。混元皆起送，圣境不可言。

此处疏刻记述了明代崂山名道孙玄清的事迹。关于孙玄清其人，在一些文献资料中也有记载，如清代梁教无的《玄门必读》云："崂山祖，姓孙讳玄清，号海岳山人，乃龙门派邱祖第四代徒孙。系山东青州府寿光县孙家巷人……在崂山明霞洞出家，初拜李显陀为师，后至铁茶山云光洞得遇通源子指点五行……又至即墨县得遇太和真人引至黄石宫修行……二十余年后遇斗篷张真人，共谈修真秘传内药诸口诀，一旦豁然贯通，复回明霞洞重修……至嘉靖三十七年到京白云观坐钵堂一载……封护国天师左赞教主紫阳真人……法派曰金山派。因在崂山修真，亦曰崂山派。"[①] 周志元《崂山志》载："（孙玄清）寿光人，号紫阳。幼系瞽僧，嘉靖至明霞洞，弃释入道。修养二十余年，目复明。赴京都白云观，注《灵宝秘诀》《太上清净》等经。敕封护国天师。隆庆三年羽化。"[②] 任继愈《中国道教史》又载："嘉靖时，有崂山道士孙玄清（1517—1569），字金山，号海岳山人，本为龙门第四代，初师崂山明霞洞李显陀，后于铁查山云光洞遇通源子授以天门升降运筹之法，复遇斗篷张真人授修真诀，颇有声望。嘉靖三十七年（1558）至京师白云观坐钵堂一载，祈雨有验，诏赐'护国师左赞教主紫阳真人'，为嘉靖朝全真道士中最荣显者。孙玄清自立'金山派'，一称'崂山派'，属龙门支派。"[③] 此外，同治时期的《即墨县志》、黄肇颚的《崂山续志》等均载有孙玄清之事。不过，各文献资料所载孙玄清的出生时日并不统一，对其姓名所记也颇有出入。[④]

这篇《孙真人紫阳疏》又被称为《海岳修真记》，在清光绪年间黄肇颚所编《崂山续志》中也有记载，但个别文字和文句有出入。[⑤] 题刻内容首先述及孙玄清在崂山上清宫明霞洞潜心修道五十余年，对道家之旨颇有领悟，得道之后思报皇恩，故及时响应朝廷征召，辞别师父斗篷张，下山进京弘道。其次叙及在进京的路上，途经景州娘娘庙时因大雪滞留，本地刘知县请留数月，在此期间为当地修盖丛林一处以弘法。再次叙及孙玄清在京城白云观坐钵堂期间潜心著述，其所著书籍通过阁老翟鸾、太常寺少卿龚中佩和自己的徒弟孙至鸾，三次进呈给皇帝御览，以表忠孝之心。从

① （清）梁教无：《玄门必读》，萧天石主编：《道藏精华》第九集之一，自由出版社1980年版，第250—251页。

② 周志元：《崂山志》，齐鲁书社1993年版，第165页。

③ 任继愈：《中国道教史》，上海人民出版社1990年版，第650页。

④ 关于此可参见赵伟《崂山道教与佛教研究》，人民出版社2015年版，第125—126页。

⑤ 参见（清）黄肇颚《崂山续志》，山东省地图出版社2008年版，第267—268页。

嘉靖三十七年至嘉靖四十二年（1558—1563），五年时间内孙玄清进呈的书籍有《释门卷宗》《灵宝秘诀》《金液大还丹集》《皇经始末玄奥》及《诸书丹诀》等，他也因此获得"护国天师府左赞教玄清真人"的封赐及诸多奖赏。为感念皇恩，孙玄清还将其所著书籍广行刊刻、传布流通。题刻后面部分为五言赞辞，赞颂了孙玄清修道、悟道、进京传道并受敕封等事迹，此外又对得道成仙的愿望进行了详细的描述。

图 1-4-1　明霞洞"孙真人紫阳疏"

关于《孙真人紫阳疏》的性质，郭清礼在《金山派始祖孙玄清生平考述》一文中认为："从内容上看，似是孙玄清在刊刻印行其著作时给皇帝所上的一篇疏文，亦类似一篇序言，后来被刻于崖石之上。"① 但是，从整体上审视《孙真人紫阳疏》可知，其由两部分构成：前半部分叙述孙玄清的生平事迹，行文用散体；后半部分为赞辞，行文为整齐的五言韵文。这与中国古代大多数时期碑文体"前序后铭"的写作方式相吻合，故笔者更倾向于认为，这是孙玄清的门人专门撰述的一篇碑记，用以颂赞孙玄清其人其事，只是序文部分借用了孙玄清曾作过的疏奏文。

紧随《孙真人紫阳疏》其后，还有两首他人赠送孙玄清的诗歌题刻，分别为：

又诗《赠孙真人还元一首》："隐迹云林不记年，冲虚清淡妙中

---

① 郭清礼：《金山派始祖孙玄清生平考述》，《中国道教》2011 年第 4 期。

玄。留经世远开迷海，阐教功多度有缘。派接七真辉玉性，丹成九转涌金莲。俄惊解化乘风去，常使同心思惨然。"隆庆三年孟秋文渊阁太傅翟鸾拜书。

　　诗《赠孙赞教》："唐代真人思邈仙，同宗玄杏得家传。青蛇海上知无异，黄鹤楼中妙不言。炼已精修无上道，清音忠进至玄篇。伫看不日丹成就，玉册旌书上九天。"

　　两首七言诗道家意味浓重，都盛赞了孙玄清一生厉行弘道的业绩，或直接描述，或侧面烘托。其中第一首《赠孙真人还元一首》后载作诗时间为隆庆三年（1569）孟秋，并记赠诗作者为"文渊阁太傅翟鸾"，即孙玄清于京城白云观坐钵堂其间，为其进呈著作给皇帝御览的阁老翟鸾。从最后一句"俄惊解化乘风去，常使同心思惨然"可知，此诗是孙玄清离世之后的纪颂之作。《玄门必读》《即墨县志》《崂山志》等文献也载及孙玄清于隆庆三年（1569）逝世，与此处题刻所记是一致的。第二首《赠孙赞教》诗刻，其作者是否也为太傅翟鸾，不可确知，也可能为他人所作。紧随两首诗歌之后，又有一段简单介绍孙玄清生平的题字：

　　世宗肃皇帝赐名玄清，道号海岳山人，祖贯山东青州府寿光县人。弘治甲子年八月二十二日降生，隆庆己巳年六月二十六日羽化，在凡七十三岁，而传其法于弟子胡氏。

　　这段文字述及三个方面内容：孙玄清之名为明世宗所赐，[①] 道号为"海岳山人"，籍贯为青州寿光县（今山东省寿光市）；孙玄清出生日期为弘治甲子年（1504）八月二十二日，逝世日期为隆庆己巳年（1569）六月二十六日，享年73岁；[②] 孙玄清逝世前后，将其道法传授给了一个姓

---

① 以此看来，文献中称孙玄清为"孙元清"（林浦修、周翕镠等纂：《即墨县志》，成文出版社1976年版，第1206页）、"孙玄静"（傅勤家：《中国道教史》，商务印书馆2011年版，第163页）或有所本，也许为皇帝赐名之前孙玄清所用之名。

② 根据题刻中所记孙玄清的生卒年来计算，其非享年73岁，而是65岁，故题记或有误。梁教无《玄门必读》载孙玄清"明宏治（按：应为'弘治'）九年八月二十三日降生"，按此计算，与题刻"隆庆己巳年六月二十六日羽化，在凡七十三年"正好符合，故弘治九年（1496）应为孙玄清出生的确切年代。

胡的弟子。

在介绍孙玄清生平的题刻文字之后，还有明末参政陈沂诗刻、明末给事范士髦手书、明末居士乔己百诗刻。这些题刻文字的大小和前面的《孙真人紫阳疏》等基本相同，且都为竖排。而在这些题刻文字的上面还有一横排的大字题刻，文为："敕封护国天师府左赞教掌管真人府事"，与《孙真人紫阳疏》中的"敕封护国天师府左赞教玄清真人"类似。其后又竖刻有金山派门人的辈分和名录，依次为：玄（孙玄清），至（孙至鸾、胡至廉），一（于一□、刘一品），无（范无梦、刘无尘、刘无□、梁无过、朱无几、王无相），上（高上法、于上来、滕上信、王上乘、孙上士、侯上德），天（周天德、陈天顺、吕天行）。共计六代 19 人名录，其中第二代"至"字辈的孙至鸾在《孙真人紫阳疏》中有载，即是跟随孙玄清进京并将其著作进呈皇帝御览而得到赏银的那位徒弟。而第二代弟子胡至廉，应是上述"孙玄清生平"题刻中所记孙玄清传授其法的弟子"胡氏"。

紧接金山派六代名录题字之后的是此处题记的落款年代："顺治拾年秋九月重立。"顺治拾年为 1653 年，此时距孙玄清仙逝（1569）已过 84 年之久。

除了明霞洞这篇较长的《孙真人紫阳疏》及相关题刻外，在上清宫后通往明霞洞的山路上还有一处记载孙玄清事迹的题刻。这篇题刻位于一高约 6 米、长约 5 米的巨石上，文字大小与明霞洞处相当，字径约 5 厘米，阴刻楷书，共竖排 15 行。其文为：

> 臣居东齐海滨之处牢山，上清宫明霞洞修真学道，大悟千百遍，小悟不可以数计。臣自得道之后，每思皇王浩荡之恩，无由寸报，旦夕实切遑遑。忽闻朝廷差官，访取天下玄文秘箓，同治并参。臣焚香沐浴，随即下山上京。至白云观坐钵堂一年，造释门卷宗九科十八册。于嘉靖壬戌岁中秋望前二日，阁老翟公、龚公讳中佩者，二人具本进呈圣上御览，勤慰圣心，遂刊板流通，敕封护国天师左赞教，赐名孙玄清，道号海岳山人。至癸亥岁三月二十六日，复将皇经道德诸书丹诀总成二十六册，太常寺少卿龚中佩、小圣□蓝田三人具本直言进上，表臣之忠孝也。嘉靖癸亥三月二十六日刊刻印行，后嗣弟子重修。

　　通过对比会发现，此处题刻内容与明霞洞处《孙真人紫阳疏》基本相同，只是刻意缩短了篇幅，省略了部分内容，体式上不再是前序后铭的碑体样式，略去了铭文。

图1-4-2　上清宫后"孙真人紫阳疏"

　　此外，这篇题记所载与明霞洞处疏文尚有一处不同，即为孙玄清呈书给皇帝御览者多了"蓝田"这个人。"蓝田"或为与崂山有密切关系的即墨文士，其父蓝章是明朝名宦，曾筑别墅于华楼山之阳，自号大崂山人，作有《巨峰白云洞记》，① 还为崂山寺院撰有《明成化丁未重修慧炬院佛殿碑》。② 蓝田（1477—1555）其人在与崂山文化相关的著作中也多有记载，如周志元《崂山志》、青岛市史志办公室编《崂山志》等均有述及。同治版《即墨县志》云："蓝田，字玉甫，号北泉，（蓝）章长子，母梦大星降庭而生神颖天成，日诵数千言，为文宏肆奇拔。十六举于乡，登嘉靖癸未进士，授河南道御史……出按陕，父（蓝）章巡抚地也。田修其旧政，奏所当兴革者十数事。西虏寇庄浪，设计却之。西人谣曰：'一按一抚，一子一父，虏不犯边，民得安堵。'……著有《北泉文集》，祀乡贤。"③ 身为即墨人士，蓝田多次游览崂山，并作有多首吟咏崂山的诗歌，

---

　　① 参见周志元《崂山志》卷七《艺文志》，齐鲁书社1993年版，第236—237页。

　　② 碑文可参周志元《崂山志》，齐鲁书社1993年版，第217—218页；青岛市史志办公室编《崂山志》，五洲传播出版社2003年版，第438页。

　　③ （清）林浦修、周翕镶等纂：《即墨县志》，成文出版社1976年版，第543—544页。

今有其《登狮子峰》一诗镌刻于崂山狮子峰处。①

　　不过，根据郭清礼的考证，不管是阁老翟銮，还是即墨文士蓝田，其去世日期均早于孙玄清进京呈书的时间，故翟銮、蓝田帮助孙玄清呈书御览之事疑似伪托，而真正给其献书者应是当时的道士官员太常少卿龚中佩。② 如果这一结论可靠的话，那么明霞洞《孙真人紫阳疏》后《赠孙真人还元一首》诗题为"文渊阁太傅翟銮"作，亦应是伪托之作。

　　其实，"阁老翟銮"在《明史》中有传，只是"翟銮"写作"翟銮"，据《明史》列传记载："翟銮，字仲鸣，其先诸城人。曾祖为锦衣卫校尉，因家京师。举弘治十八年进士，改庶吉士。正德初，授编修。刘瑾改翰林于他曹，以銮为刑部主事。旋复官，进侍读。嘉靖中，累迁礼部右侍郎。六年春，廷推阁臣……命銮以吏部左侍郎兼学士入直文渊阁……二十一年，言罢，銮为首辅。时已加少保、武英殿大学士，进少傅、谨身殿……逾三年（按：嘉靖二十六年）卒，年七十。"③ 以此看来，翟銮的确是嘉靖朝的重要大臣，但《明史》列传载其逝于嘉靖二十六年（1547），而明霞洞《孙真人紫阳疏》言孙玄清于嘉靖三十七年（1558）"功事完毕，进京白云观"，此时翟銮已逝十余年。这样看来，阁老翟銮为孙玄清呈书之事以及作《赠孙真人还元一首》诗歌，确为后人的假托之词。而"道士龚中佩官至太常少卿，经常出入宫廷，而且在嘉靖四十二年（1563）九月之前还深受皇帝宠幸。那么，孙玄清所献经书，通过同是道士的龚中佩呈进御览，是合情合理的。另外，孙玄清的献书时间是在嘉靖三十八年、四十一年、四十二年共三次，这期间正好是龚中佩在内廷任职时间，从时间上看也是非常吻合的"。④

　　紧随上清宫缩减版《孙真人紫阳疏》其后的题字为"上清宫后静室道众访问于后"，即附录上清宫道众之名录。此处名录与明霞洞处的金山派六代名录有非常密切的联系，依辈分顺序兹录如下：

　　于一太—张無铁、刘無念、刘無尘、朱無几、刘無境—王上乘—

---

① 　此诗刻可参见王瑞竹《崂山诗刻今存》，中国海洋大学出版社 2013 年版，第 44—45 页。

② 　详见郭清礼《金山派始祖孙玄清生平考述》，《中国道教》2011 年第 4 期。

③ 　（清）张廷玉等撰：《明史》卷一九三《翟銮列传》，中华书局 1974 年版，第 5111—5112 页。

④ 　郭清礼：《金山派始祖孙玄清生平考述》，《中国道教》2011 年第 4 期。

隋天□、崔天□、李天□、肖天□、隋天勝、刘天报、杨天存、宋天智、吕天德、程天理、黄天慧、孟天意、万天显、张天护、许天爱、胡天进、乔天福——高元性、程元快、李元见、□元喜、王元山、隋元□、徐元开、宠元海、史元根。

通过与明霞洞名录对比会发现，此处名录是金山派三代至七代的道众名录，辈分顺序为：一、無、上、天、元，比明霞洞多出第七代"元"字辈，总共记有 33 人。其中与明霞洞名录重复者，有第三代道士于一太，第四代道士刘無尘、朱無几等，第五代道士王上乘，第六代道士吕天行（德）。由此也可以看出，明霞洞与上清宫两处是崂山金山派两个重要的活动道场。

上清宫道众名录之后留有刻石者姓名："石匠盛耀"，可见这篇缩减版的《孙真人紫阳疏》是金山派道众专门延请雕刻艺人题刻上石的。"石匠盛耀"之后便是题刻日期落款："康熙庚戌年季秋望日上石"，这不同于明霞洞处《孙真人紫阳疏》"顺治拾年（1653）"的题刻时间。康熙庚戌年为 1670 年，距孙玄清逝世已过 101 年，距明霞洞《孙真人紫阳疏》题刻上石的时间有 17 年。由此可看出，孙玄清创立的全真教金山派在崂山颇有影响。

崂山上还有与全真教金山派相关的另一题刻，即白云洞处的"大门碑记"。白云洞位于崂山东麓，"刁龙嘴村西冒岭山南。洞额镌'白云洞'，为清代翰林日照人尹琳基所书，洞因常年白云缭绕而得名。洞右是庙宇，亦名白云洞，奉全真道金山派。该庙建于明末清初，据传为道士田白云所建，乾隆三十五年（1770 年）道士赵体顺主持重修后，才初具规模"。[1] 周志元《崂山志》载："（白云洞）在大仙山巅，背依危岩，前临深涧，二仙山峙其东，望海门矗其西，东南俯视大海，气象万千。洞系三巨石结驾所成，深广可仗许，供玉皇于其中。"[2]

---

① 青岛市史志办公室编：《崂山志》，五洲传播出版社 2003 年版，第 176 页。

② 周志元：《崂山志》，齐鲁书社 1993 年版，第 45 页。另需一提的是，还有另一"白云洞"位于崂山巨峰，黄宗昌《崂山志》载："（白云洞）去铁瓦殿可二里，泉自壁上落，响声如涨，伏流不知所往，来有声，去无形，异哉！"（详见黄宗昌《崂山志》卷三，文海出版社 1961 年版，第 33 页）；周志元《崂山志》亦载："（巨峰白云洞）在铁瓦殿东二里，俗名避牛石屋。势甚穹敞，有暗泉落石隙间，潺潺有声。"（详见周志元《崂山志》，齐鲁书社 1993 年版，第 50 页）本文所述非指此。

"大门碑记"位于白云洞门旁的大石上，阴刻楷书，字径约 10 厘米，共竖排 5 行，每行字数不等，其文为：

> 大门碑记。玄清老祖十代弟子，王生本、赵体顺、李性元。
> 大清乾隆三十四年二月二十五日立。

这篇"大门碑记"题刻记有"玄清老祖"（即指崂山金山派的创始人孙玄清）第十代弟子中三人的姓名：王生本、赵体顺、李性元。后示题刻时间为大清乾隆三十四年（1769）二月二十五日，距上清宫《孙真人紫阳疏》题刻又过近百年，孙玄清的弟子也从第七代传至第十代。碑记中提到的三位崂山道人，在相关文献资料中记载最多的是王生本，如同治版《即墨县志》载："王生本，邑人，号得一子，康熙时居白云洞，工医术及堪舆，食五谷不去皮，年百一十三发须返黑，一日聚气徒众曰：'今日立春，吾将去矣。'言毕，端坐而逝。"[1] 黄肇颚《崂山续志》卷八"补遗"、周志元《崂山志》和青岛市史志办公室编《崂山志》"人物志"部分，也有相似的记载。

图 1-4-3　白云洞 "大门碑记"

单就"大门碑记"题刻来说，其所记内容非常简略，只提到孙玄清

---

① （清）林浦修，周翕镇等纂：《即墨县志》，成文出版社 1976 年版，第 1207 页。

后代弟子"王生本"等人的姓名。但需要注意的是，此处题刻名为"大门碑记"定有所本，很可能"大门碑记"题刻旁还立有相关的碑刻，此碑刻也许就是文献中提到的"清白云洞历代碑"。据周志元《崂山志》记载，"清白云洞历代碑"是"清乾隆三十五年王生本立。内述开山师田白云之功果及其祖师海岳真人"①。可惜此碑已佚，不过此碑所立时间为乾隆三十五年（1770），紧接"大门碑记"乾隆三十四年（1769）的题刻时间，且"述开山师田白云之功果及其祖师海岳真人"的内容与"大门碑记"提及的"玄清老祖"（即祖师海岳真人）亦相关，由此更可看出二者之间的同构关系。笔者于 2018 年 7 月底亲至白云洞一带考察，在白云洞前院内看到多块残损的石碑、石柱、石基，白云洞遗址下方不远处的沟壑中也发现残碑一块，其中应有"清白云洞历代碑"残碑。

第五节　蔚竹庵嘉庆二十二年题记

蔚竹庵位于崂山中北部峰峦之间，青岛市史志办公室编《崂山志》载："蔚竹庵在北九水村东北约 3 公里的凤凰崮下，地名蔚儿铺……由蔚竹庵入崂山深处，山路陡曲奇险，东南行可登巨峰，东去越过滑溜口可到棋盘石、华严寺，直达东海岸。深藏于绿荫沉沉中的蔚竹庵，建于明代万历十七年（1589 年），清代道光年间重修，是一座玲珑秀雅的院落。"②此庵周围有蔚竹环绕之景，故取名"蔚竹庵"，又因其所在之地为蔚儿铺，所以又俗称蔚儿铺，现为"崂山十二景"之一。

蔚竹庵庙内有明万历二十一年（1593）立《蔚竹庵碑记》，以及清道光十九年（1839）四月立《重修蔚竹庵庙记》（详见第五章第三节）。除此之外，蔚竹庵正殿东墙外一巨石上，还有一篇"嘉庆二十二年题记"，文为阴刻楷书，字径约 5 厘米，共竖排 18 行，其文为：

> 蔚儿铺是吾先老太师宋真人购于马万者也，时在万历十七年。其次年遂畚朽壤，凿石芟草，创三官殿一座，茅屋三间，炊爨栖息于其

---

①　周志元：《崂山志》，齐鲁书社 1993 年版，第 226 页。

②　青岛市史志办公室编：《崂山志》，五洲传播出版社 2003 年版，第 130 页。

中，即游人骚士登临亦于此容榻焉。山素无田地所恃，为讨活者，松栗二树，连冈遍陵。故不惟无虞，而且有余饶。至乾隆卅五年，有同祖门下江相玉者，向吾师祖栾仁化揽住此地，其时乔松参天，相接古栗，合围数抱。而相玉住持四十余年，参天相接者尽归乌有，合围数抱者荡然一空，且庙宇倾圮，房屋破坏，又值嘉庆十七年饥馑，荐臻用度无减，因央庵主杨印主庵，将此地追回。李礼秀因念其疲老，病废当年所有之古栗乔松，亦概置不问。是年秋，李祖秀因率徒李智霞，徒孙周信学、李信法、王信志、张信禄住持于此庙宇重修，树木更植。用是作记，以志颠末。

四至东莺嘴石，西至丑蒲庵，南至三教堂，北至大山顶。

嘉庆二十二年四月初六日立。

图 1-5-1　蔚竹庵嘉庆二十二年题记

根据落款可知，题刻完成于嘉庆二十二年（1817）四月初六日。统观整篇石刻内容，其中主要述及蔚竹庵兴衰浮沉的历史。开篇交代了建造蔚竹庵的蔚儿铺之地，是祖师宋真人（即宋冲儒）于明万历十七年（1589）从名马万者手中购得。后述及万历十八年（1590）在此地建成三官殿一座、茅屋三间，这些房舍除供道人栖息修行外，还接纳游人墨客至此下榻；虽然山地贫瘠无良田，但依赖遍布山间的松树、栗树，又经蔚竹庵道众的苦心经营，道人的生计不仅解决，而且稍有富余。接着述及，到了清乾隆三十五年（1770），有一同门道士名"江相玉"者向当时蔚竹庵住持栾仁化请至此庵居住，① 后江相玉亦成为住持；但江相玉身为住持并不合格，在他住持蔚竹庵的四十余年间，庵庙处原有的参天大树皆化为乌有，庙宇倒塌、房屋破坏，且不知减持用度开支，再加上嘉庆十七年（1812）的自然灾害，庵庙经济已无力支撑，最后蔚竹庵之地被因央庵主杨印追回。紧接着述及，蔚竹庵新住持李礼秀弃置前嫌，② 率徒弟李智霞和徒孙周信学、李信法、王信志、张信禄等人重修蔚竹庵庙宇，③ 重新植上树木，并作了这篇刻石文以记述事件始末。石刻末还述及新建蔚竹庵东、西、南、北四个方向的界至范围，与明万历二十一年（1593）宋冲儒所建蔚竹庵的界至完全相同（详见第五章第三节）。可见，此篇题刻围绕蔚竹庵的兴替，主要述及三个道教人物：一是首创蔚竹庵的明代道人宋冲儒，二是致使蔚竹庵衰败的清代道人江相玉，三是复兴蔚竹庵的清代道人李礼秀。

---

① 据《蔚竹观历代祖师谱》（镶嵌于崂山蔚竹庵三官殿墙壁上，相应图片见第五章第三节）记载，栾仁化为全真华山派第十六代传人。另外道士"江相玉"之名，在清道光十九年（1839）四月所立《重修蔚竹庵庙记》中作"姜详玉"（详见第五章第三节），二者同音异字，概是口传中的谐音字现象。

② 据《蔚竹观历代祖师谱》（镶嵌于崂山蔚竹庵三官殿墙壁上，相应图片见第五章第三节）记载，李礼秀（或作李礼修）是栾仁化的徒孙，为全真华山派第十八代传人。

③ 据《蔚竹观历代祖师谱》（镶嵌于崂山蔚竹庵三官殿墙壁上，相应图片见第五章第三节）记载，李智霞师事李礼秀，是全真华山派第十九代传人；周信学、李信法、王信志、张信禄师事李智霞，是全真华山派第二十代传人。

第二章

华楼山道教诗词题刻

　　崂山是公认的道教名山，道教文化自古繁荣。历代涉足于崂山的名道人数众多，他们不仅道法高深，而且身具较高的文化素养，在崂山上留下了很多传播后世的诗词作品。其中一些诗词在当时或被后人镌刻于崂山山石之上，如今已成为崂山道教文化不可分割的一部分。从现存崂山题刻的分布来看，华楼山地区题刻尤为多见。明人陈沂《鳌山记》亦言华楼山"周山之石摩勒殆遍，多金元人作者"①。华楼山上的诗词题刻多数是由元代崂山道人刘志坚组织镌刻的，其中也包括未亲至崂山的全真教先辈或名道的诗词作品与修炼要诀。本章将对华楼山历史上遗留下来的这些道教名人的诗词题刻予以梳理。因丘处机驻足崂山的影响较大且其一人即留有多首诗词题刻，故我们将设专章予以阐述，本章从略。

第一节　全真道祖王重阳诗刻二首

　　全真道祖王重阳（1112—1170），宋金时期咸阳人，本名王中孚，后改名王嚞（或作王嘉、王嘉），号重阳子，是全真教的创立者，故后世弟子尊称"王祖师"。王重阳生于殷富之家，青年时期热衷于仕途，中举后并未得到重用，中年后至终南山出家修道。大定七年（1167）远赴山东宁海州一带传道，在今牟平、莱州、文登一带，先后收纳丘处机、谭处端、马钰、王处一、郝大通、孙不二、刘处玄七人为徒，即"全真七子"，亦称"北七真"。王重阳作为全真道祖以及在山东半岛的积极传教

---

① 文见（明）黄宗昌《崂山志》卷八，文海出版社1961年版，第78页。

活动，势必会对崂山道教的发展构成很大的影响，其表现之一便是他所作的诗歌被后世道众镌刻到了崂山之上，以示景仰之意。

一　"王祖师道"诗刻

华楼山摩崖石刻数量众多，在华楼宫附近有诸多道教题刻。华楼宫东面不远处的竹林内有一天然石崮，上面分布着多则题刻。题刻最右端即为"王祖师道"诗刻，文字为阴刻楷书，字径约 20 厘米，共竖排 7 行，其文为：

> 王祖师道：
> 一别终南水竹村，家无二女一无孙；三千里外寻知友，引入长生不死门。
> 匠人曲道明。书李志明。

诗歌开头的"王祖师道"非本诗题目，只是诗歌的引言，指明以下诗句皆是"王祖师"道出的，"王祖师"即王重阳。此诗在道教文献中也有记载，如元代浮云山圣寿万年宫道士赵道一修撰的《历世真仙体道通鉴续编》卷一"王嘉"条载：

> 及行，辞诸道友，皆与之歌诗，所以寓其微意，而人不悟也。携铁罐乞食而行，曰：我于东方有缘耳。迤逦出关，抵登州，夜归观中，书陕西所作诗于壁云：一别终南水竹村，家无儿女亦无孙。三千里路寻知友，引入长生不死门。明旦拂衣东迈。世宗大定七年七月，抵宁海，径诣儒者范明叔家。①

元代灵隐子王颐中集《丹阳真人语录》中也有类似的文字记载：

> 师言，祖师尝到登州，时顶笠悬鹑，执一筇，携一铁罐，状貌奇古，乞于市肆，登州人皆不识。夜归观，书一绝于壁：一别终南水竹

---

① （元）赵道一：《历世真仙体道通鉴续编》卷一，《道藏》第五册，文物出版社、上海书店、天津古籍出版社联合出版，1988 年版，第 415 页。

图 2-1-1　"王祖师道"诗刻

村，家无儿女亦无孙，数千里之外寻知友，引入长生不死门。明旦，拂衣东迈，后数日，郡守纥石烈邀诣观，观其题诗，钦叹不已，乃依韵和曰：回首三年别故村，都忘庭竹长儿孙，他时拂袖寻君去，应许安闲一叩门。[①]

此外，《重阳全真集》卷二亦载有此诗，题为《赠马钰先生》，前有序，后为诗：

　　尝于陕西作此诗，及到宁海军马钰初相见，得姓名再书以赠之。
　　一别终南水竹村，家无儿女亦无孙。三千里外寻知友，引入长生不死门。[②]

结合以上资料可知，王重阳身在陕西之时已作此诗。后赴山东传教时，在登州为引人注意曾把此诗题于墙壁。到宁海之时初见马钰，又把此诗赠予马钰感悟。随着王重阳在山东地区传道范围和影响的扩大，他

---

　　① （元）王颐中：《丹阳真人语录》，《道藏》第二三册，文物出版社、上海书店、天津古籍出版社联合出版，1988 年版，第 701 页。
　　② 《重阳全真集》卷二，《道藏》第二五册，文物出版社、上海书店、天津古籍出版社联合出版，1988 年版，第 705 页。此诗还可参见（金）王重阳著，白如祥辑校《王重阳集》，齐鲁书社 2005 年版，第 42 页。

所作的这首诗也从陕西传到了山东，并最终被其再传弟子镌刻于崂山之上。

通过文字对比又可以看出，王重阳这首崂山题诗中的个别文句与文献资料记载颇有出入，尤其是诗的第二句，题刻为"家无二女一无孙"，而文献中皆为"家无儿女亦无孙"。

崂山题刻落款为"匠人曲道明。书李志明"，虽未言及题刻时间，但华楼山多数题刻落款中都有"曲道明"与元代崂山道士云岩子（刘志坚）的名字，如下文述及的"凌烟坚固"题字下有"曲道明刊，云岩子上石，张志通"字样，"长生师父作"题刻后缀为"云岩子上石。大德四年二月初十日。匠人曲道明"，"宣字曲道明"诗刻落款为"大德二年十二月廿日云岩子上石"。这样看来，这首"王祖师道"诗刻也应该是元代道士云岩子刘志坚组织上石的。由此又可以看出，王重阳这首诗应该是在山东道众中经历了长时间的口头流传，又经过多人之手之后，至元代才最终镌刻到崂山之上的，其间个别字句出现差异是在所难免的，故笔者认为文献记载的更为准确，从诗歌句意的连贯性上来说，似乎"家无儿女亦无孙"也更合适些。

除此之外，诗刻第三句"三千里外寻知友"，文献中或写作"三千里路寻知友"，或写作"数千里之外寻知友"。因此诗体式更像一首七言绝句，所以"数千里之外寻知友"中的"之"字应为衍字。而"三千里路""三千里外"或"数千里外"，也应该是在口耳流传过程中出现的讹误，但并不影响整体诗意的表达。

这首诗歌浅显通俗，并不难理解，但个别之处亦值得商榷。"一别终南水竹村"是指王重阳离开修道的终南山村落，即将赴山东传教。关于"水竹村"，有学者认为是王重阳由咸阳至终南山修道时所在的村落之名，如王集钦《崂山碑碣与刻石》说："王重阳的故家是水竹村。"① 但是记载王重阳生平事迹的文献资料中，明确载其出生于咸阳大魏村，至终南山修道时所在村落为南时村、刘蒋村，并未有其身居"水竹村"的明确记载。如金代金源璹所撰《终南山神仙重阳子王真人全真教祖碑》载："（王重阳）后别号重阳子，于南时村作穴居之，名曰活死人墓。后迁居

---

① 王集钦：《崂山碑碣与刻石》，青岛出版社1998年版，第139页。

刘蒋村北，寓水中坻。"① 上引《丹阳真人语录》郡守纥石烈对此诗的和诗中有"回首三年别故村，都忘庭竹长儿孙"一句，其中"庭竹"无疑是对王重阳居住之地景物的描写；王重阳对竹子有由衷的偏爱，并作有《题竹》诗："人言潇洒月明中，我道清虚本意深。不是害风来到此，怎生引动此君吟。"② 此外，《终南山神仙重阳子王真人全真教祖碑》中言"迁居刘蒋村北，寓水中坻"，其中"寓水中坻"亦是对王重阳在刘蒋村居地情景的描述。故笔者认为，崂山诗刻中的"水竹村"只是对有水有竹僻静村落的描述，而非王重阳居住的村落之名。

"家无儿女亦无孙"，并非指王重阳真的没有儿女后人，而是指他为修高道行而完全抛弃了世俗的牵绊。从多数文献资料的记载中均可看出这一点，如秦志安《金莲正宗记》载王重阳48岁时辞官解印，"黜妻屏子，拂衣尘外"；③《终南山神仙重阳子王真人全真教祖碑》载王重阳"弃妻子，携幼女送姻家，曰：'他家人口，我与养大'，弗议婚礼，留之而去。又为诗，故以猥贱语詈辱其子孙。其末后句云：'相违地肺成欢乐，撞入南京便得真'"。④ 上文还提及王重阳把此诗赠予马钰，题为《赠马钰先生》，其实马钰对此亦有一首和诗《丹阳继韵》，文为："得遇当归刘蒋村，黜妻弃妾屏儿孙。攀缘割断云游去，誓不回眸望旧门。"⑤ 其中有"黜妻弃妾屏儿孙"之语。以此可见，王重阳本是有子女的，为专心修道，离家弃俗，甚至不惜"抛妻弃子"。王重阳的这一观念在他所作的诗词中有明显的体现，如其《满庭芳·欲脱家》云："既欲修行，终全闻谧，出离尘俗相当。莫凭外坐，朝暮起心香。须是捐妻舍事，违乡上、趄

---

①　碑见陈垣《道家金石略》，文物出版社1988年版，第450—453页。关于此，还可以参看（元）谢西蟾、刘志玄《金莲正宗仙源像传》，《道藏》第三册，文物出版社、上海书店、天津古籍出版社联合出版，1988年版，第371—372页；（元）李道谦《七真年谱》，《道藏》第三册，文物出版社、上海书店、天津古籍出版社联合出版，1988年版，第380—381页；（元）秦志安《金莲正宗记》卷二，《道藏》第三册，文物出版社、上海书店、天津古籍出版社联合出版，1988年版，第348页。

②　参见（金）王重阳著，白如祥辑校《王重阳集》，齐鲁书社2005年版，第44页。

③　（元）秦志安：《金莲正宗记》卷二，《道藏》第三册，文物出版社、上海书店、天津古籍出版社联合出版，1988年版，第348页。

④　陈垣：《道家金石略》，文物出版社1988年版，第451页。

⑤　此诗可参见（金）马钰著，赵东伟辑校《马钰集》"补遗"部分，齐鲁书社2005年版，第260页。

却儿娘。"① 建议修行要舍弃夫妻与儿女之情束缚的语言表露无遗。为修行求真，王重阳不仅要求自己斩断家庭的束缚，在其传教时也力求别人做到此。②

"三千里外寻知友，引入长生不死门"两句，指王重阳远离自己的家乡陕西，到几千里之外的山东半岛寻觅相宜的道徒以传授道业，"长生不死门"意指道家修道的最高境界。

综上看来，这首诗歌的内容正是王重阳修道、传道历程的真实写照。王重阳把这首诗题壁或把其赠予弟子，除想让人了知其道者的身份之外，还有让读者从中感知道家道义的目的，也可看作王重阳传道的方式方法之一。故这首诗在王重阳再传弟子或后世道众中颇为流行，直到被镌刻于崂山之上。

还有一问题值得注意：虽然王重阳在山东半岛传道数年，并收"全真七子"为徒，创立了全真教，他所作的诗也被镌刻到了崂山之上，但是王重阳本人到底有没有到过崂山？对此学界有不同的看法。青岛市诗词学会所编《万古崂山千首诗》中说："王重阳（1113—1170）……南宋庆元元年，偕七真人来崂山。"③ 但南宋庆元元年是 1195 年，此时距离王重阳羽化已有 25 年之久，所以此说不可信。赵伟考证："根据刘志玄等撰的《金莲正宗仙缘像传》及其他全真教的史籍，王重阳在山东的传教，所经历之地大概在宁海、文登崑嵛山、文登姜实庵、福山县、登州、莱州等地，之后于大定九年携众弟子来到河南汴梁，大定十年逝于汴梁。由此看来，王重阳没有到过崂山，故言王重阳来崂山传全真道的说法是没有根据的，而言王重阳是在崂山创立全真教的说法更是错误的。"④ 此说较为可信。

二　"重阳师父作"诗刻

"重阳师父作"诗刻位于"王祖师道"诗刻左侧，二者同石相连。"重阳师父作"诗刻的字体亦为阴刻楷书，字径约 20 厘米，共竖排 6 行，

---

① 《重阳全真集》卷三，《道藏》第二五册，文物出版社、上海书店、天津古籍出版社联合出版，1988 年版，第 713 页。此词还可参见（金）王重阳著，白如祥辑校《王重阳集》，齐鲁书社 2005 年版，第 64 页。

② 关于此可参见赵伟《崂山道教与佛教研究》，人民出版社 2015 年版，第 55 页。

③ 青岛市诗词学会编：《万古崂山千首诗》，新华出版社 2002 年版，第 5 页。

④ 赵伟：《崂山道教与佛教研究》，人民出版社 2015 年版，第 56 页。

其文为：

> 重阳师父作：
>
> 饥生阳火炼阴精，食饱伤心气不冲。指念神清为日用，夜间少睡
> 自身清。住行坐卧常禁口，呼气调神透香清。甘津玉液舌根湧，到此
> 方知体得真。

　　这是一首七言律诗，内容主要阐述了修道与养生两个层面的含义。饮食上提倡食不过饱，所谓"饥生阳火""食饱伤心"即是以对比的方式提出的饮食法则；就寝时力避贪睡，提倡夜间少睡，守清以聚神；日常住行主张清净少言，呼吸中和，做到恬然自若、虚静自守。"甘津玉液"指内丹修炼之时口中生成的甘美津液，人的口舌上通大脑、下通咽喉，是滋生津液的场所，道者通过勤勉修炼，真气上升至于口中，具有补益之效的"甘津玉液"便自然于舌根之处产生，即所谓的"舌根湧"。此诗在饮食起居方面的这些规范，是想让修道者内炼精、气、神之生命本源，最终达到"体得真"的修道正果。

　　这首"重阳师父作"诗刻之前，紧接另一题刻：

> 云岩子上石。
> 刘师父、丘师父游上清宫，来看劳山道诗句：
>
> 历□山前一路平，都□能有己人行。华盖十年劳峰隐，今日群仙
> 游上清。

　　由于这两首诗刻离得很近，中间诗句又没有明显的断隔，故导致一些学者在这些诗句的归属问题上出现分歧。如常大群《至今绝壁幽岩下，尚有群仙听海潮——崂山全真道胜迹》一文对此处题刻的断句为："今日群仙游上清，饥生阳火炼阴精。食饱伤心气不冲，指（止）念神清为日用。夜间少睡自自清，住行坐卧常禁口，呼气调神透杳清，甘津玉池舌根涌，到此方知体得真……"① 他将云岩子刘志坚上石的"刘师父、丘师父

---

　　① 　常大群：《至今绝壁幽岩下，尚有群仙听海潮——崂山全真道胜迹》，《中国宗教》2005年第12期。

图 2-1-2　华楼宫东北"重阳师父作"诗刻

游上清宫，来看劳山道诗句"的最后一句"今日群仙游上清"归入了
"重阳师父作"诗刻里，以其作为"重阳师父作"诗刻的首句。笔者认为
这是错误的，之所以如此认为，是因为在崂山诗刻中可以找到明显的内
证。在华楼宫西北的凌烟崮南侧有一石壁，其上也刻有王重阳这首"重
阳师父作"诗作：

> 王志元，云岩子上石。
> 重阳真人作：
>> 饥生阳火炼阴精，食饱伤心气不冲。止念神清为日用，夜间少睡
>> 自身轻。住行坐卧常禁口，呼气调神透香清。甘津玉液舌根涌。

这处"重阳真人作"诗刻与上面的"重阳师父作"诗刻相同，其首
句为"饥生阳火炼阴精"。因是王志元与云岩子刘志坚共同上石的，所以
字体、书法方面与华楼宫东北处"重阳师父作"诗刻明显不同，此外后
面还缺少"到此方知体得真"一句，部分文字书写上也有差异，但都为
同音异字现象，这些都表现出明显的口传色彩。以此可知，"重阳师父
作"这首诗歌在后世道众中非常流行，崂山道众将其镌刻于山石之上不
可能出现较大误差。现在看来，两处"重阳师父作"诗刻的文字内容基
本相同，况且凌烟崮处"重阳真人作"诗刻又只此一诗，不能与其他诗
刻混淆。所以我们认为，"重阳师父作"首句为"饥生阳火炼阴精"是无

图 2-1-3　凌烟崮 "重阳真人作" 诗刻

误的，"今日群仙游上清" 一句只能是前一首诗歌的尾句，[1] 而且 "今日群仙游上清" 中的 "上清" 也正与前首诗歌之题 "刘师父、丘师父游上清宫，来看崂山道诗句" 中的 "上清宫" 相呼应。

经上分析可知，"重阳师父作" 这首诗歌在崂山道众中口耳相传良久，直到元代被崂山名道云岩子刘志坚等人镌刻于山石之上，其影响不断扩大。不仅如此，直到明代这首诗中的修道观念仍流传于一些体道人士之间，如明人所撰《小窗幽记》卷五《素》中即有 "饥生阳火炼阴精，食饱伤神气不升" 之句。[2]

第二节　与马钰相关的诗词题刻

马钰（1123—1183），原名马从义，字宜甫，世居宁海州（今山东牟平），家业殷实、轻财好施，为金大定间进士，后弃俗入道，拜王重阳为

---

① 任颖厄：《崂山道教史》介绍华楼宫处道教石刻时引用此诗的断句与常大群同，且认为是丘处机的无题诗刻，亦误。详见任颖厄《崂山道教史》，中央编译出版社 2009 年版，第210 页。

② 参见（明）陈继儒撰，陈桥生评注《小窗幽记》，中华书局 2008 年版，第 133 页。关于《小窗幽记》的作者有二说：其一认为是明人陈继儒（1558—1639），其二认为是明人陆绍珩，1624 年前后在世。

师，改名钰，号丹阳子，"北七真"之一，王重阳逝后成为全真道第二代掌教。马钰作为道行高深的全真道先辈，其所作的诗歌及道教丹诀等，也被崂山道众镌刻到了山石之上。

一　"长春师父作"诗刻

与上述"重阳师父作"诗刻处于同一岩石上的还有一首"长春师父作"诗刻。"长春师父作"诗刻紧随"重阳师父作"诗刻之后，文字为阴刻楷书，字径约 20 厘米，诗句共竖排 5 行，"长春师父作"几字横排于诗句之上，其文为：

> 修行何处用功夫，马速猿颠须并除。劳擒劳捉生五彩，暂停暂住免三塗。哨然自在神丹漏，略放从容玉髓骷。酒色气财心不尽，德玄德妙恰如无。

这首诗歌的内容也是谈道教修行方法与效果的，开篇即提到道术修行不宜求快，要沉静心念，去除如马如猿似的难以控制的心神。诗句中充满了道教用语，有些不易理解。"五彩"本指黄、青、白、红、黑五色，分别代指阴阳五行中的木、金、火、水、土。三塗，指火塗、血塗、刀塗三种地域酷刑，又称三恶道，即地狱道、饿鬼道、畜生道，本是佛教中语，道家借用而来。"神丹"指道家所炼丹药，服之成仙或长生，这里指内炼精气，是道教内丹修炼之术。诗歌末句阐明，修道应放弃常人心念的"酒色气财"，免去世俗干扰，做到"恰如无"的入静专一，方是修道的最高境界。

这首诗刻的题名为"长春师父作"，长春师父即"北七真"中的丘处机，"长春子"是其道号。与同一岩石上的其他诗刻及题名的竖排形式不同，此诗题名的"长春师父作"几个字是横刻于竖排诗作之上的，看上去像是后来补充上去的。由此可看出，云岩子刘志坚在将此诗题刻上石的时候，也许并非十分清楚这首诗的作者。其实，查阅相关的文献资料即可印证这一推断。翻阅以明代《道藏》为底本所编撰的《马钰集》可知，此处"长春师父作"诗歌，在《马钰集·渐悟集》卷下也有记载，但是一首词作，词名为《瑞鹧鸪·赠众道契》，其文为：

修行何处用功夫。马劣猿颠速剪除。牢捉牢擒生五彩，暂停暂住免三涂。稍令自在神丹漏，略放从容玉性枯。酒色气财心不尽，得玄得妙恰如无。①

通过对比可以看出，《马钰集》所记与石刻中的部分文字存在差别，也应该是在口耳相传的过程中，以谐音取代原诗部分用语的缘故，这也是诗刻读起来生涩难以理解的原因所在。不过，从整体上看，《马钰集》所载与"长春师父作"诗刻的内容是相符的。故此可断定，"长春师父作"诗刻的作者非丘处机，而是王重阳的另一弟子马钰，刘志坚将此诗上石时题错了作者。由"赠众道契"的题名并结合词作内容可知，这首词是马钰赠送给众道士并勉励他们认真修行的一首励志词作。这首词作的影响亦很深远，四大名著之一的《西游记》第九十一回开篇言："修禅何处用工夫？马劣猿颠速剪除。牢捉牢拴生五彩，暂停暂住堕三途。若教自在神丹漏，才放从容玉性枯。喜怒忧思须扫净，得玄得妙恰如无"，这应该是对马钰《瑞鹧鸪·赠众道契》词作的借鉴。

另外，上面提及"重阳师父作"诗刻因与其前面的"刘师父、丘师父游上清宫，来看崂山道诗句"诗刻紧紧相接，导致学者在诗句的归属上出现差错。其实，这首"长春师父作"题刻与其前面相接的"重阳师父作"诗刻也存在同样的问题。如清代黄肇颚《崂山续志》记录此题刻时误认为是"王重阳作"。② 又如王集钦《崂山碑碣与刻石》在述及"历（历）山前一路平，都通能有己（几）人行。华盖十年劳峰隐，今日群仙游上清"诗刻后说，下接重阳师父作："饥生阳火炼阴精，食饱伤心气不冲。指（止）念神清为日用，夜间少睡自身清（轻）。住行坐卧常禁口，呼气调神透香清。甘津玉液舌根涌，到此方知体得真。修行何处用功夫，马速猿颠须并除。劳（牢）擒劳（牢）捉生五彩，暂停暂住免三塗（途）。倘然自在神丹漏，路汲从容玉髓枯。酒色财气心不尽，德玄德妙恰如无。"③ 可见王集钦将"修行何处用功夫"之后的诗句，皆归入了"重阳师父作"诗刻当中。《马钰集》对《赠众道契》"修行何处用功夫"词作已有明载，故可证王集钦如此处理有误。另外，常大群在谈及华楼宫

---

① （金）马钰著，赵东伟辑校：《马钰集》，齐鲁书社2005年版，第201页。

② （清）黄肇颚：《崂山续志》，山东省地图出版社2008年版，第139页。

③ 王集钦：《崂山碑碣与刻石》，青岛出版社1998年版，第144页。

东北的石刻时说："此处刻石未见典籍记载的有丘处机的一首诗,没有题目,现录于此:今日群仙游上清,饥生阳火炼阴精。食饱伤心气不冲,指(止)念神清为日用。夜间少睡自自清,住行坐卧常禁口,呼气调神透杳清,甘津玉池舌根涌,到此方知体得真。修行何处用功夫,速马猿颠需并除,牢擒牢捉生五彩,暂停暂住免三途。倘然自在神丹漏,略放从容玉髓骷(枯)。酒色气财心不留 ,德玄德妙恰如无。"① 可见,常大群不仅将"今日群仙游上清"一句归入了下面的"重阳师父作"诗刻中,而且将"重阳师父作"整首诗句也与后面的"长春师父作"诗刻连接到了一起,并认为作者是丘处机,显然更不妥。

二　"丹阳真人归山操"题刻

在华楼宫后山碧落岩下方的巨石之上,有三首连刻的诗词。第一首为《离山老母作》(下文有述),后署"大德二年云岩子上石",第三首为《长春真人词双双燕》词刻(第四章第四节有述)。中间第二首诗刻为《丹阳真人归山操》,字体为阴刻楷书,字径约 15 厘米,共竖排 15 行,其文为:

> 丹阳真人归山操。
>
> 能无为兮无不为,能无知兮无不知。知此道兮谁不为,为此道兮谁复知。风萧萧兮木叶飞,声嗷嗷兮雁南归。嗟人世兮日月催,老欲死兮犹贪痴。嗟人世兮魂欲飞,伤人世兮心欲摧。难可了兮人间非,指青山兮当早归。青山夜兮明月飞,青山晓兮明月归。饥餐霞兮渴饮溪,与世隔兮人不知。无乎知兮无乎为,此心灭兮那复疑。天庭忽有双华飞,登三宫兮游紫微。

丹阳真人即马钰,他所作的这首《归山操》及相关写作背景在文献资料中也多有记载。潍县玉清宫曾有《崑嵛山马真人琴曲归山操碑》,其中也录有《归山操》文本,文字与崂山题刻相同,后署"栖霞丘处机书"。此碑高有七尺五寸,广有三尺一寸,大字 8 行,每行 12 字,小字 7

行，每行 67 字，正书。根据碑文落款可知，此碑镌刻于金代大定戊申（1188）年孟冬望日，由前定海军节度副使吴似之作跋，驸马都尉唐括元义立石。①

图 2-2-1 "丹阳真人归山操"题刻

元代刘志玄、谢西蟾所撰《丹阳子》载："（金大定）二十二年四月，东回宁海，道经济南，有韩淘字清甫者，礼师请益……二十四年癸卯下元，文登人请师主醮，众睹重阳现于空际白龟之上。晦日，游城北之三教堂，时门弟子咸集，忽鄜州王道师抱琴至，师乃援笔作《归山操》示众云：能无为兮无不为，能无知兮无不知，知此道兮谁不为，为此道兮谁复知。风萧萧兮木叶飞，声嗷嗷兮雁南归，嗟人世兮日月催，老欲死兮犹贪痴。伤人世兮魂欲飞，嗟人世兮心欲摧，难可了兮人间非，指青山兮当早归。青山夜兮明月飞，青山晓兮明月归。饥餐霞兮渴饮溪，与世隔兮人不知。无乎知兮无乎为，此心灭兮那复为，天庭忽有双华飞，登三宫兮游紫微。盖示其归真之意也。遂至莱阳，居游仙宫。十二月二十二日，重阳仙诞，师致醮毕，与诸弟子夜话，至二鼓，忽风雨大作，迅雷一声，谓弟子曰：吾今赴仙会堂归去也，作个快活仙，汝等欲作神仙，须要励修功行，纵遇千魔百难，慎勿退惰。言讫，端坐而逝。"② 这段文字交代了马钰的

① 此碑全文可参陈垣《道家金石略》，文物出版社 1988 年版，第 434 页。

② 参见（元）刘志玄、谢西蟾《金莲正宗仙源像传》，《道藏》第三册，文物出版社、上海书店、天津古籍出版社联合出版，1988 年版，第 374 页。还可参见（金）马钰著，赵东伟辑校《马钰集》"附录一·传记资料"，齐鲁书社 2005 年版，第 332—333 页。

行迹、作《归山操》的因由及仙逝的过程。大定二十四年（1184），马钰游历宁海城北的三教堂时，郦州人士王道师忽然携琴而来，马钰有感而作《归山操》。《丹阳子》所记《归山操》有少许文字与崂山题刻存在出入，如题刻中的"嗟人世兮魂欲飞，伤人世兮心欲摧"，《丹阳子》写为"伤人世兮魂欲飞，嗟人世兮心欲摧"，题刻中的"那复疑"，《丹阳子》记为"那复为"。马钰作此诗大概是预感自己来日不多，故以此示意将要归真之意。离开三教堂后，马钰又至莱阳，至十二月二十二日遂逝于游仙宫。在离世之际，马钰还鼓励弟子说，欲达到修炼成仙的正果，需勤力修行，遇到再多困难也不要退缩。

《马钰集·洞玄金玉集》卷六亦载有马钰《归山操》，文字部分中"伤人世兮魂欲飞，嗟人世兮心欲摧"一句不同于题刻"嗟人世兮魂欲飞，伤人世兮心欲摧"（与《丹阳子》所记此句同），"伤""嗟"二字位置颠倒，但无关大局，其余部分皆与崂山题刻相同。另外，《洞玄金玉集》所载的《归山操》之前还有序文曰："（马）钰因与僧烛律师、殿试范寿卿于郡城之北三教堂，一日焚香宴坐，有王大师抱琴而来鼓之。日昃，作琴操《归山操》，盖钰有归真之意也。"① 这里更清楚地指出，当时马钰游历于宁海城北的三教堂时，除道门弟子咸集外，还与一僧人烛律师和一殿试及第的士人范寿卿相会，他们在焚香宴坐之时，王道师抱琴而至，并于席间给他们演奏。马钰有感于此，至下午作《归山操》以示归真之意。马钰作为道教重要代表人物与僧人和儒士交往，是全真道"三教合一"思想的体现。其实这一思想在王重阳修道之初就有所展露，全真教创立之后"三教合一"的思想更是作为基本教义而确立，后世道门弟子亦继续坚守这一教义。《丹阳真人语录》记载：

> 师在东牟道上行，僧道往来者，识与不识，必先致拜。从者疑而问之曰："彼此俱昧平生，何用拜之？"师曰："道以柔弱谦下为本，况三教同门异户耳。孔子言：'虽执鞭之士，吾亦为之。'未闻一拜之为一过。"②

---

① （金）马钰著，赵东伟辑校：《马钰集》，齐鲁书社2005年版，第95页。

② （元）王颐中：《丹阳真人语录》，《道藏》第二三册，文物出版社、上海书店、天津古籍出版社联合出版，1988年版，第701页。还可参见（金）马钰著，赵东伟辑校《马钰集》，齐鲁书社2005年版，第240页。

引文中的"师"即马钰，他与僧人往来必谦恭为拜，其所言"三教同门异户"并引孔子之言说理，皆是他"三教合一"思想的深刻体现。

元代赵道一《历世真仙体道通鉴续编》卷一"马钰"条亦载有《归山操》的创作背景和文本。创作背景为："（大定二十三年）九月晦日，与僧烛律师、士人范寿卿于城北三教堂焚香宴坐，郿州王道师抱琴来鼓之。日昃，乡人云集，师作《归山操》。"① 这里所记与《丹阳子》《洞玄金玉集》基本相同，而且更明确地指出马钰游历城北三教堂的具体时间为"九月晦日"（九月最后一天），相会之人除了僧人烛律师、士人范寿卿、道门弟子外，马钰宁海的乡人也云集于此，场面壮大。此情此景，让马钰感触尤深，故作《归山操》。除此之外，《历世真仙体道通鉴续编》还提及马钰作《归山操》未几，又肆笔书《委形赞》（其文略云：大哉登真，路入青冥。麟随绛节，风牵朱轼。鸣鸾佩玉，履虚步云。超受真诰，上登玉晨），"盖寓其归真之意"。可见，当时马钰所作寓归真之意的诗作本有两首，除《归山操》外，还有《委形赞》。《历世真仙体道通鉴续编》所载《归山操》文本中的个别文字与崂山题刻也存在不同：题刻中的"嗟人世兮魂欲飞，伤人世兮心欲摧"一句，《通鉴续编》与《丹阳子》《洞玄金玉集》同，作"伤人世兮魂欲飞，嗟人世兮心欲摧"；题刻中的"那复疑"，《通鉴续编》与《丹阳子》同，作"那复为"；另外，题刻中的"天庭忽有双华飞"一句，在《通鉴续编》中作"天庭复有双华飞"。

除了以上资料外，马钰事迹及其《归山操》在《牟平县志》《文登县志》《莱阳县志》等方志资料中也有记述。其中尤以民国时所修《牟平县志》对马钰晚年行迹及其创作《归山操》之事记载最详。《牟平县志》卷九载有"金马丹阳归山操碑"，题为《琴操归山操》，前为序，后为文。后面诗文部分，除"天庭忽有双华飞"中"双华"作"双叶"外，文字皆与崂山题刻《丹阳真人归山操》同。其序曰："（马）钰与云水僧竺律师、殿试范寿卿相会于郡城之北三教堂，因焚香宴坐，命郿州道士王大师鼓琴久之，亦一时之胜会。日昃则有乡人云集，由此作琴操，盖钰有归真

---

① （元）赵道一：《历世真仙体道通鉴续编》卷一，《道藏》第五册，文物出版社、上海书店、天津古籍出版社联合出版，1988 年版，第 421 页。还可参见（金）马钰著，赵东伟辑校《马钰集》"附录一·传记资料"，齐鲁书社 2005 年版，第 339 页。

之意也。时大定二十年九月十一日崑嵛山丹阳马钰记。"① 序文中的"竺律师"即以上文献资料中的"烛律师",这里称其为"云水僧"。鼓琴的王道师的籍贯序文中写为"酈州",与其他资料中的"鄜州"不同。《金史》《元史》中并未有"酈州"地名的记载,而关于"鄜州"地名的记载却有很多,如《金史》卷二六《地理志下》载"鄜延路"下即有辖地"鄜州",②《元史》卷六〇《地理志三》"延安路"条更明确地记载:"鄜州,唐初为鄜州,又改洛交郡,又复为鄜州。宋、金因之。旧领洛交、洛川、鄜城、直罗四县。元至元四年,并鄜城入洛川,又并洛交、直罗入州。"③ 故笔者认为,《牟平县志》"金马丹阳归山操碑"序文中的"酈州"应是因字形相近而导致的讹误。

《牟平县志》中"金马丹阳归山操碑"(《琴操归山操》)序文还明确提及马钰作《归山操》的时间为"大定二十年九月十一日",这与其他文献资料所载不同。其他文献记载马钰作《归山操》的时间虽有不同,但基本集中在"大定二十三年"(1183)或"大定二十四年"(1184)。如上引刘志玄、谢西蟾《丹阳子》记马钰作《归山操》时间为"大定二十四年晦日"。而上引《历世真仙体道通鉴续编》卷一"马钰"条记为"九月晦日",又言及十二月"谈话夜将二鼓,风雨大,雷震一声,师东首枕肱而逝,是月二十有二日也",而后记载:"二十四年正月,长生主醮于昌阳。十八日巳午间,进士徐绍祖等见空中卿云鸾鹤变态飞舞,不可名状,重阳云冠绛服,丹阳三髻素衣,现于云际,移时乃去,遂碑记之。"④ 以此可知,《历世真仙体道通鉴续编》认为马钰在大定二十四年已经逝世,其作《归山操》的时间应是"大定二十三年九月晦日"。另外,据张子翼《丹阳真人马公登真记》载,马钰"癸卯冬闰,赴莱阳之请,乃馆于游仙观之环庵。席不及暖,遽然即真",又载马钰归真后,"越明年,夏六月,显武公来宰斯邑",显武公欲勒石铭记马钰事迹以传不朽,并令邑子张子翼撰文,张子翼将此事和自己对显武公为政业绩的分析行之

---

① 民国宋宪章等修:《牟平县志》,成文出版社1968年版,第1470页。

② (元)脱脱等撰:《金史》,中华书局1975年版,第649页。

③ (明)宋濂等撰:《元史》,中华书局1976年版,第1426页。

④ (元)赵道一:《历世真仙体道通鉴续编》卷一,《道藏》第五册,文物出版社、上海书店、天津古籍出版社联合出版,1988年版,第421页。还可参见(金)马钰著,赵东伟辑校《马钰集》"附录一·传记资料",齐鲁书社2005年版,第340页。

于文，后记日期为"大定二十五年，岁次乙巳正月十五日己亥谨记"①。可见，马钰归真在大定癸卯年（即大定二十三年），显武公莱阳赴任在大定二十四年夏六月，而张子翼作《丹阳真人马公登真记》在大定二十五年（1185）正月十五。张子翼作《丹阳真人马公登真记》时离马钰逝世日期非常接近，故其所载马钰逝世于大定二十三年（1183）的说法较为可信，那么马钰作《归山操》也应在其逝世前的大定二十三年（1183）。此外，还有很多文献资料记载马钰归真于大定二十三年（1183），如元代王利用《全真第二代丹阳抱一无为真人马宗师道行碑》载马钰于大定二十三年（1183）十二月赴莱阳游仙观，作《委行赞》特寓其归真之意，又载"是月二十二日，祖师诞辰，师仰瞻天表……时将二鼓，师东首枕肱而蜕"；②又如元代翰林学士张仲寿撰有《丹阳真人归葬记》碑文，其中记载："大定壬寅（笔者按：1182）师年六十，东还宁海，将为归宿之计……明年癸卯十一月二十有二日，羽化于莱阳之游仙宫"；③再如元代李道谦所编《七真年谱》亦载："大定二十三年癸卯，丹阳真人年六十一。四月行化芝阳，下元日文登作醮，祖师现形于空际白龟之上。丹阳于十二月二十二日升仙于莱阳县游仙宫。"④这些都支持了《归山操》作于大定二十三年（1183）的论断。故《牟平县志》所记《琴操归山操》序文中的"大定二十年九月十一日"应有误。

《牟平县志》还提到"金马丹阳归山操碑"在"县城南范园"。"范园，在县南二里，金状元范怿之花园。范尝与马丹阳、高巨才等，宴集其中。有《归山琴操碑》，金大定二十三年丹阳马钰书。"⑤《牟平县志》

---

①　参见（元）李道谦《甘水仙源录》卷一，《道藏》第一九册，文物出版社、上海书店、天津古籍出版社联合出版，1988 年版，第 727—728 页。还可参见陈垣《道家金石略》，文物出版社 1988 年版，第 433—434 页；（金）马钰著，赵东伟辑校《马钰集》，齐鲁书社 2005 年版，第 315—317 页。

②　参见（元）李道谦《甘水仙源录》卷一，《道藏》第一九册，文物出版社、上海书店、天津古籍出版社联合出版，1988 年版，第 730 页。还可参见（金）马钰著，赵东伟辑校《马钰集》，齐鲁书社 2005 年版，321—322 页。

③　见陈垣《道家金石略》，文物出版社 1988 年版，第 740—741 页。参（金）马钰著，赵东伟辑校《马钰集》，齐鲁书社 2005 年版，第 344 页。

④　（元）李道谦：《七真年谱》，《道藏》第三册，文物出版社、上海书店、天津古籍出版社联合出版，1988 年版，第 384 页。

⑤　民国宋宪章等修：《牟平县志》，成文出版社 1968 年版，第 255—256 页。

"马丹阳故宅"条又载："古碑已蚀，为人砍毁，惟东壁古刻现存，系金范殿试恽所跋《归山操》"；① "范恽"条又载："范恽，字寿卿，一字明叔，进士、殿试及第。大定间，任本州学正，喜交方外士，居城南两里许，有园亭之胜，尝与马丹阳、高巨才等宴会其中。又与三教堂僧竺律禅师游，听鄜州王道士鼓琴，萧然有出尘之想。"② 存于马丹阳故宅并由范恽作跋的《归山操》，在《牟平县志》中记为"金范寿卿归山操跋石刻"，其中言："吾乡刘宜之、郡城之北，有庵一所，宽闲清靓，以馆四方云水之士，命僧烛律师主之；（烛一作竺）予因暇日与丹阳马真人尝游息其中，名之曰三教堂。一日焚香宴坐，有鄜州道士王公抱琴而来，作金石弄，其声清越，远山与之俱应。异人作《归山操》以示众人，皆升仙妙语，无一点尘气，人敬爱之。噫！真人已羽化异，斯文不可复得，命工刻之于石，用传不朽耳。"③ 通过这些记载我们可更清楚地得知，与马钰在宁海相会的士人范寿卿名为范恽，字寿卿，殿试及第，故文献中多称"范殿试"，他在宁海州任学正之职；他们相会的地点"三教堂"并非指三座庙宇，而是由竺律师管理的一座庵庙的名称；鄜州王道师抱琴弹奏的曲目为《金石弄》，琴声清越动听，引人入胜；马钰有感作《归山操》后，把其展示给在场的人看，众人都很喜欢这篇诗作；马钰归真后，范恽首先将《归山操》刻之于石，以传不朽。范恽主持镌刻的《琴操归山操》碑流传至今，现藏于山东省烟台市牟平区范园（雷神庙）遗址，部分文字已漫漶不清。④

　　由上所述可见，大定二十三年（1183）马钰在家乡宁海三教堂相会时有感而发的《归山操》，成文之初即竞相传颂、影响广泛，不仅各类道教典籍对其全文载录，相关人士还将其陆续刻石以传不朽。流传至近现代的《归山操》石刻共发现三例：其一为牟平范园遗址的《琴操归山操》碑，马钰自书，由马钰故友州学正范恽主持镌刻并作跋，立于大定甲辰年

　　① 民国宋宪章等修：《牟平县志》，成文出版社 1968 年版，第 256 页。

　　② 同上书，第 933—934 页。

　　③ 同上书，第 1471 页。

　　④ 相关介绍可参考常大群《山东半岛全真七子碑刻、摩崖石刻寻真》，《中国道教》2007 年第 1 期；相关图片可参考烟台晚报的登载，详见于建章、孙洪清《琴操·归山操碑》，水母网（http://www.shm.com.cn/ytwb/html/2007-12/15/content_4234915.htm），2007 年 12 月 15 日。

图 2-2-2　烟台牟平区雷神庙遗址《琴操归山操》碑

（1184），最为古老；其二为潍县玉清宫《崑嵛山马真人琴曲归山操碑》，丘处机书，金代都尉唐括元义立石，前定海军节度副使吴似之作跋，立于金代大定戊申年（1188）；① 其三即为崂山华楼宫碧落岩处的《丹阳真人归山操》题刻，由元代崂山道人云岩子刘志坚上石，时间为辛卯年十一月，即元至元二十八年（1291）。马钰影响较大的《归山操》及其他诗文作品虽被后人镌刻于崂山之上，但其本人并未在崂山生活过，亦未至崂山传道。②

　　以上三例《归山操》石刻的文字内容基本相同。马钰作《归山操》

---

① 潍坊晚报报道说，《崑嵛山马真人琴曲归山操碑》"现已无存，碑文民国《潍县志稿》有录"。参见潍坊晚报《潍上园林佳　百年古迹存》，潍坊新闻网（http：//wfwb.wfnews.com.cn/content/20120317/Articel22002EL.htm），2012 年 3 月 17 日。

② 关于此的具体考证，可参见赵伟《崂山道教与佛教研究》，人民出版社 2015 年版，第56 页。

的初衷，多数文献资料都有说明，即以此寓归真之意。具体来说，标题"归山"意指归真，与自然合一，用马钰自己的话说即是"堂堂归去也，作个快活仙人"。用"操"为名，大概是以此相和王道师的琴曲，相传善鼓琴的汉末文士蔡邕作过《琴操》以阐释琴曲,① 其中所录"十二操"中有《将归操》，题为孔子作，文中有"从吾所好，其乐只且"字样，与马钰《归山操》回归自然的旨趣类似。汉代桓谭《新论·琴道》云："夫遭遇异时，穷则独善其身而不失其操，故谓之'操'。"② 由此可知，琴曲以"操"为名，即为显示志节操守之意。

从《归山操》的体例上看，这首作品与马钰的其他诗歌不同，其采用的是楚辞体形式。楚辞体又被称为"骚体"，诗句中多用"兮"字，以起到舒缓语气的作用，同时也便于抒发内心强烈的思想情感，并增强诗歌语言的音乐美。这首《归山操》的内容大概可分为三部分。

第一部分为开头几句："能无为兮无不为，能无知兮无不知。知此道兮谁不为，为此道兮谁复知。"这是对道教清静无为哲理思想的阐释，亦是马钰修道理念的体现。马钰在公开场合不止一次地提到道教修行与清净无为的关系，他说过："要常清常静，不起纤毫尘念，乃是修行"；"专一学道，人人可得入仙，不同世俗进取有黜落也。但清静无为，最为上乘省力"；"学道者别无他事，只在至清至净、颐神养气而已"；"夫道者，但清静无为，逍遥自在，不染不著"；"守清静恬淡，所以养道"，等等。③ 马钰在日常修道生活中也说过与诗句类似的话语，如："虽有为而常无为，虽涉事而常无事，何况专一清心静意，养气全神，飘飘然游于逍遥之场，适于无何有之乡也。"④ 可以说，《归山操》第一部分正是马钰对自己

① 关于此可参见马萌《〈琴操〉撰者考辨》(《中国社会科学院研究生院学报》2005 年第 2 期)，王辉斌《蔡邕与〈琴操〉及其题解批评》(《广西师范大学学报》2013 年第 3 期)，赵德波《〈琴操〉的作者及其成书》(《西南交通大学学报》2008 年第 5 期)，邓安生《〈琴操〉的版本与作者》(《民族文学研究》2014 年第 5 期)。

② (汉)桓谭：《新论》，上海人民出版社 1976 年版，第 64 页。

③ 参见海天秋月道人玄全子集《真仙直指语录》卷上，《道藏》第三二册，文物出版社、上海书店、天津古籍出版社联合出版，1988 年版，第 432—433 页。还可参见（金）马钰著、赵东伟辑校《马钰集》，齐鲁书社 2005 年版，第 254—255 页。

④ 参见海天秋月道人玄全子集《真仙直指语录》卷上，《道藏》第三二册，文物出版社、上海书店、天津古籍出版社联合出版，1988 年版，第 433 页。还可参见（金）马钰著、赵东伟辑校《马钰集》，齐鲁书社 2005 年版，第 256 页。

一生修道理念的总括。

从"风萧萧兮木叶飞"至"指青山兮当早归"一句，是本诗的第二部分。马钰在其间表达了尽快走出人间是非之地、早日回归大自然的心愿，但字里行间也透露着对人事的深思与留恋，故这一部分的悲情色彩较为浓重。"风萧萧兮木叶飞，声嗷嗷兮雁南归"一句是以景衬情，直接化用周汉时期骚体诗的悲情文句，如先秦《易水歌》"风萧萧兮易水寒，壮士一去兮不复还"、屈原《九歌·湘夫人》"袅袅兮秋风，洞庭波兮木叶下"、汉武帝《秋风辞》"秋风起兮白云飞，草木黄落兮雁南归"。典故的运用丰富了整首诗的文化底蕴，风格直逼先秦楚辞体的悲美情调。后面连用"嗟""伤"之语对"人世"予以形容，抒发了对人间世事的无限感慨，表达了"人世悲催犹贪痴"的复杂心情，亦是对世俗之人的敦敦劝诫之言。其实，马钰以"劝世""叹名利""离苦海"等为题材的诗词作品尚有多首。而"难可了兮人间非，指青山兮当早归"一句，则指明了自己的归宿方向，登真归化之意明显，其间又流露出即将离开人世的无奈与伤感。这既让我们看到了马钰作为一位道行高深的名道对人生命运的自觉把握，又让我们真真切切体会到了马钰作为人世间普通大众之一员而具有的宽广胸怀。

从"青山夜兮明月飞"一句至本诗末尾是第三部分，这一部分主要是马钰对自己归真之后的遐想之词。"青山"指代马钰归真升仙后的寓所，在这里每晚有明月相伴，饿了可以朝霞为餐，渴了可以饮用山溪清水。屈原《楚辞·远游》："餐六气而饮沆瀣兮，漱正阳而含朝霞。"王逸注曰："朝霞者，日始欲出赤黄气也。"[1]《汉书》卷五七《司马相如传下》载司马相如《大人赋》："呼吸沆瀣兮餐朝霞"，颜师古注引应劭语曰："《列仙传》陵阳子言春食朝霞，朝霞者，日始欲出赤黄气也。"[2] 可见，马钰在诗句中表达了对这种仙居生活的向往，这种生活与世间隔离、至清至静，正是其修道生涯中所追求的。"无乎知兮无乎为，此心灭兮那复疑"一句描述了仙居生活的心态，并强调了羽化升仙之后继续修仙学道的决心。"天庭忽有双华飞，登三宫兮游紫微"是马钰对自己仙居生活的进一步想象。他想象着自己修道成真，登览三宫，并游走于紫微宫中，

---

① （宋）洪兴祖：《楚辞补注》，中华书局1983年版，第166页。

② （汉）班固：《汉书》，中华书局1964年版，第2597—2598页。

表现出一副逍遥自在、悠然自得的心情。"天庭双华飞"一直是道家向往的修行境界，《灵剑子引导子午记》记载："紫微夫人云：俯按山源，是鼻下人中之本；侧在鼻下小谷中也。楚庄公时，市长宋来子常酒扫一市，常歌曰：天庭发双华，山源障阴邪……乞食公，西岳真人冯延寿也，周宣王时史官也。"① 类似"天庭飞双华"之语也常出现在马钰的修道生活中，如灵隐子王颐中集《丹阳真人语录》记载："师曰：'不生灭，见如来。悟了之时，免却再投胎。'丘君曰：'此乃出阴神。若到天庭忽有双华飞，方出阳神。'此乃初地也。"② 笔者认为，"华"通"花"，"双华"即"双花"，所谓的"天庭双华飞""方出阳神"之类，是指丹道修行至炼神还虚阶段，③ 阳神脱体而出时漫天飞花的景象。比如海天秋月道人玄全子集《真仙直指语录》对以上《丹阳真人语录》引文也有记载，其中"若到天庭忽有双华飞"一句中的"双华飞"即写作"天花飞"。④ "天庭忽有双华飞"中的"天庭"指天门穴，即头部关窍，位于两眉之间，丹道修行至炼神还虚时，阳神即是由天门出入而摆脱肉体束缚的。也就是说，"天庭忽有双华飞"正是对这种超脱生死、获取身外之身修行层次的描述。修道至此，即可以神游于三宫了，"三宫"在道教中指清灵宫、紫阳宫、极真宫。邓云子撰《清灵真人裴君传》载："西玄者，葛衍山之别名。葛衍有三山相连，西为西玄，东为郁绝根山，中央名葛衍山。三山有三府，名曰三宫，西玄山为清灵宫，葛衍山为紫阳宫，郁绝根山为极真宫。三山缠固万三千里，高二千七百里，下有洞庭，潜行地中，通玄洲昆仑府也。"⑤ "紫微"亦为天宫之名，屈原《楚辞·远游》："后文

① 许旌阳述：《灵剑子引导子午记》，《道藏》第一〇册，文物出版社、上海书店、天津古籍出版社联合出版，1988 年版，第 671 页。

② （元）王颐中：《丹阳真人语录》，《道藏》第二三册，文物出版社、上海书店、天津古籍出版社联合出版，1988 年版，第 704 页。还可参见（金）马钰著，赵东伟辑校《马钰集》，齐鲁书社 2005 年版，第 245 页。

③ 任继愈：《中国道教史》中说："钟吕派内丹本来以性命双修为宗，从修命（精炁）入手，先炼精化炁，进而炼炁化神、炼神还虚，则属于修性，全部丹功中修性占多半。"详见任继愈《中国道教史》，上海人民出版社 1990 年版，第 501 页。

④ 海天秋月道人玄全子集：《真仙直指语录》卷上，《道藏》第三二册，文物出版社、上海书店、天津古籍出版社联合出版，1988 年版，第 434 页。还可参见（金）马钰，赵东伟辑校《马钰集》，齐鲁书社 2005 年版，第 258 页。

⑤ 参见（宋）张君房辑《云笈七签》卷一〇五，齐鲁书社 1988 年版，第 575 页。

昌使掌行兮，选署众神以并毂"，王逸注曰："天有三宫，谓紫微、太微、文昌也。"[1] 马钰通过想象和联想，描述了自己登真升仙后的清静与闲适。整首诗从现实到虚幻，把人世和仙境、地上与天宫两个世界交织在了一起，从而使艺术性得到了极大的升华。

马钰本是儒士出身，文化修养和艺术造诣较高，这首《归山操》既是他内心自然的流露，又是他晚年对人间世事的深沉思考与忧虑、对道教修行的真切感悟和憧憬。马钰通晓古代诗文，擅长诗词创作，《归山操》充分借鉴并发挥了传统的骚体诗艺术，有效地传达了自己内心的感慨，创作了瑰奇浪漫的诗风，是一件不可多得的文学作品。他用这首诗为自己在俗世的修道生活做出了总结，亦为自己的诗词创作生涯画上了圆满的句号，是马钰人生观与修道观的最直接、最真实的体现。

三　"丹阳师父题长生师父《沁园春》"词刻

在华楼山凌烟崮南侧的岩石上，有一首《沁园春》词刻，位于凌烟崮"重阳真人作"诗刻的下方，文字为阴刻楷书，字径约 15 厘米，共竖排 10 行。刻石全文如下：

> 丹阳师父题长生师父。沁园春。
> 毋启刘公，盯吾此语，去净中宄。心将元初一，气离胃肺；过三门直下，降入丹田。神气升腾，水归火位，二气相交自有声。神寻气是，名坎户相照，离宫其间。
> 多少虚名作虎，乌竜下一任唤嫛娿。日月金和玉，炼成横项，总是虚名；气血精花，转ㄣ烹炼，智慧通达出自然。依此做，怕师兄不了，毋堕黄泉。

---

①　（宋）洪兴祖：《楚辞补注》，中华书局 1983 年版，第 171 页。"三宫"与"紫微"亦有他说，如《元始无量度人上品妙经四注》卷二引《三元品诫经》说："上元天官隶玉清境，结青、黄、白三气，置上元三宫……其中宫名元阳七宝紫徽宫，总主上真自然玉虚高皇上帝，诸天帝王上圣大神……中元二品地官隶上清境，结元洞混灵之气，凝极黄之精而成，其中宫名洞灵清虚宫，总主五帝五岳诸真人及诸地神仙已得道者……下元三品水官隶太清境，结风泽之气，凝晨浩之精而成，其中宫号汤俗洞泉宫，一曰青华方诸宫，总主水帝汤谷神王，九江水府河伯神仙，水中诸大神及仙篆簿籍。"参见《道藏》第二册，文物出版社、上海书店、天津古籍出版社联合出版，1988 年版，第 210—211 页。

云岩子上石，书刘志德。

大德四年三月十六日。

词刻中的"丹阳师父"为马钰，"长生师父"是与马钰师出同门的刘处玄（1147—1203），道号长生子，北七真之一。"丹阳师父题长生师父"之题，指明这首《沁园春》是马钰专门题作给刘处玄的一首词作。由落款可知，词刻由元代崂山道人云岩子刘志坚上石，刘志德撰书，镌刻时间为大德四年（1300）三月十六日。

这首词作中的用字用词较为生僻，多为道教术语。"转"与"烹"两字间有一字似象形字，又似道教中专门的符号，个别口语穿插其间，这些均增加了理解本词的难度。再加上这首作品在道教相关的文集中没有记载，所以近现代学者对其转录时，在文字辨识、断句方面多有不同。

图 2-2-3　　"丹阳师父题长生师父《沁园春》"词刻

青岛市史志办公室编《崂山志》载录这一题刻时未加标点，文字辨识为："匆启刘公盯吾此语去净中穴心捋元初一气离胃肺过三间直下降入丹田神气升腾水归火位二气相交自有声神寻气是各坎户相照离宫其间多少虚名作虎乌龙下一任唤姹日月金和玉炼成横顼，总是虚名气血精花转烹炼智慧通达出自然依此做怕师兄不了母堕黄泉。"①

王集钦《崂山碑碣与刻石》载录为："毋启刘公，盯吾此语，去净中

---

① 青岛市史志办公室编：《崂山志》，五洲传播出版社 2003 年版，第 213 页。

冗。心将元初一，气离胃肺，过三间直，下降入丹田，神气升腾，水归火位，二气相交自有声。寻气是名，坎户相照，离宫其间，多少虚名作虎，乌龙下一任唤婴姹，日月金和玉，炼成横项，总是虚名，气血精花，转□烹炼，智慧通达出自然，依此做，怕师兄不了，毋堕黄泉。"①

王瑞竹《崂山诗刻今存》载录为："毋启刘公，盯吾此语，去净中冗。心将元初一，气（离）胃肺，过三间直，下降入丹田。神气升腾，水归火位，二气相交自有声。寻气是，各坎户相照，（离）宫其间。多少虚名作虎，乌竜（下一）任唤婴姹。日月金和玉，炼成横项，（总）是虚名，气血精花。转〆烹炼，智慧通达出自然。依此做，怕师兄不了，毋堕黄泉。"②

青岛市崂山风景区管理局、青岛市崂山区文化新闻出版所编《崂山摩崖集萃——华楼篇》载录为："毋启刘公，盯吾此语。去净中冗，必将元初一。气离胃肺，过三门直下，降入丹田，神气升腾。水归火位，二气相交，自有声。神寻气是名，坎户相照离宫。其间多少虚名，作虎为龙下一。任唤婴姹日月，金和玉炼成，横项总是虚名。气血精花，转转烹炼，智慧通达出自然。依此做，怕师兄不了，毋堕黄泉。"③

笔者认为，学者间之所以在这首词的断句上出现分歧，主要是因为词作本身有不符合《沁园春》词谱之处，个别词句可能加了衬字，或因刻石时不够严谨而导致衍字产生，甚至还有漏语之处。至于文字辨识上出现差异，一是因为题刻中有些文字因年代久远已模糊不清，二是因为有些文字字形上较为接近而出现误判。虽有难解之处，但整体上可以看出，这首词的内容是马钰劝诫刘处玄专务修道的，并为其提供了具体详尽的内丹修炼之法。我们可参照马钰其他诗词作品或其修道生活中的类似术语，来具体感悟这首词的含义。

"毋启刘公，盯吾此语，去净中冗。""启"可理解为陈述、陈说，"盯"本意是集中视力，这里可引申为"注意"，"冗"同"冗"，烦冗、

---

① 王集钦：《崂山碑碣与刻石》，青岛出版社1998年版，第143页。

② 王瑞竹：《崂山诗刻今存》，中国海洋大学出版社2013年版，第119页。其中"转"与"烹"之间的符号，直接截取的题刻图片表示，对此王瑞竹称："按照词牌'沁园春'的调式，这里应当是一个汉字。作者用这个符号表示一种序，是逆炼的暗语。"

③ 青岛市崂山风景区管理局、青岛市崂山区文化新闻出版局编：《崂山摩崖集萃——华楼篇》，中国海洋大学出版社2016年版，第62—63页。

牵绊之意。整句可解为：提醒刘处玄此刻不要说话，要集中注意力听他以下所说的话，告诫他去除心中冗绊的纠缠，清净心地。这是马钰叮嘱刘处玄为丹术修炼做好准备，相关话语在马钰的其他诗词中也有体现，如其《述怀》诗曰："白日清闲无冗事，丹霄出入驾飞烟"，① 《望蓬莱·道友修庵》词云："混俗和光都看破，万千尘冗不相干。别有一般般。"②

"心将元初一，气离胃肺；过三门直下，降入丹田"，其中"过三门直下"一句不符合《沁园春》词谱，或有衬字，或有衍字。从这句开始讲述具体的丹修之法。大概含义为，经过清净心地便可由真心生出真意，进而炼化精气，使其掠过胃肺，运转于上中下三丹田之中，"丹田"指道家内丹修炼的结丹之地，有上、中、下三丹田，也称三宝。具体位置为：两眉之间为上丹田，心之下为中丹田，脐下为下丹田。晋代葛洪《抱朴子》内篇《地真》载："仙经曰……一有姓字服色，男长九分，女长六分，或在脐下二寸四分下丹田中，或在心下绛宫金阙中丹田也，或在人两眉间，却行一寸为明堂，二寸为洞房，三寸为上丹田也。此乃是道家所重，世世歃血口传其姓名耳。"③《太上黄庭外景经·上部经》云："呼吸庐间入丹田，玉池清水灌灵根。"务成子注曰："呼吸元气会丹田中。丹田中者，脐下三寸阴阳户，俗人以生子，道人以生身。"④ 马钰《玩丹砂·思郝仙》亦曰："日日炼心烹药鼎，时时运火补丹田。"⑤ 马钰还说过："学道者无他，务在养气而已。夫心液下降，肾气上升，至于脾，元炁氤氲不散，则丹聚矣。若肝与肺，往来之路也。"⑥ 这些都可与此词互证。

"神气升腾，水归火位，二气相交自有声。"在易经六十四卦之中，坎卦属阴，为水；离卦属阳，为火。"水归火位"可解为道教术语中的"捉坎填离"，意指修丹过程中的阴阳二气调和、返本还元，故词中又进

---

① 参见（金）马钰著，赵东伟辑校《马钰集》，齐鲁书社 2005 年版，第 2 页。

② 同上书，第 172 页。

③ 王明：《抱朴子内篇校释》，中华书局 1986 年版，第 323 页。

④ 参见务成子注《太上黄庭外景经》，（宋）张君房辑《云笈七签》卷十二，齐鲁书社 1988 年版，第 72 页。

⑤ 参见（金）马钰著，赵东伟辑校《马钰集》，齐鲁书社 2005 年版，第 181 页。

⑥ 参见（元）王颐中《丹阳真人语录》，《道藏》第二三册，文物出版社、上海书店、天津古籍出版社联合出版，1988 年版，第 702 页。还可参见（金）马钰著，赵东伟辑校《马钰集》，齐鲁书社 2005 年版，第 242 页。

一步曰："二气相交自有声。"相似之语又有"坎虎离龙""离坎交宫"
"离女坎翁""坎男离女"等，这在马钰的其他诗词作品中也有着充分的
体现。如马钰《赠马坊庵主刘先生》诗曰："一心入道彻程头，二气调匀
细细收"；①《和岐阳镇赵殿试》诗亦曰："坎离交位运行般，得得来来不
外干"；②《爇心香·赠华亭张大悟》词曰："坎离交结，龙虎盘桓。得至
精微，水精热，火精寒"；③《清心镜·寄长春丘师兄》词曰："君乐山，
予乐水。乐水乐山，箪来何济。都不如、净意清心，炼冲和真气。坎离
交，木金戏。产无影姹婴，五明宫里"；④《玉楼春·赠云中子》词曰：
"二神颎颎骖风驭，离坎相交传密语"；⑤《桃源忆故人·桃源遁客问道》
诗曰："桃源遁客专来到，问我些儿玄妙。说破坎离颠倒，水火同炉灶。
虎龙蟠绕成丹宝，五色祥云开导"，⑥ 等等。

　　"神寻气是，名坎户相照，离宫其间"一句中，"神寻气是"亦不符
合《沁园春》词谱，或有衬字，或有衍字。此句不易理解，其间的"坎
户""离宫"皆为道教内丹修炼术语。如宋代周方《至真子龙虎大丹诗》
中也有"离宫有径青龙室，坎户无门白虎家""灵液到壶藏坎户，神丹开
鼎透离宫""离宫火盛金生宝，坎户泉声汞产芽"之类的相似语。⑦《金
碧五相类参同契》卷上《叙说章》阴长生注曰："经云：离宫有象藏真
水，坎户含华隐正金""精从离宫下而产，津从坎宫上而生。离坎二宫，
是为水火既济鼎"；卷中《金津玉液》："金津生坎户，玉液产离宫"，阴
长生注曰："金津者，是精从坎宫子位而生。坎者，肾也。玉液者，是津
从离宫午位而所产。离者，心也。精津合归中宫，乃成金丹大药，谓之曰
铅汞二真也。"⑧ 与"坎户""离宫"相似的还有"坎虎""离龙"，上引
周方《至真子龙虎大丹诗》中便有"离宫有径青龙室，坎户无门白虎家"

----

① 参见（金）马钰著，赵东伟辑校《马钰集》，齐鲁书社 2005 年版，第 8 页。

② 同上书，第 14 页。

③ 同上书，第 104 页。

④ 同上书，第 115 页。

⑤ 同上书，第 132 页。

⑥ 同上书，第 141 页。

⑦ 参见《道藏》第四册，文物出版社、上海书店、天津古籍出版社联合出版，1988 年版，
第 914—915 页。

⑧ 阴长生注：《金碧五相类参同契》，参见《道藏》第一九册，文物出版社、上海书店、
天津古籍出版社联合出版，1988 年版，第 73、77 页。

之语。道教修炼术语中又有"调和龙虎"之言,龙虎指代阴阳二气。龙
生于离卦,属阳;虎生于坎卦,属阴。故马钰《沁园春》此句亦应指代
内丹修炼过程中的阴阳二气协调,以最终成就"金丹大药"。这样的修行
观念及修炼术语,在马钰的其他诗词作品中同样有所反映,如马钰《题
京兆统军司王令史钦古堂》四首中分别有"堂里闲调龙与虎""悟彻离龙
并坎虎""先天先地真龙虎""无中营养龙和虎"之句;①《契遇庵》诗亦
曰:"坎虎离龙常逗引,心猿意马罢奔驰",② 等等。

　　"多少虚名作虎,乌竜下一任唤婴姹。"其中的"竜"字,古同
"龙"。"龙""虎"与后面的"婴姹"皆为道教修炼术语。"婴"一般写
作"婴",常作"婴儿",丹学中指代"铅";"姹"常作"姹女",丹学
中指代汞。"婴儿""姹女"常常连用,暗指铅汞在炼丹过程中化合,而
内丹修炼则指身体内阴阳之交合。"龙虎""婴儿""姹女"在马钰修道
题材的诗词中应用更是普遍,如《继登州祝同监韵》:"汞铅相见用功催,
婴姹欢谐不用媒。玉虎金龙腾地去,金乌玉兔下天来";③ 《夜游宫》:
"日夜调龙虎。时时姹婴相聚。养就神珠空里吐。放光明,现元初,相貌
主";④《踏云行·赠曹仙、甘仙、张仙同居烟霞洞》其一:"炼汞烹铅,
调龙引虎。静中结正三田主";⑤《踏云行·赠冯守慈》其二:"调龙引虎
弄明珠,明珠出路应须早";⑥《满庭芳·觉觉觉》:"自然成造化,木金
间隔,水火潺湲,定虎龙交媾。婴姹牢坚";⑦《满庭芳·悟生死》:"龙
虎变成婴姹,灵灵显、岂论阳阴";⑧《满庭芳·赞重阳真人出现》其二:
"全真文集里,藏机隐密,妙在其中。论龙吟虎啸,婴姹娇容。玉内金光
灿灿,神丹结、跃出灵宫",⑨ 等等。了解了词句中的丹术用语后,若要
深刻理解整句词的含义,我们还可以参照马钰相关的词作来分析。马钰
《西江月·赠安静散人俱守极》其一曰:"休要寻龙寻虎,不须搜姹搜婴。

① 参见(金)马钰著,赵东伟辑校《马钰集》,齐鲁书社 2005 年版,第 7 页。
② 同上书,第 66 页。
③ 同上书,第 24—25 页。
④ 同上书,第 160 页。
⑤ 同上书,第 161 页。
⑥ 同上书,第 162 页。
⑦ 同上书,第 146 页。
⑧ 同上书,第 151 页。
⑨ 同上书,第 154 页。

勿劳讲论汞铅精。尽是虚名惑恁。只要心中清静，无为便是功成。慈悲相助气神凝，如此神仙有准"；其三曰："莫论离龙坎虎，休言赤髓黄芽。勿谈搬运紫河车。不说婴娇女姹。绝虑忘机最妙，澄神养浩尤佳，无为无作路无差，豁达灵根无价。"① 这两首《西江月》中的"休要寻龙寻虎""莫论离龙坎虎""尽是虚名惑恁"之类的言辞，与题刻中的"多少虚名作虎""一任唤嫛姹"之句表达的意思类似。这是马钰在提醒修道者在修炼过程中不要夹杂功利之心，不要为了虚名而急于求成，所以马钰进一步指出"绝虑忘机最妙，澄神养浩尤佳"，只要做到心中清静，不受世俗杂念所扰，"无为便是功成"。马钰还说过："薄滋味所以养气，去嗔怒所以养性，处污辱低下所以养德，守一、清净、恬憺所以养道。名不著于簿籍，心不系于势利，此所以脱人之壳，与天为徒也。"② 又说过："虽歌词中每咏龙虎、婴姹，皆寄言尔。是以要道之妙，不过养氖。人但汩没利名，往往消耗其氖。学道者无他，务在养气而已……苟不养氖，虽挟泰山超北海，非道也。"③ 这些均可与此句题刻之意相互印证。

"日月金和玉，炼成横项，总是虚名"一句与《沁园春》传统词谱亦不符，词谱本为四句，故其间可能有一四言句漏刻。这一句与之上的"多少虚名作虎，乌竜下一任唤嫛姹"相连，词意表达相同。其中的"日月""金玉"亦是道教修炼术语。马钰与之相似的诗词，如《寄乡人》诗其三曰："虎龙易位成玄趣，日月交光发好春"；④《和綦殿试韵》诗其三曰："日月同炉增晃朗，乾坤入鼎愈香甘"；⑤《和密州王先生韵》诗曰：

---

① 参见（金）马钰著，赵东伟辑校《马钰集》，齐鲁书社 2005 年版，第 174—175 页。另外，马钰《满庭芳·出樊笼，赠京兆刘法司》亦曰："不唯身坦荡，心中豁畅，性上玲珑。更不搜婴姹，坎虎离龙。方寸澄清湛寂，得自然、神气和冲。神仙事，何愁不了，决定赴蓬宫。"详见（金）马钰著，赵东伟辑校《马钰集》，齐鲁书社 2005 年版，第 145 页。

② （元）王颐中：《丹阳真人语录》，《道藏》第二三册，文物出版社、上海书店、天津古籍出版社联合出版，1988 年版，第 701 页。还可参见（金）马钰著，赵东伟辑校《马钰集》，齐鲁书社 2005 年版，第 241 页。

③ （元）王颐中：《丹阳真人语录》，《道藏》第二三册，文物出版社、上海书店、天津古籍出版社联合出版，1988 年版，第 702 页。还可参见（金）马钰著，赵东伟辑校《马钰集》，齐鲁书社 2005 年版，第 242 页。

④ 参见（金）马钰著，赵东伟辑校《马钰集》，齐鲁书社 2005 年版，第 52 页。

⑤ 同上书，第 44 页。

"然得悟碧桃春，月交光晃坎离"；① 《满庭芳·刀圭法》词曰："日月交宫，虎龙共处，不分南北东西。五方秀气，攒聚结刀圭"，② 等等。而在道教修炼学中，以金、玉为喻的词语更是多见，如金鼎玉炉、金胎玉婴、金乌玉兔等。以金乌玉兔为例，金乌指代太阳（相应神话中谓日中有乌），对应卦象为离，离为火，象征着人体中的心、神、意；玉兔指代月亮（相应神话中谓月中有兔），对应卦象为坎，坎为水，象征人体中的肾、炁、精。马钰《继登州祝同监韵》诗曰："汞铅相见用功催，婴姹欢谐不用媒。玉虎金龙腾地去，金乌玉兔下天来"；③ 《和宁海刘殿试》诗曰："中玉兔行来晚，里金乌叫及时。步能移仙举应，莲五彩自然知"；④ 《全真吟》诗曰："全真日兮金乌飞，全真月兮玉兔归"；⑤ 《十报恩》其五曰："酒色气财誓不侵。便把日乌先赶退，次将月兔更劳擒"；⑥ 《西江月·赠古知观》："亦玄门得趣，飞玉兔金乌。君相伴化顽愚，意如同数罟"，⑦ 等等。

　　"气血精花，转〻烹炼，智慧通达出自然。"笔者认为"转"与"烹"二字之间的符号代指"丹"字，道教内丹修炼本有"九转还丹""九转丹砂、七还玉液"之语。⑧ 另外从马钰其他诗词作品中也能找到例证，如其《赠莱州醮首王永暨众道友·积行》诗曰："九转丹烹鼎，六铢衣胜罗"；⑨ 《寄呈高陵刘伯虎殿试》："九转丹成蓬岛去，专参的祖海蟾刘"；⑩ 《玩丹砂》："九转丹砂生紫雾，一溪白玉养黄金"，⑪ 等等。此句进一步指出，以内丹之法炼化精、气、神，使其凝聚于丹田而成内丹，从而使身

---

　　① 参见（金）马钰著，赵东伟辑校《马钰集》，齐鲁书社 2005 年版，第 47 页。

　　② 同上书，第 148 页。

　　③ 同上书，第 24—25 页。

　　④ 同上书，第 71 页。

　　⑤ 同上书，第 87 页。

　　⑥ 同上书，第 96 页。

　　⑦ 同上书，第 178 页。

　　⑧ 如元代秦志安《金莲正宗记》卷二《重阳王真人》载道者密语其二曰："一朝九转神丹就，同伴蓬莱去一遭"；卷四赞词又曰："上通天意，固可以碧霄往返，白日飞升，又何用于九转丹砂、七还玉液者也"；卷五赞词亦云："七年环堵，炼成九转丹砂。"详见《道藏》第三册，文物出版社、上海书店、天津古籍出版社联合出版，1988 年版，第 348、361、365 页。

　　⑨ 参见（金）马钰著，赵东伟辑校《马钰集》，齐鲁书社 2005 年版，第 79 页。

　　⑩ 同上书，第 63 页。

　　⑪ 同上书，第 179 页。

体内气充盈、血脉贯通，成就大智慧、大神通，这一切的前提是道合自然、守静去欲。马钰曾评价刘高尚其人曰："刘高尚居环堵四十年，别无他事，但虚其心，实其腹，去其华，忘其名，弃其利，清其神，全其气，丹自结，仙自成。"① 此评语与这句词刻表达的修炼理念是相同的。

"依此做，怕师兄不了，毋堕黄泉。"这是全词的最后一句，在指点完丹术修炼之法和修炼理念后，马钰进一步告诫刘处玄依照他说的去做，不要惧怕师兄所说的这些话，更不要堕落于世俗的"黄泉"，其中"怕师兄不了"带有口语色彩。

由上而见，马钰这首《沁园春》之所以难以理解，除其中大量运用道教修炼术语外，还可能与题刻的随意性有关，其间难免有谐音字，甚至是错字、漏字。不过这首词不见文献记载，能靠口耳传播并于百年之后镌刻于崂山之上，说明这首词的内容及其呈现的修炼理念在马钰之后的道众中应是广为传续的。马钰曾说过诸多与此词思想阐释相似的话语，为让大家更好地理解马钰这首崂山词刻的含义及其体现的道家观念，再把马钰一段代表性话语摘录如下：

　　师谓众曰："道无形名，是神炁之祖也。元炁降化，神明自生。炼神合道，乃是修真。其余名相纷纭，难为凭准。我念为汝举其大纲：夫修此之要，不离神炁。神炁是性命，性命是龙虎，龙虎是铅汞，铅汞是水火，水火是婴姹，婴姹是真阴真阳，真阴真阳即是神炁。种种名相，皆不可着，止是神炁二字而已。欲要养炁全神，须当屏尽万缘，表里清净，久久精专，神凝炁冲。三年不漏下丹结，六年不漏中丹结，九年不漏上丹结。是名三丹圆备，九转功成。骨髓凝化，血脉成真，内完外溢，光影彻明，寂然不动，应感无穷，千变万化，坐在立亡。三万六千神灵，踊跃游行天下三界，司迎八难之中，千凶万毒莫能消亡。至于大劫变化，洪灾四冲，神满太虚，亦无所碍。故天有时而崩，地有时而陷，山有时而摧，海有时而竭。凡有相者，终劫于坏。惟学道者，到神与道合处，则永劫无坏。兼功及九祖

　　① （元）王颐中：《丹阳真人语录》，《道藏》第二三册，文物出版社、上海书店、天津古籍出版社联合出版，1988年版，第703页。还可参见（金）马钰著，赵东伟辑校《马钰集》，齐鲁书社2005年版，第245页。

升上清矣。"①

第三节　王重阳与马钰唱和诗刻

在华楼宫东面竹林内的一块巨石上，镌刻着王重阳与马钰师徒二人的唱和诗，与上述"王祖师道"和"重阳师父作"诗刻同石相连。唱和诗的文字为阴刻的楷书，字径约 25 厘米。其中王重阳诗刻共竖排 5 行，其文为：

重阳师父作。

背上葫芦蒲酒沽，无中却是有中无。清光墨臘般般显，月里丛林永不枯。

图 2-3-1　唱和诗"重阳师父作"诗刻

马钰的和诗也是竖排 5 行，其文为：

---

① （元）王颐中：《丹阳真人语录》，《道藏》第二三册，文物出版社、上海书店、天津古籍出版社联合出版，1988 年版，第 706 页。还可参见（金）马钰著，赵东伟辑校《马钰集》，齐鲁书社 2005 年版，第 249 页。

马师父答。

玉液琼酱不消沽，舌上甘津不暂无。孝得风仙既寂法，灵苗序草
永难枯。

二诗落款为："云岩子上石。大德四年正月日书刘志德"。以此可知，
这是云岩子刘志坚在元大德四年（1300）上石的诗刻，由刘志德撰书。
诗刻中的"重阳师父"即王重阳，"马师父"即马钰，二人为师徒关系。

其实，这两首唱和诗在王重阳《重阳分梨十化集》中也有记载。其
中"重阳师父作"诗刻题为《赠丹阳》，"丹阳"为马钰道号，其文为：
"背上葫芦酒满沽，无中却有有中无。清光滑辣般般识，月里琼林永不
枯。""马师父答"诗刻题为《丹阳继韵》，文为："琼浆玉液不须沽，舌
上甘津不暂无。传得风仙浇溉法，灵苗慧草永难枯。"①

图 2-3-2　唱和诗"马师父答"诗刻

将文字对比可看出，文献所记与题刻中的部分文字有所不同，但也多
为同音或音近的异体字。如诗刻中的"墨臘"在文献中写为"滑辣"，诗
刻中的"丛林"在文献中写为"琼林"，诗刻中的"琼酱"在文献中写
为"琼浆"，诗刻中的"不消沽"在文献中写为"不须沽"，诗刻中的
"孝得"（"孝"为"学"之俗体字）在文献中写为"传得"，诗刻中的

---

　　① 参见（金）王喆《重阳分梨十化集》卷上，《道藏》第二五册，文物出版社、上海书
店、天津古籍出版社联合出版，1988 年版，第 792 页。此诗还可参见（金）马钰著，赵东伟辑
校《马钰集》"补遗"部分，齐鲁书社 2005 年版，第 295 页。

"既寂法"在文献中写为"浇溉法",诗刻中的"序草"在文献中为"慧草"。这些文字差异亦应是在长期的口头传播中出现的变异或谐音,至于哪个更准确,笔者认为诗刻与文献所记各有所取之处。

两首唱和诗的内容主要反映了王重阳、马钰师徒二人对修道生活的感悟,风格自然明快,质朴清新,读之饶有趣味。"重阳师父作"首句"背上葫芦蒲酒沽"表面上看是王重阳对诗酒生活的描述,"酒沽"即买酒之意。"蒲酒"是用菖蒲叶泡制的药酒,具有保健作用,历史上多地过端午节时有饮蒲酒的习俗,如唐人殷尧藩《端午》诗曰:"不效艾符趋习俗,但祈蒲酒话升平。"不过,此处"蒲酒"似指道教修炼的媒介,如葛洪《抱朴子》内篇《仙药》载:"韩终服菖蒲十三年,身生毛,日视书万言,皆诵之,冬袒不寒。又菖蒲生须得石上,一寸九节已上,紫花者尤善也。赵他子服桂二十年,足下生毛,日行五百里,力举千斤。"① 以此看来,"菖蒲"是道家服食的一种仙药。"无中却是有中无"一句充斥着道家万物本源哲理思想中的有无、虚实之论。"清光墨臘般般显,月里琼林永不枯"一句中的"墨臘"与"琼林"都是美玉之称。在道教历史文化中,玉石不仅是美好与纯洁的象征,而且兼具养生、护身与沟通神灵的作用,道教仙话中的神人也多以"琼浆玉液"为食。所以说,王重阳这首诗已把饮酒生活升华至仙人之境,亦是其体道、悟道生活的展现。

而马钰的和诗更多的是从"得道"的角度抒写的。得道之人能与大自然融合、与天地合一,通过勤勉修道,口舌之上自会生出"甘津",故"玉液琼浆"不须沽买;通过勤勉修道,学得仙人或得道者归真归寂的神采和技领,那些灵苗慧草永将不会枯竭。

其实,"口生甘津"亦是道教修炼之法,"甘津"实为唾液,道教修炼术语中也称"津液"或"玉液琼浆",吞咽津液大有补益之效。《后汉书》卷八二《方术传下·王真传》载王真自云:"周流登五岳名山,悉能行胎息胎食之方,嗽舌下泉咽之,不绝房室。"李贤注引《汉武内传》曰:"王真……习嗽舌下泉而咽之,名曰'胎食'。真行之,断谷二百余日,肉色光美,力并数人",又引《抱朴子》曰:"胎息者,能不以鼻口嘘喻,如在胎之中。"② 又《重阳真人金关玉锁诀》云:"咽津到心上,

---

① 王明:《抱朴子内篇校释》,中华书局 1986 年版,第 208 页。

② (宋)范晔撰,(唐)李贤等注:《后汉书》,中华书局 1965 年版,第 2750—2751 页。

令人心开悟解，又是洗心神水，洗心见性。"① 马钰《和小圃书事戒游赏者》诗其二言："下火功里勤栽接，不住甘津香齿颊"；②《十了功乃内事，非眼前境界，真清真净，自然得之》歌中有"鼻中玉柱流，口中甘津流"之语；③《养家苦·赠宁伯功》词亦曰："舌生津液玉浆甜。溉黄芽，无惹粘。"④

灵苗慧草指传说中的仙草，如晋代王嘉《拾遗记·炎帝神农》载曰："神芝发其异色，灵苗擢其嘉颖"；⑤ 唐人路德延《芭蕉》诗曰："一种灵苗异，天然体性虚"；宋代陆游《有客》诗曰："灵苗生绝壁，光景中夜发"；元人刘诜《石菖蒲》诗曰："盆池有灵苗，石罅忘逼仄"，等等。

"玉液琼浆"不须买，其实也是马钰体道生活的真实体现，他曾说过："酒为乱性之浆，肉是断命之物，直须不喫为上。"⑥ 当然此观念是马钰出家学道之后悟得的，他也曾言自己在世俗生活之时"秤肉斗酒"，后戒掉酒肉之嗜，并言："若食酒肉，亦做神仙，只是较迟了些。若心不怀道，又嗜酒贪膻，徒羡口腹，罪报难逃，终为下鬼之类也。"⑦ 可以说，马钰在这首诗中表达了对修道成仙至高境界的向往，同时也反映了他对学道修行的感悟和热爱。

二诗以唱和的形式出现，或许含有王重阳对马钰的点化之意。王重阳曾教化马钰说："凡人修道，先须依此一十二个字，断酒色财气、攀缘爱念、忧愁思虑。"⑧ 而在这两首崂山唱和诗刻之外，他们二人间还有另外一组类似的唱和诗：王重阳原诗名为《知丹阳吃酒赠颂》，文曰："道成

---

① 王重阳：《重阳真人金关玉锁诀》，载（金）王重阳著，白如祥辑校《王重阳集》，齐鲁书社 2005 年版，第 284—285 页。

② 参见（金）马钰著，赵东伟辑校《马钰集》，齐鲁书社 2005 年版，第 16 页。

③ 同上书，第 93—94 页。

④ 同上书，第 203 页。

⑤ （晋）王嘉撰，（梁）萧绮录：《拾遗记》卷一，中华书局 1981 年版，第 5 页。

⑥ （元）王颐中：《丹阳真人语录》，《道藏》第二三册，文物出版社、上海书店、天津古籍出版社联合出版，1988 年版，第 701 页。还可参见（金）马钰著，赵东伟辑校《马钰集》，齐鲁书社 2005 年版，第 241 页。

⑦ （元）王颐中：《丹阳真人语录》，《道藏》第二三册，文物出版社、上海书店、天津古籍出版社联合出版，1988 年版，第 705 页。还可参见（金）马钰著，赵东伟辑校《马钰集》，齐鲁书社 2005 年版，第 247 页。

⑧ 参见《重阳教化集》卷二《化丹阳》，载（金）马钰著，赵东伟辑校《马钰集》，齐鲁书社 2005 年版，第 239 页。

尚吃酒，岂惜千年寿。访饮若依前，不过四十九"；马钰和诗《丹阳继韵》曰："誓戒糟浆酒，玉液增灵寿。凡圣两俱忘，得得真九九。"① 以此反观崂山"马师父答"诗刻，正是马钰在重阳师父的不断教化之下，对道教修行感悟至深的表现。由此可见，王重阳与马钰的唱和诗被镌刻于崂山之上，抑或含有对后来修道者的劝诫之用。

第四节　孙不二"孙真人作"诗刻

　　华楼山凌烟崮的东南侧有一处题刻，首刻"凌烟坚固"四个大字，字形奇特，多处笔画像是在塑造"火烧"或"丹药"之形貌，力求体现道教自身特有的文化。"凌烟坚固"四字下面刻有"曲道明刊，云岩子上石，张志通"字样，文字相对稍小，意即由云岩子刘志坚主持刊刻，主要参与者有曲道明和张志通。紧随其后的便是"孙真人作"诗刻，刻字为阴刻楷书，字径约 20 厘米，共竖排 9 行，每行单独成句，其文为：

　　　　孙真人作。
　　　　饥来吃饭倦时眠，饱后忘饥凭自然。心到虚闲生道气，息因心妙舞胎仙。葫中造化抱三培，身外逍遥绝万缘。阳圣阴消天地大，不消九转得长年。

　　关于这首诗的作者"孙真人"，王瑞竹《崂山诗刻今存》收录此诗时标示为"孙玄清"，② 但孙玄清（1496—1569）是明代嘉靖时期著名的崂山道士（详见第一章第四节），此诗既然由元代云岩子刘志坚上石，其作者定不可能是其所处朝代之后的人。考察云岩子刘志坚在元大德年间已将王重阳及全真七子中的马钰、丘处机、刘处玄的诗词作品题刻于崂山之上，那么此处的"孙真人"也应是全真七子中的另一位道人，即孙不二。

---

① 参见《重阳教化集》卷二，载（金）马钰著，赵东伟辑校《马钰集》，齐鲁书社 2005 年版，第 239 页。
② 王瑞竹：《崂山诗刻今存》，中国海洋大学出版社 2013 年版，第 111 页。另外，高明见《道教海上名山——东海崂山》也认为此诗为孙玄清所作。详见高明见《道教海上名山——东海崂山》，宗教文化出版社 2007 年版，第 66 页。

况且，刘志坚所处的时代正值孙不二被元世祖皇帝封号"清静渊真顺德真人"之时，[1] 故诗刻中称孙不二为"孙真人"亦符合历史语境。

孙不二（1119—1182），宁海人（今山东牟平），号清净散人，亦称孙仙姑，本为马钰之妻，后经王重阳点化弃家从道，全真七子之一，全真道清净派开创者。孙不二同马钰一样，虽然其诗歌作品被镌刻到了崂山之上，但她本人却未曾到过崂山传道。[2]

图 2-4-1 孙不二"孙真人作"诗刻

孙不二这首"孙真人作"诗刻在与其相关的文集中没有记载。此诗大概是在阐述一种修道理念：即修道的过程要抱着顺其自然的心态，与日常生活紧密结合起来，饥饿则吃、困倦则眠，一任自然；修行中只有真正做到这种无心而为的状态，方能"生道气""舞胎仙"；[3] 虽然修行之身处于世俗之中，但内心要避免世俗的干扰，真心做到与世绝缘，也就是

① 元代刘志玄、谢西蟾撰：《金莲正宗仙源像传·清净散人》载孙不二事迹言："元世祖皇帝封号清净渊贞顺德真人。武宗皇帝加封清净渊贞玄虚顺化元君。"详见（元）刘志玄、谢西蟾《金莲正宗仙源像传》，《道藏》第三册，文物出版社、上海书店、天津古籍出版社联合出版，1988年版，第380页；还可参见（金）谭处端等著，白如祥辑校《谭处端·刘处玄·王处一·郝大通·孙不二集》，齐鲁书社2005年版，第498页。

② 具体考证请参见赵伟《崂山道教与佛教研究》，人民出版社2015年版，第56—57页。

③ "胎仙"指内丹修炼中的精气凝聚之物，马钰《和胡讲师韵》曰："大药清灵于玉鼎，胎仙歌舞于瑶台"（参见马钰著，赵东伟辑校《马钰集》，齐鲁书社2005年版，第93页）；又《自述》诗曰："婴姹成真乐，胎仙应物和"（参见马钰著，赵东伟辑校《马钰集》，齐鲁书社2005年版，第82页），等等。

"身外逍遥绝万缘";修行更不应带着功利目的于身外刻意觅功、急于求成,只要做到真诚、清净、守一,坚守自然本性,即便没有九转金丹的修炼果实,也能"得长年"。其实,这首"孙真人作"诗歌带有佛家禅法的痕迹,唐代明瓒禅师作有《南岳懒残和尚歌》(又名《乐道歌》),其中即有"饥来即吃饭,睡来即卧暝。愚人笑我,智乃知贤。不是痴钝,本体如然"之语,此歌在唐宋时期颇为流行,在与佛教相关的典籍中也多有记录。① 另外,北宋道教内丹始祖张伯端《悟真篇》之《无心颂》亦曰:"饥来喫饭,渴来饮水。困则打睡,觉则行履。热则单衣,寒则盖被。无思无量,何忧何喜。不悔不谋,无念无意。"② 这些均可看出宋元时期道教内丹派倡导的三教合一的思想理念。

　　当今学者转录孙不二这首崂山诗刻时,因个别文字在字形上接近,导致辨识上出现差异。除以上提及的王瑞竹《崂山诗刻今存》外,这首诗在青岛市史志办公室所编《崂山志》中也有收存。③ 青岛市史志办公室编《崂山志》所录此诗中的"道气"写为"到气",应是音同而误写;"葫中"写为"荫中",联系到葫芦是道家重要的法器和特殊标志,故笔者认为"葫中"似更准确;"天地大"写为"天地太",《道德经》中本有"道大,天大,地大,王亦大"之语,故笔者认为"天地大"似更合适。另外,王瑞竹《崂山诗刻今存》和青岛市史志办公室编《崂山志》都将"葫中造化抱三培"一句中的"三培"写作"三培","三培"不知作何解。而"培"古同"窨"字,是地室或墓穴之意,道教修行本有"拔度三途苦"之说,如孙不二《绣薄眉》词中亦曰:"劝人悟,修行脱免三涂苦",④ "孙真人作"题刻中的"三培"与"三涂苦"似有相通之处;此外,"葫中造化抱三培"与"身外逍遥绝万缘"为对偶句,其中"抱三培"与"绝万缘"两两相对,都有"避世""绝俗"之意。基于此,笔

---

① 关于明瓒其人及其所作的《乐道歌》,可参看(南唐)静、筠二禅师编撰《祖堂集》卷三《懒瓒和尚传》,中华书局 2007 年版,第 148—149 页;(宋)赞宁撰《宋高僧传》卷十九《唐南岳山明瓒传》,中华书局 1987 年版,第 491—493 页,等等。

② (宋)张伯端:《修真十书悟真篇》,《道藏》第四册,文物出版社、上海书店、天津古籍出版社联合出版,1988 年版,第 748 页。

③ 参见青岛市史志办公室编《崂山志》,五洲传播出版社 2003 年版,第 213 页。

④ 参见(金)谭处端等著,白如祥辑校《谭处端·刘处玄·王处一·郝大通·孙不二集》,齐鲁书社 2005 年版,第 464 页。

者认为"三培"或更妥当。

虽然孙不二的这首"孙真人作"诗歌在古代相关文献中没有记载，但可以肯定的是，此诗在历代道众中定会以口耳相传的形式流传，当其被镌刻于崂山上之后，其传播也会进一步久远。这首诗歌传达的修教理念对后世文人学士也构成了一定程度的影响，如明代著名思想家王阳明即作诗曰："饥来吃饭倦来眠，只此修行玄更玄。说与世人浑不信，却从身外觅神仙"，明代王象坤亦有诗曰："问予何事容颜好，曾受高人秘法传。打叠身心无一事，饥来吃饭倦来眠"，① 从这些诗歌中均可看到《乐道歌》及"孙真人作"诗歌的影子存在。

第五节　华表峰诗刻二首

在华楼山顶东部矗立着一座高 30 余米的方形石峰，名"华楼峰"，因其由层层岩石叠加而成，形如华表，故又被称为"华表峰"。"华表峰"还是著名的崂山十二景之一，名曰"华楼叠石"。周志元《崂山志》载："（华表峰）在华楼山，一名梳洗楼。叠石矗立，四无所倚。周百围，高二十丈。端整方削，不可攀登。巅平如台，传其上有洞，自上望之，隐隐有碧桃虬松生洞口，真奇观也。峰阴镌华表峰三大字，为邹善书。"② 除了周志元提到的"华表峰"题字外，在华楼叠石之下西侧的摩崖石刻中，还有两首连在一起的诗刻，第一首为"洞明真人作"，紧随其后的第二首为"长生师父作"。

一　刘处玄"长生师父作"题刻

"长生师父作"题刻文字为阴刻楷书，共竖排 16 行，字径约 20 厘米。其文为：

　　长生师父作。
　　贪苟衣食不故前呈千空惺惺怜利少解多知依不得行不得湿空万物

---

① 参见（清）王士禛《池北偶谈》卷五《谈献一·方伯公答人诗》，中华书局 1982 年版，第 114 页。

② 周志元：《崂山志》，齐鲁书社 1993 年版，第 35 页。

不省本性不知所往莽荡空万物不省性体虚空郝达空万物不省性知性神
赶神安头空万物不省知端得下手处不知动净半路里见影界执省便了过
不去顽空万物浮昧有清有净贪有爱有染有省难推怜利六道轮回空万物
不省心清意净性停命住来往分晓神坐端然明明照破绵绵无间断为之
真空。

诗刻后缀为："书刘志德。云岩子上石。大德四年二月初十日。匠人
曲道明。"可见这首诗刻是云岩子刘志坚主持镌刻的，由刘志德书写，石
匠曲道明刻石，上石时间是元大德四年（1300）二月初十日。

题刻中的"长生师父"指的是刘处玄（1147—1203），字通妙，东莱
人（今山东莱州），师事王重阳，北七真之一，全真道随山派创立者，
"长生子"是他的道号。

刘处玄这首诗刻，在其个人作品集及与他相关的文献资料中均未发现
记载。诗句用词皆佛道家语，体式上非整齐对称式的"齐言诗"，读之晦
涩难懂，这也许是现当代学者对此诗刻关注不多的原因所在。周志元
《崂山志》、王集钦《崂山碑碣与刻石》均未提及这首诗刻，青岛市史志
办公室编撰的《崂山志》收录这首诗刻时未加标点，且与其前面的"洞
明真人作"诗刻连至一起，误作了一首诗，显然错误。① 王瑞竹《崂山诗
刻今存》收录此诗时将其断句为："贪苟衣食，不故前呈，（千）空惺惺，
怜利少解，多知依不得行，不得湿空，万物不省。本性不知所往，莽荡
空，万物不省。性体虚空，郝达空，万物不省。性知性神，赶神安头空，
万物不省。知端得下手处，不知动净。半路里，见影界，执省便了。过不
去顽空，万物浮昧，有清有净。贪有爱有染，有省难推。怜利六道轮回
空，万物不省。心清意净性停，命住来，往分晓，神坐端然。明明照破，
绵绵无间断，为之真空。"② 青岛市崂山风景区管理局、青岛市崂山区文
化新闻出版局编《崂山摩崖集萃——华楼篇》载录此诗时断句为："贪苟
衣食，不故前，呈千空。惺惺怜利，少解多知，依不得行，不得湿空。万
物不省，本性不知所往，莽荡空。万物不省，性体虚空，郝达空。万物不
省，性知性，神赶神，安头空。万物不省，知端得下手处，不知动净，半

① 参见青岛市史志办公室编《崂山志》，五洲传播出版社 2003 年版，第 211 页。
② 王瑞竹：《崂山诗刻今存》，中国海洋大学出版社 2013 年版，第 125—126 页。

路里见影界，执省便了，过不去顽空。万物浮昧，有清有净，贪有爱有染有省，难推怜利，六道轮回空。万物不省，心清意净，性停命住，来往分晓，神坐端然，明明照破，绵绵无间断，为之真空。"①

笔者认为，在这首诗歌中"空"字多次出现，且诗刻中每个"空"字与下一字间都有较大的间隔，其他各字间并没有这种情况存在，诗末最后一个字也为"空"，故这首诗应主要押"空"字韵，含有"空"字的诗句也应是诗中段落的尾句。这首诗中"万物不醒"一句连续出现，应是诗歌内容论说的主题，故应作为诗中段落的首句较为合适。另外，考察刘处玄个人诗集可知，他所作的诗多为齐言诗，如整齐的三言诗《三字歌》，整齐的四字诗《十二劝》《述怀》，整齐的五言诗《五言绝句颂》（一百六十一首），整齐的六言诗《藏头拆字诗》等。除齐言诗歌外，刘处玄还作有多首长短句形式的词，如《江神子》《上西平》《满庭芳》《神光灿》等。② 这首崂山题刻不符合齐言诗的韵律，应是刘处玄词作中的一首。基于这些了解，笔者将其断句如下：

贪苟衣食不故前，呈千空。
惺惺怜利，少解多知，依不得，行不得湿空。
万物不省，本性不知，所往莽荡空。
万物不省，性体虚空，郝达空。
万物不省，性知性，神赶神，安头空。
万物不省，知端得下手处，不知动净，半路里见影界，执省便了，过不去顽空。
万物浮昧，有清有净，贪有爱有染有省，难推怜利，六道轮回空。
万物不省，心清意净，性停命住，来往分晓，神坐端然，明明照破，绵绵无间断，为之真空。

这首词的内容似对道教修行境界、层次和观念的概述，"贪衣食"

_____

① 青岛市崂山风景区管理局、青岛市崂山区文化新闻出版局编：《崂山摩崖集萃——华楼篇》，中国海洋大学出版社 2016 年版，第 68 页。

② 关于刘处玄的诗词作品，可参见（金）谭处端等著，白如祥辑校《谭处端·刘处玄·王处一·郝大通·孙不二集》，齐鲁书社 2005 年版，第 83—157 页。

图 2-5-1　刘处玄"长生师父作"题刻

"不故前""怜利""本性不知"等词语及反复吟唱的"万物不省"之言，又似对世间俗物提出的警惕。词以"千空"为总领，后连叙"湿空""奔荡空""虚空""郝达空""安头空""顽空""轮回空""真空"，大概是阐述道行修炼的专门术语。不过，"虚空""顽空""真空"及"六道轮回"等词语也常用于佛教语中。以"六道轮回"为例，佛教认为世间众生因善恶业报不同，会在天道、阿修罗道、人道、畜生道、饿鬼道、地狱道六道中生死交替，有如车轮旋转不已，故称"六道轮回"。刘处玄此词借用了这一概念，大概是全真教"三教合一"思想的体现。任继愈《中国道教史》中说，道教内丹思想建立在三教合一说的基础上，"内丹理论掺入了佛教禅宗思想，认为修炼内丹也就是降服心猿意马，内丹炼成，心猿意马自伏，所以成道与成仙也就是一回事。其道德教化的内容不但以儒家的伦理观为依据，还运用佛教的轮回之说作为说明，行忠、孝、义、慈是成仙的条件，成仙后即可跳出轮回，免俗世之苦"[1]。除此处题作外，刘处玄其他的诗词作品中也有这一宗教理念的体现，如其《玉堂春》词中即有"道释儒，宽通为三教，户外应五常，敬谦贤许"[2] 之语。

可以确认的是，刘处玄是到访过崂山的，前文提及崂山华楼宫东面刻石群"重阳师父作"诗刻前是"刘师父、丘师父游上清宫来看崂山道诗

---

①　任继愈：《中国道教史》，上海人民出版社 1990 年版，第 451 页。

②　参见（金）谭处端等，白如祥辑校《谭处端·刘处玄·王处一·郝大通·孙不二集》，齐鲁书社 2005 年版，第 136 页。

句"题刻，亦由云岩子刘志坚上石。其中的刘师父指的即是"刘处玄"，丘师父指的是"丘处机"，此题刻可证他们二人曾至崂山传道（相关论述还可参考本书第四章）。

二　祁志诚"洞明真人作"诗刻

刘处玄"长生师父作"题刻前面是"洞明真人作"诗刻，二者文字镌刻相同，均为阴刻楷书，字径约 20 厘米。"洞明真人作"诗刻共竖排 5 行，每行单独成句，其文为：

> 洞明真人作。
> 临真境灭自心空，和气周流满行功。兴即痛今青嶂里，倦时高卧白云中。

虽然这首"洞明真人作"诗刻位于刘处玄"长生师父作"之前，但其作者"洞明真人"所处的时代晚于刘处玄。"洞明真人"即全真教第十任掌教祁志诚（1219—1293）。据陈垣先生考证，金元时期全真教历任掌教依次为：王喆、马钰、谭处端、刘处玄、丘处机、尹志平、李志常、张志敬、王志坦、祁志诚、张志仙、苗道一、孙德彧、蓝道元、孙履道、苗道一、完颜德明。① 又据元大德三年（1299）立石、李谦撰文的《玄门掌教大宗师存神应化洞明真人祁公道行之碑》② 记载，祁志诚字信甫，均州阳翟（今河南禹州）翟里人，少年遭兵乱有幸获免，被人收为养子，后跟随全真教披云真人宋德方于太原西龙山学道，披云真人赐号"洞明子"，外出传道时到过保州、奉先，最后出居庸关到达云州（山西大同），在刘家谷金阁山筑云溪观传道，影响所及甚至当时大丞相安童亦向其问以修身齐家治国之方，至元八年（1271）被授予诸路道教都提点之职，至元九年（1272）嗣玄门掌教真人，逝后元成宗追谥为"存神应化洞明真人"，有《西云集》三卷传于世。《元史》卷二○二《释老传》亦有载："处机之四传有曰祁志诚者，居云州金阁山，道誉甚著。丞相安童尝过而

---

① 参见陈垣《南宋初河北新道教考》之"全真教历任掌教表"，中华书局 1962 年版，第 7—8 页。

② 此碑可参见陈垣《道家金石略》，文物出版社 1988 年版，第 699—701 页。

问之，志诚告以修身治世之要。"①

图 2-5-2　祁志诚"洞明真人作"诗刻

祁志诚主要活动于山西及其附近地区，并且长时间在云州（山西大同）传道，他的这首诗歌之所以被镌刻于遥远的崂山之上，不仅是因为上石者刘志坚与祁志诚为同时代的全真道人，而且两个人之间有着一定的交集。据《云岩子道行碑》记载："云岩刘尊师，实邱真人所出第三传也"，又载："静定既久，天光内映，或前知休咎，或神游四方。若此者不可殚记。洞祁真人闻之，特赐云岩，玄逸张真人署为教门宗主。"② 以此可见，云岩子刘志坚不仅与祁志诚同出丘处机之门，而且他的"云岩子"之号也是祁志诚赐予的。故此，刘志坚将祁志诚的诗歌传布于崂山，并上石传颂，亦属自然。

祁志诚这首"洞明真人作"诗歌短小精悍，读之朗朗上口，内含理趣之味，主要表达了看淡人间世事，与自然合而为一的悠然心境，是其修

---

①　（明）宋濂等撰：《元史》，中华书局 1976 年版，第 4525 页。《元史·释老传》说祁志诚为丘处机"四传"弟子似有误，因为祁志诚是宋德方的弟子，而宋德方是丘处机的弟子，从辈分上看不应是"四传"。关于此，陈教友认为"四"字应为"再"字之误，详见（清）陈铭珪《长春道教源流考》卷六《邱长春再传以下弟子纪略》（聚德堂丛书本，1929 年版），还可参见严一萍编《道教研究资料》第二辑，艺文印书馆 1974 年版，第 260 页。关于祁志诚的生平事迹，可参见刘江《困境中的全真道掌教——祁志诚生平事迹考略》，载《自然·和谐·发展：弘扬老子文化国际研讨会论文集》，中州古籍出版社 2006 年版，第 309 页。

②　关于《云岩子道行碑》的详细考述，可参本书第五章第一节；碑文内容可参周志元《崂山志》卷六《金石志》，齐鲁书社 1993 年版，第 214—215 页。

道理念的直观体现。其实，祁志诚这首崂山诗刻，在其个人作品集《西云集》中也有收录，为七言绝句《偶作七首》中的一首，但个别文字与崂山诗刻存在不同。"临真境灭自心空"一句中的"临真"在《西云集》中作"临头"；"兴即痛今青嶂里"一句中的"痛今"在《西云集》中作"纵吟"。① 如果从诗句文意及语感上去审视的话，《西云集》所记似乎更恰当。通过对比还可以看出，这些文字差异应是诗歌在口头传颂过程中，因文字发音相近而导致的误读，并最终按误读的口头语言镌刻到了山石之上。

第六节　与云岩子刘志坚相关的诗词题刻

笼统来说，华楼山地区的诗词题刻中有相当一部分与刘志坚有关，比如上文我们述及的多首诗词题刻都是他主持上石的。但本节所述与刘志坚相关的诗词题刻，其内容均与刘志坚本人联系紧密，或是其他道人专门赠予刘志坚的词作，或是刘志坚亲自所作的诗歌。

一　兖州董师父赠云岩子词刻二首

在华楼山凌烟崮南侧，镌刻着两首兖州董师父赠送给云岩子刘志坚的词作，一首为《酹江月》，一首为《上丹霄》。《酹江月》词刻位于凌烟崮"重阳真人作"诗刻和马钰"丹阳师父题长生师父《沁园春》"词刻的右前方，文字为阴刻楷书，字径约 20 厘米，共竖排 14 行，其文为：

> 兖州小东门董师父赠云岩子。
> 酹江月。
> 清虚至道，愿同流客客，俱达真理。识破幻缘终久假，物外参寻知己。幽止山林，喧居阛市，动净常明尔。纵横妙用，湛然消息无比。

---

① 参见（元）祁志诚《西云集》卷上，《道藏》第二五册，文物出版社、上海书店、天津古籍出版社联合出版，1988 年版，第 534 页。

真空渺邈难量，微来不见，透骨穿劜髓。表里灵光无曲委，道在
先天而矣。这些功夫，真实做就，暗合先师指。他时若解，顿然心上
欢喜。

　　大德四年三月初三日。

图 2-6-1　兖州小东门董师父赠云岩子《酹江月》词刻

　　这首词刻的落款只有题刻时间"大德四年（1300）三月初三日"，没
有记载上石之人。它旁边的"丹阳师父题长生师父《沁园春》"词刻的
落款为大德四年（1300）三月十六日，二者镌刻时间只差十余日，且在
雕刻字体、技法方面也一致，据此推断两处石刻应是由同人上石的。"丹
阳师父题长生师父《沁园春》"词刻由云岩子刘志坚上石、刘志德书写，
那么这首兖州小东门董师父赠云岩子《酹江月》词刻也应是由他们主持
上石的。词刻中的"董师父"具体为谁，并不十分清楚，只知他为兖州
的道门弟子。虽然题刻中写为"充州"，但在元代并无此地名，"充州"
应为"兖州"之误。《元史》卷五八《地理志一》载："兖州，唐初为兖
州，复升泰宁军。宋改袭庆府。金改泰定军。元初复为兖州，属济州。宪
宗二年，分隶东平路。至元五年，复属济州。十六年，隶济宁路总管府。
领四县：嵫阳，曲阜，泗水，宁阳。"① 可见在元代，兖州属于山东地区，
距崂山不远。兖州董师父赠予崂山名道刘志坚诗词，从中又可看出，当时

---

① （明）宋濂等撰：《元史》，中华书局 1976 年版，第 1368 页。

山东各地道教间的相互往来、相互交流应是比较频繁的。

这首《酹江月》词刻在王集钦《崂山碑碣与刻石》、青岛市史志办公室编《崂山志》、王瑞竹《崂山诗刻今存》、崂山风景区管理局与崂山区文化新闻出版局《崂山摩崖集萃——华楼篇》等与崂山文化相关的著作中都有收录。通过比较会发现，各著作间对这首词在个别文字的辨识上虽有差异，但整体上并不影响全局，只是在断句方面分歧较大。除青岛市史志办公室编《崂山志》收录此词时未加标点外，其他几本著作对此词的断句均有不同，如《崂山碑碣与刻石》断此词为："酹江月，清虚至道，愿同流客，客俱达真理，识破幻缘终久，假物外参寻知己，幽上山林，喧居廛市，动净常明，示纵横妙用，湛然消息无比，真空渺邈难量，微来不见透骨穿筋髓，表里灵光无曲委，道在先天而矣，这些功夫真实做就，暗合先师指，他时若解，顿然心上欢喜"；①《崂山诗刻今存》对此词第一段断句为："清虚至道，愿同流，客客俱达真理。"② 各著作间对此词的断句之所以出现差异，也许是对《酹江月》词牌未做出充分的了解，其实《酹江月》是《念奴娇》词牌的别名，以《念奴娇》为词牌的历代文人作品有很多。当然，《念奴娇》词牌亦有变格形式，对崂山这首《酹江月》词刻断句时，可多选取几篇流传至今的《念奴娇》作品作参照。笔者认为《崂山摩崖集萃——华楼篇》对这首词的断句比较符合《念奴娇》词谱，笔者开篇介绍此词时的断句亦与此相同。另外，学者间对此词的断句产生分歧，恐怕还与对这首词的理解有着一定的关系。这首词中的一些用语较为生涩，读者可能不甚了解，或不同读者对个别之处的内容有着不同的看法。因当代收录此词的著作均未对其内容做出详细的阐释，故笔者不揣浅陋，试对这首《酹江月》解析如下。

这首词本是一首赠答词，是兖州道人与崂山道人相互交往中产生的，故词的开篇就表明了两地在"清虚至道"方面密切交流的愿望，即所谓的"愿同流客客"，期望着在相互走访学习中，于修道上"俱达真理"，亦即两地共同修道成真，这可视为此词的第一部分。此词第二部分为"识破幻缘终久假，物外参寻知己。幽止山林，喧居郾市，动净常明尔。纵横妙用，湛然消息无比"，这一部分与其他多数道人类似的诗词相似，

① 王集钦：《崂山碑碣与刻石》，青岛出版社1998年版，第132页。
② 王瑞竹：《崂山诗刻今存》，中国海洋大学出版社2013年版，第117页。

主要表达了两个意思：第一是对人间世俗之事的"识破"，所谓"幻缘""鄽市"（本指古代城邑居住区）都是人间世事的代称，作者认为人间世俗终究是假的、不真实的、喧闹的，故连用"终久假""喧居"二语予以否定；第二是对入道修行的向往与追求，因已对世俗看透，故向"物外"寻求知己，"物外"即指世俗之外的道教修行，明晰了世俗闹市的"动"与幽居山林修道的"静"，将这一体悟自如"妙用"，心便会安然自守、逍遥无比。第三部分为："真空渺邈难量，微来不见，透骨穿觔髓。表里灵光无曲委，道在先天而矣"，这一段阐述了道术修行的艰辛与不易，"真空"意指修行的最高境界和层次，这对道行浅显者来说是"渺邈难量"、难以企及的，对于虔诚修道者来说，若不能悟此真道会有一种穿透筋骨的痛楚，故作者又进而感慨：表面上是一副"灵光"的修道者神态，而真道尚在天上，未全部参透，似在暗合自己道行尚浅，仍需继续努力。最后一部分："这些功夫，真实做就，暗合先师指。他时若解，顿然心上欢喜"，作者认为，虽修行成真不易，但仍要坚定意志，多用功夫，努力去做，参合先师前辈的指点，以求最终走向成功，"他时若解，顿然心上欢喜"一句设想修道成真之后无比欢喜的心情，亦显示了作者坚持道术修行的执着信念。

董师父赠送给云岩子刘志坚的另一首词作为《上丹霄》，距《酹江月》词刻很近，位于孙不二"孙真人作"诗刻的左侧，文字亦为阴刻楷书，字径约 20 厘米，共竖排 13 行，其文为：

> 充州小董师父赠云岩子。
> 上丹霄。
> 炼神丹，凭志气，要坚牢。先锁下劣马猿猱。时中假炼，频加慧力痛槌敲。常交保护主人公，勿纵分毫。
> 功要积，行要做，物要远，我人抛。得跳出四大形巢。虚空踏定，那里重头旧知交。始终不改志无移，德行清高。
> 云岩子上石。刘志德，朱志成。

由此词落款可知，这首董师父赠送给云岩子刘志坚的《上丹霄》，是刘志坚本人主持上石的，由刘志德、朱志成撰书。

从这首词的内容上看，主要是对道教修炼精神的阐述。词中首先说明道术修炼要志气坚定，切忌"意马心猿"，要频加努力，不应有分毫的放纵之心；其次说明道教修行要积累功能，抛弃世俗之物，彻底斩断人间各类情感的牵绊，确保德行高洁。这首词的整体含义虽然大体可知，但其中一些道教术语对于普通读者来说恐怕不易理解，如"劣马猿猱"一词实际是"意马心猿"的另一种表达，"猱"也是猿一类的动物，古代文献中"猿猱"并用很常见。

图 2-6-2　兖州小董师父赠云岩子《上丹霄》词刻

另外，词中还有"常交保护主人公""得跳出四大形巢"两句用语较为生涩，参考其他相关资料，或许有助于我们理解其意。《重阳真人金关玉锁诀》载曰："不闻神仙之语：人似破漏房屋，主人不修补者，宫殿倒塌，坏其梁柱，是人有疾病无常者"，又载曰："精血散者，性命也。一意者，为真主人也。"[①] 王重阳《赠董德夫》诗亦曰："乘闲随步复寻真，冷淡清虚作主人。"[②] 以此看来，在道教语中"主人"似指"修道之身"而言的，那么这首《上丹霄》词刻中的"主人公"一语也应如是。至于"跳出四大形巢"如何解，笔者认为"四大形巢"或指内丹修炼术语所言的"四假凡躯"，与佛教语"四大假合""四大皆空"类似。"四假"即"水、火、土、风"或"心、精、气、身"，道家认为人的肉体即是由"四假"聚合而成的，如王重阳《重阳真人授丹阳二十四诀》载："祖师（王重阳）答曰：……天有四时，人有四大。天有地、水、火、风，人有

---

① 参见（金）王重阳著，白如祥辑校《王重阳集》，齐鲁书社 2005 年版，第 285—286 页。
② 同上书，第 31 页。

心、精、气、身……丹阳问：何者天有四时，春、夏、秋、冬也；人有四时，四肢四大是也。丹阳问：何名天有地、水、火、风，人有地、水、火、风？师曰：天有地、水、火、风者，金、木、水、火、土也；人有地、水、火、风者，心为火，精为水，气为风，身为土，乃是地、水、火、风也。"① 王重阳《金丹》诗亦言："本来真性唤金丹，四假为炉炼作团"；《活死人墓赠宁伯功》诗言："活死人兮活死人，自埋四假便为因"；《述怀》诗曰："静中勘破五行因，由此能捐四假身"；《传神颂》云："借他俗状做形躯，攒聚火风并地水。阳作骨骸阴作肤，眼耳鼻前安个嘴。"② 马钰和韵王重阳《引丹阳上街求乞》诗亦曰："火风地水合为肌，只是愚迷走骨尸。"③ 全真道人往往将人的肉身称为"四假凡躯"，也是他们在道教修行中力求摒弃的无价值之体，如王重阳《梦》诗言："四假身躯贩白昼，算来何异寐时人"；《全真堂》诗曰："一间闲舍应难得，四假凡躯是此因"；《苏幕遮·劝化醴泉人》："四假凡躯，恰似蚕知缘。各缚缠，夸做茧。裹了真灵，直待锅儿煎"；《水云游》词曰："思算思算，四假凡躯，干甚厮玩。元来是、走骨行尸"；《望蓬莱》曰："四假身躯宜锻炼，一灵真性细详猜。"④ 马钰《满庭芳·重阳真人升霞之后》亦言："四假凡躯弃下，真性超升。"⑤ 丘处机也说："四大假躯，终为朽物。一灵真性，自在无拘。"⑥ 由此看来，崂山《上丹霄》词刻中的"跳出四大形巢"亦应指跳出四假凡躯之身，即摆脱"走骨行尸"的状态而"真性超升"，真正达到修行成真的境界。另外，词中的"我人抛""那里重头旧知交"之类的语言，笔者认为表达的是对世间人情关系的割舍之意，概与王重阳、马钰等人为虔诚修道而斩断夫妻、儿女类家庭束缚的做法类似。

---

① 参见（金）王重阳著，白如祥辑校《王重阳集》，齐鲁书社2005年版，第296页。

② 以上王重阳诗歌，可参（金）王重阳著，白如祥辑校《王重阳集》，齐鲁书社2005年版，第30、33、37、139页。

③ 参见《重阳教化集》卷二，载（金）王重阳著，白如祥辑校《王重阳集》，齐鲁书社2005年版，第242页。

④ 以上王重阳之诗，可参（金）王重阳著，白如祥辑校《王重阳集》，齐鲁书社2005年版，第12、18、73、263、272页。

⑤ 参见《丹阳神光灿》，载（金）马钰著，赵东伟辑校《马钰集》，齐鲁书社2005年版，第214页。

⑥ 参见（元）李志常《长春真人西游记》，河北人民出版社2001年版，第90页。

　　这首《上丹霄》题刻文字保存得相对清晰，故当今与崂山文化相关的著作对其收录时，在文字辨识上基本未有差异。差异主要出现在断句上，而断句方面之所以有误，大概是对这首题刻的体裁了解不够。学者或称其为诗，或称其为长短句，如王集钦《崂山碑碣与刻石》载录这首题刻时说："不诗不词的长短句中，充满了做功积德的勉励之情。"① 其实，这种看法并不准确，"上丹霄"一词虽然常出现在道家诗词用语中，② 但金元时期也本有《上丹霄》词牌名。如王重阳与马钰即有相互唱和的《上丹霄》词作，王重阳《上丹霄》词曰："向终南，成遭遇，做风狂。便游历海上嘉祥。闲闲得得，任从词曲作诗章。自然神气共交结，认正心香。真清净，唯清湛，还清彻，处清凉。赤青红白又兼黄。五般彩色，近来围罩宝珠光。这回应许碧霄上，明耀无方。"马钰和韵曰："遇风仙，心开悟，骋颠狂。黜妻屏子便迎祥。逍遥坦荡，恣情吟咏谩成章。就中行化觅知友，同共闻香。烹丹鼎，下丹结，中丹热，大丹凉。不须炼白更烧黄。自然玉性，万般霞彩射人光。上丹霄去住蓬岛，永永圆方。"③ 有了这两首《上丹霄》的唱和之作，参照其体例格式与押韵方式，便很容易对崂山上这首董师父赠送给云岩子的《上丹霄》词刻予以断句了。

二　刘志坚"云岩子作"诗刻及其他

　　在兖州小董师父赠云岩子"上丹霄"词刻的右下方，刻有"云岩子作"七绝一首，文字为阴刻的楷书，字径约20厘米，共竖排10行。诗句镌刻长短错落，每句两排，其文为：

　　　　云岩子作。
　　　　先生有志不须愁，劳擒意马锁猿猴。白牛常在金栏里，免了伦回

---

　　① 王集钦：《崂山碑碣与刻石》，青岛出版社1998年版，第145页。

　　② 如王重阳《虞美人》："仙音一派莹声招，此时还许、返本上丹霄"（参见王重阳著，白如祥辑校《王重阳集》，齐鲁书社2005年版，第92页）；《小重山》："蓬莱须访旧王乔。重相约，同共上丹霄"（参见王重阳著，白如祥辑校《王重阳集》，齐鲁书社2005年版，第181页）；马钰《遇仙槎》和韵诗曰："心无喜与忧，化道崇真快。未敢上丹霄，且结金莲会"（参见《重阳教化集》卷三，载王重阳著，白如祥辑校《王重阳集》，齐鲁书社2005年版，第247页），等等。

　　③ 参见《重阳教化集》卷二，载（金）王重阳著，白如祥辑校《王重阳集》，齐鲁书社2005年版，第240—241页。

　　贩骨头。

　　　　姜玄童上石。

　　"云岩子"即元代崂山名道刘志坚，前文已述及他将多位全真道人的诗词作品上石传颂。与前述不同，此处是他自己所作的一首诗歌被镌刻到了崂山山石之上。这首诗刻的落款为"姜玄童上石"，姜玄童应是刘志坚的门人。诗刻离"刘志坚遗蜕处"较近，或是刘志坚逝世后，门人姜玄童将他这首诗歌操办上石的。

　　元代集贤大学士赵世延所撰《云岩子道行碑》等文献都载，刘志坚"不知书"，故其所作诗歌不会很多，更没有个人文集流传。但《云岩子道行碑》又载其"弱冠西事永昌王，掌鹰房，倜傥负才气，有干材，不甘落人后""雅不知书，言出理会"。① 以此可见，刘志坚虽然不识书，但有才气，能言会道，善用口语理会。他身前有多位擅长诗词创作的全真道前辈，耳闻他们创作的大量与修道相关的诗词作品定会受到感染，从其把多首道家诗词镌刻上石的做法上也可以看出这类诗词对其影响之深。在这种情况下，其"不甘落后"之心也一定会激发出他身具的才气，并促使他口作诗歌以攀附名道，也本属自然。

图 2-6-3　刘志坚"云岩子作"诗刻

----

　　① 关于《云岩子道行碑》的详细考述，可参本书第五章第一节；碑文内容可参周志元《崂山志》卷六《金石志》，齐鲁书社 1993 年版，第 214—217 页。

　　刘志坚这首诗歌在《云岩子道行碑》中也有记载："尝作颂曰：'先生有志不须愁，牢牵意马锁猿猴。白牛常立金栏里，免了轮回贩骨头。'"① 通过文字对比会发现，碑文中所载诗歌的个别文字与崂山"云岩子作"诗刻有出入。"云岩子作"诗刻"劳擒意马锁猿猴"一句中的"劳擒"在碑文中作"牢牵"；"白牛常在金栏里"一句中的"常在"在碑文中作"常立"；"免了伦回贩骨头"一句中的"伦"字在碑文中作"轮"。刘志坚素不知书，其诗歌当主要以口作口传的方式传播，这种口头诗歌一旦被书写于载体之上，个别文字难免因口音接近而导致偏差。况且，赵世延虽作有《云岩子道行碑》，但其与刘志坚并未有交往，此碑是刘志坚去世 20 年之际，赵世延应其弟子黄道盈所请并听其转述刘志坚事迹后而撰作的。② 刘志坚这首诗歌能被载入碑文，恐怕也是黄道盈转述的结果，口头转述中个别文字亦难免出现差误。

　　至于哪个版本更准确，笔者认为《云岩子道行碑》所载与崂山"云岩子作"诗刻都有不妥之处，二者对此诗的转录皆存在文字误差。前已提及，刘志坚作诗的动机多半是受到名道诗词的感染而萌生的，他在将诗词镌刻上石时，一定会对多数诗词进行甄别和选择，这在无意间使其了解和学习到大量前人的诗词作品。可想而知，当刘志坚自己进行诗歌创作时，定会借鉴前人的诗歌艺术，在诗歌创作中化用前人的诗句或以此为典也在所难免。

　　事实上，刘志坚这首"云岩子作"诗刻确实有对全真教前辈诗词的借鉴成分。全真道祖师吕纯阳曾作有一首七言绝句，文为："休夸年少骋风流，强走轮回贩骨头。不信试临明镜看，面皮底下是骷髅。"③ 其中"强走轮回贩骨头"与"云岩子作"诗刻中的"免了伦回贩骨头"相似，但其中的"伦回"在吕纯阳诗歌中作"轮回"。以此反观"云岩子

---

　　① 此处引用的云岩子刘志坚的诗歌，以周志元《崂山志》卷六《金石志》中《云岩子道行碑》所记为底本（齐鲁书社 1993 年版，第 214—215 页），而黄肇颚《崂山续志》所载《云岩子道行碑》（题为《有元故崇真利物，明道真人道行碑》）中所记云岩子此诗，在个别文字上与周志元《崂山志》所载不同，具体为："先生有志不须愁，牢拴意马锁猿猴。白牛常在金栏里，免了轮回贩骨头。"详见（清）黄肇颚《崂山续志》，山东省地图出版社 2008 年版，第 153 页。

　　② 关于《云岩子道行碑》的详细考述，请参本书第五章第一节。

　　③ （唐）吕纯阳：《纯阳真人浑成集》卷上，《道藏》第二三册，文物出版社、上海书店、天津古籍出版社联合出版，1988 年版，第 688 页。

作"诗刻中的"伦回"及《云岩子道行碑》中的"轮回"可明显看出,刘志坚的这首诗歌末句写为"免了轮回贩骨头"才是准确的,即《云岩子道行碑》所记此句较为合理,而崂山"云岩子作"诗刻中镌刻的"伦回"则过于随意了。又,元代仙游山道士彭致中所集《鸣鹤余音》中收有一首马丹阳《满庭芳》,词中言曰:"思今古,从前勇猛,尽葬在北邙山。不如心行善,无烦恼,养就朱颜。怕无常限到,意马牢拴。神炁休教败坏,锁白牛、常在金栏。修行事,自家性命,莫作等闲看。"① 其中的"无烦恼""意马牢拴""锁白牛、常在金栏",与崂山"云岩子作"诗刻中的"先生有志不须愁""劳擒意马锁猿猴""白牛常在金栏里"有相通之处。此外,马钰《金莲出玉花·莱洲仓使卢武义》其二亦曰:"牢擒意马。紧锁心猿宁著假";②《满庭芳·赠曹八先生》词也言:"牢捉牢擒,争奈马猿跳健。"③ 由这些均可看出,"云岩子作"诗刻中的"劳擒"作"牢擒"才准确,以"劳"代"牢"是谐音导致,而《云岩子道行碑》中的"牢牵"也因"擒""牵"二字发音相近而误;"云岩子作"诗刻中言白牛"常在"金栏,与马丹阳《满庭芳》词句"锁白牛、常在金栏"契合,而《云岩子道行碑》作"常立"亦音误。

　　由上而论,刘志坚这首诗歌的准确书写应为:"先生有志不须愁,牢擒意马锁猿猴。白牛常在金栏里,免了轮回贩骨头。"在与崂山文化相关的近现代文集中对此诗也多有收录。如周志元《崂山志》卷六《金石志》即载有此诗,但差误较大,其中"牢擒意马锁猿猴"一句中"牢擒"误写为"牢拴","白牛常在金栏里"一句中"白牛"误写为"白中","免了轮回贩骨头"一句中的"免了"误写为"免使","贩骨头"误写为"凡骨头"。④ 除此之外,青岛市史志办公室编《崂山志》第三章第九节"刻石"、王集钦《崂山碑碣与刻石》、王瑞竹《崂山诗刻今存》等,都按崂山题刻的原文收录了刘志坚的这首诗歌,其中王集钦对诗刻中可能有

① （元）彭致中:《鸣鹤余音》卷三,《道藏》第二四册,文物出版社、上海书店、天津古籍出版社联合出版,1988 年版,第 268—269 页。

② 参见（金）马钰著,赵东伟辑校《马钰集》,齐鲁书社 2005 年版,第 138 页。

③ 参见《丹阳神光灿》,载（金）马钰著,赵东伟辑校《马钰集》,齐鲁书社 2005 年版,第 227 页。

④ 参见周志元《崂山志》,齐鲁书社 1993 年版,第 200 页。

误的文字以括注的形式做了纠正。

　　刘志坚这首七言绝句的蕴意与其他全真道人类似的诗词基本相同，主要传达了一种修道理念，即控制心神、沉静专一。所谓"牢擒意马锁猿猴"，也就是说道术修行要意志坚定，戒除"意马心猿"式的躁动不安状态。其实"意马""心猿"二词普遍存在于王重阳、马钰等全真道人的诗词及修炼要诀中，几乎成了用以批驳修道不专的术语。"白牛常在金栏里，免了轮回贩骨头"一句，多用道教修炼术语，不易理解。《重阳真人金关玉锁诀》记载："问曰：假令白牛去时，如何擒捉？诀曰：白牛去时，紧扣玄关，牢镇四门，急用先人钓鱼之法。又用三岛手印，指黄河逆流，掩上金关，纳合玉锁，如人斩眼，白牛自然不走。名机出水登彼岸之法。有十般定性命之法。诀曰：一名金关玉锁定，二名三岛回生换死定，三名九曲黄河逆流定。是名无漏果。圆者，皆共成于仙道。若定了宝时，休教滞了腰脚，昏了眼目。此是定三宝之法。"① 这里的"白牛"在道教术语中实指"元精"，以牛作比，概是暗指人的性冲动如蛮牛乱闯一般。若让白牛不走，意即防止淫性冲动，其方法就是诀中所言的"紧扣玄关，牢镇四门""掩上金关，纳合玉锁""金关玉锁定"，最终使精气归源，此正合"云岩子作"诗刻中的"白牛常在金栏里"之意，同指道教修行所强调的锁定原始淫欲之心，以保心神清净。若能做到此，则可以"免了轮回贩骨头"，"轮回贩骨头"概指常人在淫色之心的驱使下，过度纵欲而致骨肉枯竭，或如同行尸走肉般的非专一状态，最终将会走向死亡轮回之路，这也是吕纯阳在其七言绝句诗中警惕世人"休夸年少骋风流"的原因所在。除了吕纯阳的这首七绝外，后世全真道人的诗词作品中类似之语还有很多，以马钰诗词为例，其《满庭芳·骷髅样》词曰："样子骷髅，偏能贩骨，业缘去去来来。驰骋伶俐，不肯暂心灰。转换无休无歇，腾今古、更易形骸。空贪寿，绕经万劫，终究打轮回"；《满庭芳·叹名利》："堪嗟虚幻事，妻男走骨，自己行尸。又何须相爱，相恋相随"；② 《满庭芳·寄零口孙可道》："幻躯模样，走骨行丘。筭来骋甚风流。父母生你之处，杀你因由"；《满庭芳·赠潍州苗先生》："休夸美貌，休夸年少，休夸惺惺俊俏……闲想轮回生死。闲

---

　　① 参见（金）王重阳著，白如祥辑校《王重阳集》，齐鲁书社 2005 年版，第 283 页。

　　② 以上二词参见《洞玄金玉集》卷十，载（金）马钰著，赵东伟辑校《马钰集》，齐鲁书社 2005 年版，第 145、152 页。

闲看，丹经子书庄老"① 等，这些词句无不在警示着修道之人戒淫戒欲，以真正做到静心真修。

除了"云岩子作"诗刻外，周志元《崂山志》列举散刻于各崖石上的"元华楼诸真人丹诀"时，还提到多首"云岩子作"诗刻。其中有一长诗为："落魄红尘数十年，朝朝恣性日高眠……一朝得到长生地，须感当时指教人。"② 经查，此诗为北宋道人朗然子刘希岳《进道诗》的节选本，故所谓的"云岩子作"更准确的表达应该是"云岩子上石"，并非诗歌作者为云岩子。但如今华楼山刘希岳《进道诗》题刻中只有最后几句，前面大部分诗句并未见到（详见下文所述）。③

周志元《崂山志》又列举"云岩子作"诗刻："天纲空疏万象疏，一株松倒华山枯。寒云去后留孤月，腊雪来时向太虚。古洞龙蛇归紫府，十年鸾凤落苍梧。自从别却先生后，南北东西少丈夫。"④ 这首诗实为吕纯阳《劝世吟》29 首中的最后一首，⑤ 所以"云岩子作"也应指"云岩子上石"。黄肇颚《崂山续志》将此诗刻误认为朗然子刘真人（刘希岳）所作。⑥ 如今，这首诗刻在华楼山地区并未见到。

周志元《崂山志》再列举"云岩子作"诗刻："修行不要意忙忙，常把心猿意马降。世事不贪长守分，外劳不动内阴阳。忘言少语精神爽，养气全神记忆强。若使昼夜还不睡，六贼三尸尽消亡。"⑦ 这首诗刻至今可见，位于华楼山碧落岩下，与"丹阳真人归山操"题刻前后相连，文字为阴刻楷书，字径约 15 厘米，共竖排 7 行，前题"离山老母作"，落款为："大德二年（笔者按：1298）云岩子上石。"故"云岩子作"也指

---

① 以上二词参见《丹阳神光灿》，载（金）马钰著，赵东伟辑校《马钰集》，齐鲁书社 2005 年版，第 219、226 页。

② 引文有省略，详见周志元《崂山志》，齐鲁书社 1993 年版，第 199 页。

③ 除了周志元《崂山志》外，清代黄肇颚《崂山续志》也言及朗然子刘真人在华楼山有此长篇诗刻，见（清）黄肇颚《崂山续志》，山东省地图出版社 2008 年版，第 139—140 页。

④ 周志元：《崂山志》，齐鲁书社 1993 年版，第 199 页。

⑤ 参见《纯阳真人浑成集》卷上，《道藏》第二三册，文物出版社、上海书店、天津古籍出版社联合出版，1988 年版，第 687 页，诗刻中的部分文字与文献所载存在出入。

⑥ 详见（清）黄肇颚《崂山续志》，山东省地图出版社 2008 年版，第 140 页。

⑦ 周志元：《崂山志》，齐鲁书社 1993 年版，第 199—200 页。

"云岩子上石"。①《崂山志》中部分文字辨识或书写不确，也可能是周志元认为题刻文字有误，从而进行了校对。如"常把"题刻作"常想"，"长守"题刻作"常守"，"阴阳"题刻作"隐阳"，"记忆强"题刻作"第一强"，"若使"题刻作"若是"。至于作者"离山老母"为谁，不可详知，或是借用古代民间信仰中的"黎山老母"而来。"离山老母作"诗刻的内容主要是对道教修炼方法的阐释，其中"六贼三尸尽消亡"一句不易解。陈撄宁《孙不二女功内丹次第诗注》言："炼形之法，总有六门……惟此一诀，乃曰真空炼形，虽曰有作，其实无为，虽曰炼形，其实炼神，是修外而兼修内也。依法炼之百日，则七魄亡形，三尸绝迹，六贼潜藏，十魔远遁。"②孙文昌等著《崂山与名人》中说："六贼，指损身伤性的六尘，即色、声、香、味、触、法；三尸，指在人体作祟的神有三，即上尸青姑，伐人眼；中尸白姑，伐人五藏；下尸血姑，伐人胃命，每于庚申日向天帝呈报人的过恶。因此，道士于庚申之日彻夜不眠，以使三尸无由向上天言其过失；且清气入，浊心除，行之久则身神安，此即为宁庚申。庚申日为每年阴历的六月八日。"③

周志元《崂山志》还列举另一"云岩子作"诗刻："道人日用是如何，景灭情亡气自和。一粒丹砂炉里滚，两条银焰透烟萝。木人会唱环中曲，石女能吟白雪歌。兔角敲开圆满月，真人无梦笑呵呵。"④这是华楼宫后山"三千师父作"题刻的一部分，位于鸿烈别墅西北，华楼山"道教门人名录"题刻（详见第一章第二节）旁边。目前，"三千师父作"题刻为竹林和树木所掩，游客在路边难以发现和观摩。周志元《崂山志》所记个别文字与题刻有异，题刻原文为：

　　　三千师父作。匠人曲道明。
　　　四十年中，采德一颗大光明珠，霹不破，忒胡论，无凤觜大，分
　　付一个铜眼晴，鈇脚后跟，男儿眼中滴血，大不分付，恐怕断了

---

①　黄肇颚《崂山续志》亦将此诗刻误认为朗然子刘真人（刘希岳）所作。详见（清）黄肇颚《崂山续志》，山东省地图出版社2008年版，第140页。

②　陈撄宁注：《孙不二女功内丹次第诗注》，载（金）谭处端等著，白如祥辑校《谭处端·刘处玄·王处一·郝大通·孙不二集》，齐鲁书社2005年版，第484页。

③　孙文昌等：《崂山与名人》，旅游教育出版社1997年版，第106页。

④　周志元：《崂山志》，齐鲁书社1993年版，第200页。

后人。

道人日用是如何，景灭情忘气自和。一粒丹砂炉里製，两条银滔透烟罗。木人邪唱环中曲，石女能吟白雪歌。兔角敲开囵满月，真人无梦笑呵呵。

大德四年二月廿日云岩子上石。书刘志德。

图 2-6-4　"三千师父作"题刻

这则题刻由云岩子刘志坚组织上石，镌刻于大德四年（1300）二月廿日，刘志德撰书，文字为阴刻楷书，共竖排 15 行，字径约 20 厘米，曲道明操作上石。① 题刻概由序文和诗文两部分组成，文字较为晦涩难懂，其中夹杂着一些方言俚语或谐音字，如王瑞竹说："胡伦：方言，意思为'整个的'，写为'囫囵'更准确。"② 这进一步增加了理解题刻内容的难度。题刻中诗刻部分主要是对道教修炼理念和内丹修炼之法的阐释，诗句中除含有较多的道教术语外，也夹杂着"石女""木人"等佛家禅语。至于题刻作者"三千师父"为谁，亦不可详知。

周志元《崂山志》列举的"云岩子作"诗刻还有："三十二上抛家计，纵横自在无拘系。来到崂山下苦功，十年得个真气力。"③ 这首诗确

① 黄肇颚：《崂山续志》同样将此诗刻误认为朗然子刘真人（刘希岳）所作。详见（清）黄肇颚《崂山续志》，山东省地图出版社 2008 年版，第 140 页。

② 王瑞竹：《崂山诗刻今存》，中国海洋大学出版社 2013 年版，第 90 页。

③ 周志元：《崂山志》，齐鲁书社 1993 年版，第 200 页。

为云岩子刘志坚所作,① 赵世延《云岩子道行碑》对此诗也有记载,但最后两句作"来到鳌山下死功,十年得个真气力"。周志元见到的这首诗刻,在如今的华楼山上也未见到。

另外,周志元列举"云岩子作"题刻中还有"天有三才日月星,地有三才水火风,人有三才气血精"一句,② 这一题刻至今犹存,位于华楼宫东面的竹林内,与前述"王祖师道"诗刻、"重阳师父作"诗刻及王重阳、马钰唱和诗刻等位于同石,其右下方还有清代文士崔应阶的诗刻。此题刻文字为阴刻楷书,字径约 40 厘米×30 厘米,共竖排 3 行。王集钦《崂山碑碣与刻石》将其称为"离山老母口占",并言此"为华楼雕诗中的最精炼者,易懂易记"③。与之相似,王瑞竹《崂山诗刻今存》又将此称为"离山老母三才诗",并言"离山老母,生平不详"④。前已提及,华楼山碧落岩下有"离山老母作"诗刻,但言此处题刻的作者也为"离山老母",不知何据。周志元《崂山志》称其为"云岩子作",亦应指"云岩子上石"。其实,这三句题刻的内容,在道教相关文献中早有记载,为道教修炼要诀术语。汉代班固《白虎通义·封公侯》篇即有"天有三光,日、月、星,地有三形,高、下、平,人有三等,君、父、师"的记载。⑤ 唐代张果老《太上九要心印妙经》载:"天有三,日月星,以应人之眼耳鼻;地有三,高下平,以应人之魂魄精。魂魄精者,以应人之精气神。"⑥《重阳真人授丹阳二十四诀》亦载:"丹阳问:天有三才日、月、星,地有三才乙、丙、丁,人有三才精、神、炁是也。"⑦ 以此可见,道家语"天有三才日月星,地有三才水火风,人有三才气血精",应是历代道人在长时间的修道过程中逐渐感悟出的修炼术语,故言其为某位人士

---

① 黄肇颚:《崂山续志》将刘志坚此诗,并上文述及的"先生有志不须愁"诗作,皆误认为是朗然子刘真人(刘希岳)所作。详见(清)黄肇颚《崂山续志》,山东省地图出版社 2008 年版,第 140 页。

② 周志元:《崂山志》,齐鲁书社 1993 年版,第 200 页。

③ 王集钦:《崂山碑碣与刻石》,青岛出版社 1998 年版,第 140 页。

④ 王瑞竹:《崂山诗刻今存》,中国海洋大学出版社 2013 年版,第 103 页。

⑤ 参见(清)陈立撰《白虎通疏证》,中华书局 1994 年版,第 131 页。

⑥ (唐)张果老述:《太上九要心印妙经》,《道藏》第四册,文物出版社、上海书店、天津古籍出版社联合出版,1988 年版,第 313 页。

⑦ 王重阳:《重阳真人授丹阳二十四诀》,载(金)王重阳著,白如祥辑校《王重阳集》,齐鲁书社 2005 年版,第 296 页。

所作的诗歌恐怕不妥。

第七节　"宣字曲道明"诗刻

在华楼宫后山偏北，有沈鸿烈别墅和崂山名胜翠屏岩，沿翠屏岩东面竹林间石路前行数十米，会看到路边有两块巨石相对。其中左面山坡下的巨石分为两层，两层皆有石刻文字留存，上面一层即是"宣字曲道明"诗刻，文字为阴刻楷书，字径约 10 厘米，共竖排 11 行。其文为：

> 宣字曲道明。
> 莫厌追欢语笑贫，寻思离乱可伤神。闲来掘脂从头所，得到清平有几人。鈆中养就药通神，汞里丹砂不记春。两口分明曾说破，仲源不悟洞中宾。保养精血气，身安得自然。四时无患染，何处觅神仙。若是蛟鳅知我字，至今留古不沉埋。
> 大德二年十二月廿日云岩子上石。

图 2-7-1　"宣字曲道明"诗刻

根据落款可知，此处题刻由云岩子刘志坚主持镌刻于大德二年（1298）十二月二十日。对于诗刻的作者"曲道明"我们并不陌生，前述多则石刻的题记中，紧随"云岩子上石"之后的便是"石匠曲道明"或

"曲道明刊"字样。也就是说，曲道明是配合刘志坚将道家诗词镌刻上石的匠人。除了上文介绍过的一些题刻外，曲道明与刘志坚在崂山上留下的其他题刻尚有不少。但此处的"宣字曲道明"诗刻与其他之处不同，这里不再是曲道明将他人的作品镌刻上石，而是将自己所作的诗词镌刻到了山石之上。虽然落款并未刻记石匠的姓名，但可以想见，此处诗刻也应该是曲道明等人配合刘志坚共同上石的。另外，综观诗刻的内容可知，其中皆为道家之言及丹道修炼理念，这样看来，曲道明的身份除了石匠之外，好像还是崂山上的全真道士之一。

　　现当代学者对这首"宣字曲道明"诗刻的记载多不统一。如周志元《崂山志》将此处诗刻分为两部分记述：第一部分"莫厌追欢笑语频，寻思离乱可伤神。闲来屈指从头算，得见清平有几人"，标示为丘处机的诗歌，而非曲道明；第二部分"炉中养就药通神，汞里丹砂不计春。两意分明曾说破，仲源不悟洞中宾""粮养精血气，身安得自然。四时无患染，何处觅神仙。若是蛟蜥知我字，至今万古不沉埋"，标示为云岩子的诗歌，亦非曲道明。① 笔者认为，将此处诗刻分开来记述是有道理的，原因有二。

　　第一，此处诗刻自首至尾非整齐的七言诗，概可分为四部分。前四句为文意相连的七言句，表达了一种自得其乐的心境，可视为第一部分。接下来四句述及丹术修炼，其中"两口"（即"吕"字）、"洞中宾"皆暗指全真道祖吕洞宾，虽也为文意相连的七言句，但与开头的前四句在文意上似乎有断裂，故可视为第二部分。再后四句与前不同，为整齐的五言诗，表达了无为、守一的修道理念，虽同为道家之言，但与前面诗句在含义上也不连贯。最后两句为七言句，似为总括全篇、抒发意志的尾句。

　　第二，查阅相关资料可知，此处诗刻各部分并非都是曲道明的原创诗歌，其中第一部分实为全真道祖钟离权的诗歌。元代柠楳道人秦志安所编《金莲正宗记》卷一《正阳钟离真人》记载："（钟离权）曾于邢州开元寺观音殿后题诗二绝，笔势飘逸，有龙飞之状，其诗曰：得道真仙不易逢，几时归去愿相从。自言居处连沧海，别是蓬莱第一峰。又云：莫厌追欢语笑频，寻思离乱可伤神。闲来屈指从头数，得到清平有几人。宋朝刘

---

① 参见周志元《崂山志》，齐鲁书社 1993 年版，第 197 页。

从广于皇祐四年九月九日立石刊勒。"① 可见崂山"宣字曲道明"诗刻的第一部分本是钟离权在邢州开元寺观音殿所题二诗中的一首,且这首诗早在北宋皇祐四年(1052)即被刻石留存。

所以,周志元将崂山"宣字曲道明"诗刻拆开记述是合理的,只是将第一部分诗歌的作者误认为了丘处机,实为钟离权。第一部分之后的诗歌,周志元题为云岩子作,笔者认为也不妥当,既然诗歌前面已有类似标题的"宣字曲道明"以明示,诗句中又有"若是蛟蛐知我字"之语,②那么这首诗歌理应有曲道明原创的成分。只是诗歌中第二、第三部分也似拼接而成,二者全为曲道明所作,还是其中部分为其所作,我们就不得而知了。

另外,通过文字对比还会发现,崂山"宣字曲道明"诗刻转录钟离权这首诗歌时并不规范,其中多有文字错误,如"语笑频"误写为"语笑贫","屈指从头数"误写为"掘脂从头所"。从这些笔误中可以看出,全真道祖的诗歌在崂山道众中主要以口耳相传的方式传播,而道众因文化素养方面的欠缺,对诗歌内容的理解并非十分透彻,故将诗歌雕刻上石时也多有错别字产生。这些用错的字词混杂于诗刻之中,无疑给后人详尽地理解诗歌的含义带来一定的难度。此外,这首"宣字曲道明"诗刻中还用有一些较为生僻的字,如"鈆"字,指锡之类的金属,古同"铅";"倮"字,古同"裸";"蛐"字,或古同"蠆",指蜘蛛;"畱"字,古为俗体"留"字。

"宣字曲道明"诗刻体例的不规范、错别字的出现、生僻字的运用,不仅给本诗的理解增添了难度,也使后世学者在对其转录时,于文字辨识、断句方面显得困难,且多有不同。周志元《崂山志》载录此诗刻时,"语笑贫"写为"笑语频","掘脂从头所"写为"屈指从头算","得到清平有几人"一句中"得到"写为"得见","鈆中"写为"炉中","两口"写为"两意","保养"写为"粮养","若是蛟蛐"写为"若使蛟蛣","畱古"写为"万古"。③ 可以看出,周志元的转录未全部遵循石刻

---

① (元)秦志安:《金莲正宗记》,《道藏》第三册,文物出版社、上海书店、天津古籍出版社联合出版,1988年版,第345页。

② 王集钦认为"宣字"的意思就是"加以宣扬",曲道明将此诗刻石的目的是"为了宣示自己心中的逸志"。详见王集钦《崂山碑碣与刻石》,青岛出版社1998年版,第136页。

③ 参见周志元《崂山志》,齐鲁书社1993年版,第197页。

原字，其中部分诗句可能参阅了相关的文献记载。青岛市史志办公室编《崂山志》载录此处诗刻时未注意各部分之间体例的不同，试图按整齐的七言诗断句，从而出现差错，如第三部分断句为"保养精血气身安，得自然四时无患染何处觅神仙"，[①] 显然不妥，个别文字辨识上亦有误。此外，王集钦《崂山碑碣与刻石》、王瑞竹《崂山诗刻今存》、崂山风景区管理局与崂山区文化新闻出版局编《崂山摩崖集萃——华楼篇》等相关著作也收录了这首诗刻，基本是按石刻原文载录的，虽个别文字辨识上有出入，但于整体不影响文意。

在"宣字曲道明"诗刻的下方，还有一篇关于道教祖师修炼法诀的题刻，也由云岩子刘志坚上石、石匠曲道明刊刻，相关著作对其转录时或称其为《养气篇》，或以篇首"丹阳真人曰"几字为题，[②] 落款处有"大德二年十二月廿二日立石"字样，由此可知，这篇题刻与"宣字曲道明"诗刻上石的时间只差两天。

第八节　华楼宫后山诗词题刻三则

在上述"宣字曲道明"诗刻后面的山坡岩石上，有前后相连的三首诗词题刻。第一则题为"朗然子作"，左方第二则题为"崑崳山长真子"，紧随其后的第三则末尾题记为"吕翁师父作，青天赤"。题刻字体均为阴刻楷书，字径约15厘米，镌刻技法相同，应是同人所为。落款为："大德二年十二月二十日云岩子上石"，以此可知，此处题刻是云岩子刘志坚于元大德二年（1298）十二月二十日主持上石的，与"宣字曲道明"诗刻上石的时间相同。这三首诗词题刻较为隐蔽，笔者赴华楼山三次才最终找到，需绕过"宣字曲道明"诗刻后，再拨开密密的竹林前行，然后攀上一斜石方能看到，目前石刻中的部分文字为矮竹和树木遮挡，拍照不易。因无路可通，故一般游客难以看到此处题刻，也许正是由于这个原因，在与崂山文化相关的著作中也很少见到这三则题刻，如周志元的

---

① 青岛市史志办公室编：《崂山志》，五洲传播出版社 2003 年版，第 214 页。

② 关于这篇题刻的图片和内容，可参王瑞竹《崂山题刻今存》，中国海洋大学出版社 2016 年版，第 108 页；青岛市崂山风景区管理局、青岛市崂山区文化新闻出版局编《崂山摩崖集萃——华楼篇》，中国海洋大学出版社 2016 年版，第 70—71 页。

《崂山志》、王集钦《崂山碑碣与刻石》、王瑞竹《崂山诗刻今存》等，均未载及。唯有崂山风景区管理局与崂山区文化新闻出版局新近出版的《崂山摩崖集萃——华楼篇》中有所收录。

一　"朗然子作"诗刻

第一则"朗然子作"题刻位于岩石最右端，共竖排5行，其文为：

朗然子作。

夹脊双关至顶门，修行径路此为根。华池玉液频频嗽，紫府元君未上奔。

常使气冲关节透，自然精满谷神存。一朝行到长生路，感谢当初指教人。

题刻作者"朗然子"指的是北宋名道刘希岳。元代赵道一《历世真仙体道通鉴》卷五十记载："刘希岳，字秀峰，漳州人也。少业儒，三以进士举于乡。宋太宗端拱中，乃去为道士，居西都老子观中。六十四岁始遇异人，得道，因号朗然子。尝自言：辛勤未逾十年，人惊不老岁月。俄经一纪，自觉如新。亦有诗云：夹脊双关至顶门，修行径路此为根。一日辞去，其众曰：汝老矣，尚何之耶？秀峰不答。沐浴更衣，室中陈席而卧。斯须，其外内有声，飞出一金蝉，遂失秀峰所在。尝著诗三十余篇，行于世。"① 以此可知，刘希岳籍贯为福建漳州，他本为儒士出身，且早年中过举，北宋初年弃家从道，从此与仕途绝缘，得道后号曰"朗然子"。《历世真仙体道通鉴》称其诗有云"夹脊双关至顶门，修行径路此为根"者，此与崂山"朗然子作"诗刻前二句相同，又言其"尝著诗三十余篇，行于世"，这三十余首诗主要指刘希岳的名篇《进道诗》。

《进道诗》被收入了《道藏》之中，称《太玄朗然子进道诗》，诗前有序曰："余乃生居漳水，业本豪家，幼习儒风，曾叨乡贡。嗟浮世速如激箭，伤时光急若瀑流，未免退迹玄门，栖心冠褐。外丹达恍惚杳冥之

---

① （元）赵道一：《历世真仙体道通鉴》，《道藏》第五册，文物出版社、上海书店、天津古籍出版社联合出版，1988年版，第389页。

图 2-8-1　"朗然子作" 诗刻

旨，内气明溯流胎息之源，功勤未及于旬年，人惊不老，寿算已踰于五纪，自觉如斯。有此灵通，故难缄默，谨吟三十首，号曰《朗然子诗》。呈同道望回心，圣意非遥，人自疑惑。时宋端拱戊子岁季冬，住洛京通玄观内，偶兴述之。朗然子书。"① 在这篇序文中，刘希岳言及自己的身世、对俗世命运的感叹，以及入道修行后的感悟和功效；后又叙及，自己修道有成之后，为将修炼体悟传与"同道之人"，故作《朗然子诗》三十首以明示；作诗的时间为北宋端拱戊子岁（988）冬季最后一个月，作诗的地点为洛阳通玄观。序文之中，刘希岳自己所言的《朗然子诗》即《进道诗》，序文下面便是《进道诗》三十首全文，诗歌均为七言律诗。《进道诗》全文之后又有后序云："朗然子者，昔唐通玄观主也。事迹灵异，修炼非凡。隐世百载，至宋端拱年，于桃花坊白日升天矣。敕赐改名集真

---

① 刘希岳：《太玄朗然子进道诗》，《道藏》第四册，文物出版社、上海书店、天津古籍出版社联合出版，1988 年版，第 918 页。

观，有《神仙悟道诗》三十首行于世。"① 由此又知，刘希岳本为洛阳通玄观住持，其《进道诗》在后世又被称为《神仙悟道诗》。

刘希岳作《进道诗》的缘由是想将自己的修道心得分享给道众，故《进道诗》的内容主要是以诗歌的形式来阐释修道理念、修行方法及修道体会等。崂山"朗然子作"诗刻也出自《进道诗》，是《进道诗》三十首的最后一首，《道藏》载其原文为："夹脊双关至顶门，修行径路此为根。华池玉液频须嚥，紫府元君遣上奔。常使气冲关节透，自然精满谷神存。一朝得到长生地，须感当初指教人。"② 刘希岳此诗概是模仿全真道祖吕洞宾之诗而来，《续道藏》载有《吕祖志》六卷，卷四《艺文志》部分收录了吕洞宾的七言律诗六十首，其中第一首为："夹脊双关透顶门，修行径路此为根。华池神水频来咽，紫府元君往济浔。常使气冲关节透，自然精满谷神伸。他年得赴瑶池会，须感当初指教人。"③ 通过对比可以看出，除个别文字外，二诗基本相同，当然也有可能是《吕祖志》误将刘希岳此诗视为了吕洞宾的诗歌。

再拿《道藏》所载刘希岳《进道诗》第三十首与崂山题刻作对比可发现，二者在个别文字上也存在差异，如《道藏》中的"频须嚥"在题刻中作"频频嚥"，《道藏》中的"遣上奔"在题刻中作"未上奔"，《道藏》中的"长生地"在题刻中作"长生路"，《道藏》中的"须感"在题刻中作"感谢"。文字差异应是诗歌在后世崂山道众间口耳相传的过程中产生的，但总体上看文字差异不是很大，并不影响整体文意。

这首"朗然子作"诗刻作为刘希岳《进道诗》中的一首，同样是对修炼方法和修道观念的阐述。刘希岳传承的是内丹之学，任继愈《中国道教史》载："浪（按：文献多作"朗"）然子名刘希岳（？—998），东京通玄观主，撰有《进道诗》言内丹，与钟吕同一格调。"④ 引文中的"钟吕"指钟离权、吕洞宾，二人均是内丹术的重要传承人，所以刘希岳在他这首诗歌中阐明的也是内丹修炼之法。诗句中的"夹脊双关""顶

---

① 刘希岳：《太玄朗然子进道诗》，《道藏》第四册，文物出版社、上海书店、天津古籍出版社联合出版，1988 年版，第 920 页。

② 同上。

③ 《吕祖志》，《道藏》第三六册，文物出版社、上海书店、天津古籍出版社联合出版，1988 年版，第 473 页。

④ 任继愈：《中国道教史》，上海人民出版社 1990 年版，第 492 页。

门""华池""玉液"之类的词语，皆是与人体相关的丹道修炼术语。"夹脊"指人体背后脊椎骨处的关窍，又称"轱辘关"，诗句中言"夹脊双关"，是因为脊椎骨上有两处关键穴位，一位于后心脊椎骨处，一位于肚脐后脊椎骨处；"顶门"指人头顶处的关窍，又谓"泥丸宫"。"夹脊双关至顶门"一句描述的是内丹炼气之法，修持者凝神夹脊、洗心止念，以意引气从尾闾穴（位于脊椎末端）经夹脊上达泥丸宫、再下凝丹田、后至尾闾，循环往复、周流一身，以涵养本源，凝聚精气神。道家将此视为修道成仙的捷径，故诗句又言"修行径路此为根"。"华池玉液频须嚥，紫府元君遣上奔"一句也指丹道修炼之法，"华池"指舌下部位，"玉液"指唾液，道家又称"金津玉液"。故"华池玉液"意指口生甘津，内丹学认为此由精气上升而产生，大有补益之效，故要"频须嚥"（"嚥"同"咽"），最终咽至丹田。"紫府"又称"上丹田""泥丸"等，在两眉中心后对的脑内；"元君"在道教语中指代成仙的女子，但这里似指"元神"（或"元婴"）而言，《黄庭外景经》石和阳注曰："元神者，心中之意，不动不静之中活活泼泼时是也。"[1]"元神"是人的先天本性，被道家视为先天之神，凝聚元神首先需要摒除俗念、清静自心，此为内丹修炼者所重，元神出窍、得道成仙更是他们追求的最高目标，而"紫府"（上丹田）又为出神之所，故诗句中言"紫府元君遣上奔"。"常使气冲关节透，自然精满谷神存"一句描述的是修炼效果，内丹修炼注重积精累气、三田气贯，"气冲关节透"指元气充足之时便会自动冲开关窍，如此也会达到"精满谷神存"的功效。这里意在说明，修炼要持之以恒，使精气深入肌体关节，如此才会延年益寿、谷神长存。"谷神"本指生养之神，这里指内含真性的修炼之身，亦即"道"，如《玄宗直指万法同归》中云："惟有本来真性，一点元阳，名曰谷神，又曰玄牝，在吾身中，是以为道，长生不死者，此也。"[2] "一朝得到长生地，须感当初指教人"一句，是诗人对引导自己入道修行之人的感谢之语，"长生地"指修成正果。

刘希岳《进道诗》中阐述的丹道之法在后世全真道士间依然传承，

────────────

① 参见石和阳《太上黄庭经注·外景玉经卷下》，《道藏精华》第三集之七，自由出版社1980年版，第177—178页。

② （金）牧常晁撰：《玄宗直指万法同归》卷三，《道藏》第二三册，文物出版社、上海书店、天津古籍出版社联合出版，1988年版，第928页。

如《重阳真人金关玉锁诀》载："齿是为玄关，闭丹田者为下玄关，提金精上玄者为金关，紧叩齿者为玉锁，六根不动者是六度号都关，下纳气为勒阳关，上腭为顶阳关，鼻为天门，夹脊为双关。行功之时，一齐开锁。神不动者，意不乱也。"① 又，张三丰《道言浅近说》云："大凡打坐，须将神抱住气，意系住息，在丹田中宛转悠扬，聚而不散，则内藏之气与外来之气交结于丹田。日充月盛，达乎四肢，流乎百脉，撞开夹脊双关，而上游于泥丸，旋复降下绛宫，而下丹田。神气相守，息息相依，河车之路通矣。功夫到此。筑基之效已得一半了，总是要勤虚炼耳。"② 另外，刘希岳的《进道诗》在后世道众间也影响颇广，如南宋宋先生著、毛日新所编的《了明篇》中有《和朗然子进道诗三十首》，③ 金代道士长筌子所著《洞明集》卷三亦有《和朗然子诗》三十首及相关诗序。④

二　谭处端 "崐崳山长真子" 诗刻

第二则 "崐崳山长真子" 诗刻紧接 "朗然子作" 诗刻，位于其左下方，共竖排 6 行，其文为：

> 崐崳山长真子。
> 修行休向法中求，著法寻求不自由。认取自家心是佛，何须向外苦周游。灵源慧照尘休昧，应物般般意莫留。两道清风开玉户，一条银爣出山头。

诗刻作者 "崐崳山长真子" 是全真道北七真之一谭处端。谭处端（1123—1185），原名玉，字博玉，宁海人（今山东牟平），师事王重阳，号长真子，是全真道南无派创立者。谭处端文化素养较高，且擅长书法，作诗歌百余首，有《水云集》传世。他曾随王重阳隐居崐崳山烟霞洞修

---

① 王重阳：《重阳真人金关玉锁诀》，载（金）王重阳著，白如祥辑校《王重阳集》，齐鲁书社 2005 年版，第 286 页。

② 参见陈全林点校《新编张三丰先生丹道全书》，团结出版社 2008 年版，第 38 页。

③ 参见宋先生述，毛日新编《了明篇》，《道藏》第四册，文物出版社、上海书店、天津古籍出版社联合出版，1988 年版，第 922—924 页。

④ （金）长筌子：《洞渊集》，《道藏》第二三册，文物出版社、上海书店、天津古籍出版社联合出版，1988 年版，第 866—869 页。

道，故诗刻中有"崑嵛山长真子"之语。这首"崑嵛山长真子"诗刻在谭处端《水云集》卷上也有记载，是《示门人》组诗中的一首，其中文字与崂山题刻基本相同。① 题刻中的"爔"字较为生僻，崂山风景区管理局与崂山区文化新闻出版局所编《崂山摩崖集萃——华楼篇》收录此诗刻时说："爔，查《现代汉语字典》和《康熙字典》均无此字，疑为道教宗派门人自造"，又认为诗歌最后一句，"从上下文内容来看，似可以为'一条银练出山头'"。②

图 2-8-2 谭处端"崑嵛山长真子"诗刻

从标题上看，谭处端这首《示门人》应当是对道门弟子的告诫之语；从诗歌内容上看，劝诫之语主要表现在道术修行方面。诗歌前半部分是谭处端在修道方式和心境方面对门人的告诫，认为修行不要刻意追求修道之

---

① 详见（金）谭处端等著，白如祥辑校《谭处端·刘处玄·王处一·郝大通·孙不二集》，齐鲁书社 2005 年版，第 12 页。

② 青岛市崂山风景区管理局、青岛市崂山区文化新闻出版局编：《崂山摩崖集萃——华楼篇》，中国海洋大学出版社 2016 年版，第 78 页。

法，也不应被身外之法过度制约，更无须为此苦苦向外追寻。正确的修行方式是遵循心性的"自由"、持有自然守一之念，其中"认取自家心是佛"一句含有佛道合一的思想观念。诗歌后半部分是对修炼境界和修炼效果的神往，谭处端不止一次提到修行要与人身之灵源相结合，如其《示门人》组诗中的另一首也言："修行须要认灵源，认出灵源一点鲜。情欲永除超法界，痴嗔灭尽离人天"，① 又《赠穆先生》诗曰："心香福炷起灵源，杳杳冥冥达上天"，② 《忆王孙》词其五："好悟灵源一点真。绝贪嗔，便是逍遥到岸人"，③《踏莎行》词其三："癫狂猿马锁空房，灵源一点常教住"，④ 等等。这首"崑嵛山长真子"诗刻中也提到"灵源慧照尘休昧，应物般般意莫留"，"灵源"是人身自然存在且永恒不变的真性，只要修行从生命之灵源出发，顺应人性的自然本源，待人接物才会不迷于尘世，即能真正做到"心是佛""意莫留"，并将慧心普照于世，这是谭处端推崇的修心见性的修行理念。诗歌尾句"两道清风开玉户，一条银燧出山头"，正是对这种修行理念之下所达到的超然之境的刻画，其中"玉户"本指用玉石装饰的门户，"银燧"指窗外山头间的虹霓或祥云，"脚踩祥云"而去往往是丹道修炼者对羽化升仙的形容。所以，这些词语的运用，不仅形象地描绘出修道者怡然自乐、宁静致远的心境，同时也展露了他们对成仙飞升修炼效果的向往之情。

　　其实，谭处端在"崑嵛山长真子"诗刻中表达的修道理念，在他所作的其他诗词中普遍存在。如其《劝众修持》诗其一曰："学道假除假，修真空炼空。本源归一处，明月与清风"，其三曰："大道常清静，无为守自然。自心不回转，何处觅言传"；⑤ 其《瑞鹧鸪》词其六亦云："本来真性是玄机，只有灵明悟得时。火灭烟消成大药，境忘心尽见菩提。虚

　　① 参见谭处端《水云集》卷上，载（金）谭处端等著，白如祥辑校《谭处端·刘处玄·王处一·郝大通·孙不二集》，齐鲁书社 2005 年版，第 12 页。

　　② 同上书，第 21 页。

　　③ 参见谭处端《水云集》卷下，载（金）谭处端等著，白如祥辑校《谭处端·刘处玄·王处一·郝大通·孙不二集》，齐鲁书社 2005 年版，第 53 页。

　　④ 同上书，第 55 页。

　　⑤ 参见谭处端《水云集》卷上，载（金）谭处端等著，白如祥辑校《谭处端·刘处玄·王处一·郝大通·孙不二集》，齐鲁书社 2005 年版，第 18 页。

闲清净真仙路，寂寞无为出世梯。"① 谭处端在《示门人语录》中还提到："凡人轮回生死不停，只为有心。得山云：'心生则种种法生，心灭则种种法灭。'若一念不生，则脱生死。何为有心？盖缘众生有贪、嗔、痴三毒孽，无明心……悟人所以修行，割拣爱，摧强挫锐，降伏除灭众生不善心，要见本来父母未生时真性，本来面目是也。何为不善心？一切境上起无明心，悭贪、嫉妒、财色心。种种计较、意念生灭不停，被此孽障、旧来熟境朦昧真源，不得解脱。要除灭尽，即见自性。如何名见自性？十二时中念念清静，不被一切虚幻旧爱境界朦昧真源，常处如虚空，逍遥自在，自然神气交媾冲和。修行如了此一事，更有何生死可怖？更有何罪孽可惧？如稍生一念，不为清净，即是罣碍，不名自在。如何到得？只要诸公一志如山，不动不摇向前去，逢大魔尽此一身，永无回顾，前期必了。"② 这些，均可与"崑嵛山长真子"诗刻的内容相互印证。

另据元代李道谦《七真年谱》和刘志玄《金莲正宗仙源像传》等全真教典籍记载，谭处端为重阳祖师守墓三年后离开刘蒋村，于大定十四年（1174）秋居洛阳朝元宫；大定二十年（1180）复西游，后又至洛阳，于朝元宫之东筑庵居之；大定二十五年（1185），仙逝于洛阳朝元宫。谭处端居朝元宫期间还作有《题洛阳朝元宫》一诗："宫门寂寂锁祥烟，古迹灵踪尚俨然。云罩连枝烹药鼎，霞生灵井溉丹泉。日魂炼就华胥国，月魄收将不夜天。紫诏师真归去后，未知孰继大罗仙。"③ 可见，谭处端在洛阳朝元宫曾长期居住，且对此地有着特殊的感情。而北宋名道朗然子刘希岳栖身的通玄观即为朝元宫的前身。北宋端拱二年（989）刘希岳在通玄观仙逝后，宋太宗敕改"通玄观"名"集真观"，至宋徽宗政和元年（1111），又敕改"集真观"为"万灵朝元宫"。也就是说，刘希岳与谭处端曾于同一宫观修行，且都仙逝于此，这也许是云岩子刘志坚将二人的丹诀诗词镌刻在一起的原因所在。

---

① 参见谭处端《水云集》卷下，载（金）谭处端等著，白如祥辑校《谭处端·刘处玄·王处一·郝大通·孙不二集》，齐鲁书社 2005 年版，第 46 页。

② 参见谭处端《水云集》卷上，载（金）谭处端等著，白如祥辑校《谭处端·刘处玄·王处一·郝大通·孙不二集》，齐鲁书社 2005 年版，第 23—24 页。

③ 同上书，第 6 页。

三　"吕翁师父作《青天赤》"题刻

第三则"吕翁师父作《青天赤》"题刻紧接"崑崙山长真子"诗刻，位于其左方，共竖排 7 行，其文为：

> 养神气，昔精血，长生属神仙诀，道本虚无，怎生说。性命都来两个字，千经万论论不徹，青天赤，最分明。着甚强观水上月，当心一点正明灯，八面狂风吹不灭。
>
> 五千言，三百句，歌有赤，词有赋，词赋万般交君悟。两眼开放恰如膏，往废达人千万句，太愚痴，不省故。地狱天堂由人做，目前生死闹如麻，不知留心在何处。
>
> 吕翁师父作，青天赤。

题刻的作者"吕翁师父"应指全真道祖师吕洞宾。吕洞宾（796—?），原名吕岩，道号纯阳子，山西永乐县（今山西芮城）人，是道教全真派北五祖之一，也是道教内丹派和三教合一思想的重要代表人物。在唐宋之际，逐渐形成了影响广泛的"吕洞宾信仰"，以至于全真教南北宗都把吕洞宾吸收到了自己的教派传承中，后来吕洞宾又出现在民间敬奉的"八仙"名目中。任继愈《中国道教史》言："（吕洞宾）是八仙中传说最多，也是其中最为神奇的人物。关于吕洞宾的神仙传说最早也见于宋初，可能民间于五代已传其神异。其实他本来也是一位唐末五代的隐士，因为才行卓异，不但为人们传颂敬奉，还传说出许多新的仙话附会到他的身上，致使吕洞宾历代显迹，屡著灵迹，直到清代还在不断出现着关于吕洞宾神仙事迹的新传说，这些新传说几乎都不离救世度人，点化凡俗的模式，因而也就成了宋代以后道教神仙的代表人物。"①

吕洞宾流传下来的著作及其与之相关的文献颇为丰富，如《浑成集》《修真指玄篇》《九真玉书》《纯阳吕祖集》《吕祖全书》《吕祖志》等，其中既包含吕洞宾的诗词作品，又有丹道要诀、修道理论等方面的内容。但是，崂山这首"吕翁师父作《青天赤》"题刻在与吕洞宾相

---

① 任继愈：《中国道教史》，上海人民出版社 1990 年版，第 454 页。

图 2-8-3　　"吕翁师父作《青天赤》"题刻

关的著作和文献中均未发现记载。当然需要注意的是，历史上流传的与吕洞宾相关的道教诗词及丹道理论，就像任继愈《中国道教史》描述的吕洞宾其人一样，多有仙人事迹附会到他身上。故这首"吕翁师父作《青天赤》"题刻也难免有伪托的成分存在，或是题刻者所为，或是广大道众在长期的口耳相传中形成的误传。另外，从"吕翁师父作《青天赤》"的文本体式上看，这并非句式整齐的齐言诗，而是一首长短错落的词，但是《青天赤》词牌名在文史资料中未见记载，也可能是道人的新创。

不过，"青天赤"一词在道教文献中确有所本。约出于东晋的《元始五老赤书玉篇真文天书经》（又名《洞玄灵宝赤书真文》，简称《赤书真文》），被列为道教古《灵宝经》之首，经书卷上载有"五老赤书真文"，即五方天帝掌录的五篇天书灵文，分别为：《东方安宝华林青灵始老九天炁青天赤书玉篇真文》《南方梵宝昌阳丹灵真老三天炁丹天赤书玉篇真文》《中央玉宝元灵元老一十二炁黄天赤书玉篇真文》《西方七宝金门皓灵皇老七炁白天赤书玉篇真文》《北方洞阴朔单郁绝五灵玄老五炁玄天赤书玉篇真文》。① 其中第一位东方安宝华林青灵始老，又号东方青帝，下与东岳泰山相对应，他所掌管的即是《青天赤书玉篇真文》，这大概是后世道人诗词以"青天赤"为题的来源。与"吕翁师父作《青天赤》"题刻相关的是，全真道祖丘处机作有《青天歌》，这首《青天歌》也被崂山道人镌刻到了崂山山石之上（参见本书第四章第四节）。元代道人王玠和明代道人陆西星都为《青天歌》作过注解，二人都言及"青天"指人性而言，即人人具有的本来真性。而"青天赤"之"赤"字也与心性相关，与之相似的有"赤子之心"一语。"赤子"一词在上古文献中早有运用，如《尚书·康诰》："若保赤子，惟民其康乂"，孔颖达注曰："子生赤色，故言赤子。"②《汉书·贾谊传》："故自为赤子而教固已行矣"，颜师古曰："赤子，言其新生未有眉发，其色赤。"③ 可见"赤子"本指婴儿，因为婴儿刚出生之时是赤色的，故被称为"赤子"。"赤子"在道家正典《道德经》中也有载录，《道德经》第五十五章言："含德之厚，比于赤子。毒虫不螫，猛兽不据，攫鸟不搏。骨弱筋柔而握固。未知牝牡之合而朘作，精之至也。终日号而不嗄，和之至也。"这里的"赤子"也指婴儿，老子将道德深厚的人比作赤子，此外《道德经》第十章云："专气致柔，能如婴儿乎"，第二十章曰："沌沌兮，如婴儿之未孩"，第二十八章亦有"常德不离，复归于婴儿"之言。又，《孟子·离娄下》载孟子曰："大人者，不失其赤子之心者也"，赵岐注曰："大人谓君。国君视民，当如赤子，不失其民心之谓也。一说曰：赤子，婴儿也，少小之子，专一未变化，人能不失其赤子时心，则为贞正大人也。"④ 由此看来，"赤"字本是用以指代纯真无邪、不具丝毫杂念的婴儿之心，而"青天赤"出现在后世道教用语之中，即蕴意着道术修行应从心性入手，主张修炼者应返回到无私无欲、纯朴无邪的状态，即所谓的"返璞归真"。

观"吕翁师父作《青天赤》"题刻的内容，个别之处用语较为生僻，抑或有谐音字存在。但整体上不难看出，题刻内容述及的是内丹修炼理念，并含有对修道者的警醒之语。题刻之首的"神气""精血"等词语皆

---

① 参见《道藏》第一册，文物出版社、上海书店、天津古籍出版社联合出版，1988 年版，第 774—785 页。

② 参见阮元《十三经注疏·尚书正义》卷一四，中华书局 1980 年版，第 204 页。

③ （汉）班固：《汉书》，中华书局 1964 年版，第 2248 页。

④ 参见阮元《十三经注疏·孟子注疏》卷八上，中华书局 1980 年版，第 2726 页。

为内丹修炼术语，关于内丹修炼理念，其中言及"道本虚无"，若想长生成仙需要做到性命双修、身心清净，即所谓的形神相济、内外兼修，又言修炼之法虽"千经万论"，但唯有清净己心才是根本，亦即"青天赤，最分明"。作者又将这样的修炼之心比作空明清澈的水中月，把水中月视为八面狂风都吹不灭的正明灯，以此反衬修心炼性的重要性。题刻后半部分对修道者做出了警醒，其中"五千言""三百句"等语，应指《道德经》等道家典籍。"词赋万般交君悟"一句强调，浩繁的道教典籍有开导修真之人并助其领悟修道要旨之用，但道行浅显者"愚痴""不省"，未能参透其中的奥妙，以致枉费了修道达人所著"千万句"经典的心血。尾句中的"地域""天堂"应代指道术修行的成功与失败，并强调成功与否完全在于个人是否努力去做、是否勤加修持；"目前生死闹如麻，不知留心在何处"一句，以批判的口吻道出了当时普遍存在的修道不专的现象，同时也是对此类修道者提出的最严厉的警告。

另外，"吕翁师父作《青天赤》"题刻载述的修道理念及相关语句，在后世阐释内丹理论与功法的道教典籍中依然可见。如相传出于明代的《性命双修万神圭旨》"利集"载有《群仙珠玉歌》云："铅思汞，汞思铅，夺得乾坤造化权。性命都来两个字，隐在丹经千万篇。"[1] 其中所言"性命都来两个字，隐在丹经千万篇"与崂山"吕翁师父作《青天赤》"题刻中的"性命都来两个字，千经万论论不彻"之语，非常相似。

---

① （明）尹真人秘传，黄元吉著：《万神圭旨》，载人若书编著《万神圭旨·万法秘藏》，西南师范大学出版社 1993 年版，第 170 页。

第三章

华楼山之外道教诗词题刻

绝大多数的道人诗词题刻都集中在华楼山地区，此外还有一小部分零星地分布于崂山各地，它们分属于不同的时代，有些已经漫漶不清，有些作者身份已难以考证。但其作为崂山道教文化不可分割的一部分，同样值得我们去关注、去研究，并尽可能多地挖掘其历史文化底蕴。

第一节 钓鱼台"一字诗"题刻

在崂山太清宫东南有一伸入大海的礁石，三面环海，称为"钓鱼台"。青岛市史志办公室编《崂山志》载："沿太清宫前海边小路东南行1公里处，群礁迭起，海潮汹涌，礁石中有一如台之巨石，深入海中，三面临海，高出海滩约 1 米，面积约 80 平方米，名为'钓鱼台'。巨礁上平如削，坡向海水，背倚青山，是垂钓的好地方。"① 钓鱼台的石顶较平，上面镌刻着一首七言诗，文字为阴刻楷书，字径 15—20 厘米，共竖排 5 行，其文为：

　　一蓑一笠一髯叟，一丈长竿一寸钩，一山一水一明月，一人独钓一海秋。
　　太谷子宋绩臣。

诗刻本身没有标题，因诗句中多用"一"字，故后人多称其为"一字诗"或"一字歌"。根据落款可知，诗作者为"太谷子宋绩臣"。宋绩

---

① 青岛市史志办公室编：《崂山志》，五洲传播出版社 2003 年版，第 108 页。

图 3-1-1　钓鱼台"一字歌"

臣应是一位道号"太谷子"的崂山道士，但是关于此人的生平事迹，文史资料中缺乏明确的记载。近现代以来，在与崂山文化相关的著述中，或未载其人，或载录各异。如青岛市史志办公室编《崂山志》载录这首诗歌题刻时说："诗刻于太清宫东南至八仙墩之途中，海中有礁石如台，于平整处镌之，字面朝天，须俯视，镌刻年代及书者不详"，[1] 王集钦《崂山碑碣与刻石》曰："宋绩臣系清代太清宫道士中有文化者，其他不详。"[2] 但孙文昌等编著的《崂山与名人》则记载：

　　宋绩臣原名宋德方，字广道，号披云，又号太古子，山东掖县人，生于1183年。幼年就拜全真随山派师祖刘长生学道，刘长生羽化后，又拜邱处机为师，前20年基本在崂山太清宫修道，是入选跟随邱处机西行的十八弟子之一。随邱处机驻北京长春宫后，别的道士

①　青岛市史志办公室编：《崂山志》，五洲传播出版社2003年版，第190页。
②　王集钦：《崂山碑碣与刻石》，青岛出版社1998年版，第38页。

都辛勤劳动，唯独他日日以琴书为乐，别的道士在邱处机面前批评他，邱处机说："你们不必这样，他日后必有很大的成绩于道教，你们都比不上他。"邱处机羽化后，宋道士为教门提点，于 1237 年始在山西平阳玄都观与李志全、秦志安等校刻《道藏》，历时 8 年，刊成全藏。后回到山东，先后在各地建道庙 40 余处，成为继全真七子之后对道教发展作出重要贡献的道士。因其师辈都属各派祖师，所以自己惯以"臣"称；后来道士因他成绩卓著，尊称他为"绩臣"。他精于研习《太玄经》，长于数术理论研究，1246 年冬回到崂山太清宫已预知这是最后一次来崂山，遂于冬至日留此"一字诗"：一是把自身修道各生命玄机暗藏在诗里面；二是表达了对崂山培育他成功的感念。1247 年冬十月，逝于晚年所居的待鹤亭。①

除此之外，齐鲁晚报数字报刊于 2011 年 3 月 17 日刊登了《崂山"一字诗"谜解》一文，文中也提到：

　　据考证，"一字诗"的作者太谷子宋绩臣（1183—1247），元代道士，号披云，字广道，又名宋德方，今山东莱州人，自幼拜刘处玄、丘处机为师修道，深通道儒，博知史书经典，也可以说是"藏而不露"的大隐士。②

这篇文章的作者是崂山道家书画院院长金五台。此外，王瑞竹《崂山诗刻今存》所载也与上相同："宋绩臣，元朝道士，又名德方，字广道，号披云，莱州人。"③ 尹洪林《全真道随山派发祥地考记》一文中提到：

　　宋德方（1183—1247），字广道，号披云，莱州城南平村人，曾建平村观，后来此观扩建，赠名"迎仙宫"。关于宋德方的资料本地较少，依据《随山录》记载，又查阅《寒同山长生万寿宫碑》、《玄

①　孙文昌等：《崂山与名人》，旅游教育出版社 1997 年版，第 60 页。
②　参见金五台《崂山"一字诗"谜解》，齐鲁晚报数字报（http://epaper.qlwb.com.cn/html/2011-03/17/content_98346.htm? div=-1），2011 年 3 月 17 日。
③　王瑞竹：《崂山诗刻今存》，中国海洋大学出版社 2013 年版，第 7 页。

都至道披云真人宋天师祠堂碑铭》、《玄通弘教披云真人道行之碑》等文记为：宋德方十五岁随刘长生入道，刘长生羽化后，又随丘处机学道。是随丘处机西行觐见成吉思汗的十八人（也称全真道十八宗师）之一。其一生主要活动在晋地，曾开太原西山昊天观二洞，又曾主持篡（按：应为"纂"）修《元玄都宝藏》。他的宗教理论和实践是三晋文化的有机构成部分，对全真道的发展贡献巨大。后赠"元通宏教披云真人"，道徒尊其为宋天师。①

综合以上资料可知，宋德方为元代道士，且是北七真中刘处玄和丘处机的弟子，多数人认为崂山钓鱼台"一字歌"诗刻的作者宋绩臣即是宋德方。②

"一字歌"诗刻的内容主要描述了海边垂钓的情景，作者的形象是披蓑戴笠、手持长长钓竿的老叟，地点是在山水相伴的海边，时间是明月相伴的秋夜。蓑衣、斗笠、鬊叟、长竿、寸钩、山水、明月、大海等意象，把人与大自然融为了一体，空明静寂之感油然而生。故行文中虽流露出一丝独自垂钓的孤寂之感，但字里行间却又闪现着作者淡然自得的心情和寓情山水的道家感悟，可谓情、景、意交融，耐人寻味。

孙守信、王玉华编著的《青岛崂山》品及这首七言"一字诗"时说："既是一首诗，又是一幅画，此诗把游人带进秋高气爽的明月夜，品味着钓鱼翁把世事置之度外的高雅情趣"，又提到："作者曾为此诗与来崂山云游的终南山道士张真人讨论过数次，据张真人讲，将诗中的'一'字剔出来，就是《周易》中'互卦'的'未济'和'既济'，此诗更深的含义在于修道者在未超脱世俗状态的'未济'与超脱世俗状态的'既济'之间的差别仅在于'一'念之差而已。细想起来，这首诗实在又是道家修悟的一篇极好的心得总结。"③

这首诗歌的体式较为特别，为七言四句，每句的第一字和第五个字皆以"一"字贯之，第一句和第三句的第三个字亦为"一"字。全诗共计使

---

① 尹洪林：《全真道随山派发祥地考记》，《三秦道教》2013 年第 2 期。

② 宋德方主要活动在晋地，其墓葬近年来也在山西被发现，目前并没有直接的证据表明他到访过崂山并作有诗歌，也未有资料载及"太谷子"是其道号，孙文昌等《崂山与名人》所记未知来源，故钓鱼台"一字诗"的作者是否为宋德方，笔者认为应存疑。

③ 孙守信、王玉华编著：《青岛崂山》，青岛出版社 1997 年版，第 48 页。

用了十个"一"字，所以此诗又被称为"一字诗"或"一字歌"。[①] 这样的诗句结构紧凑、语句连贯，读之有一气呵成、气势流畅之感，让人耳目一新。所以，类似的"一字诗"也颇受明清以来文人士大夫的青睐，王集钦《崂山碑碣与刻石》也提到："一字歌与明清诗人之作有点类似。"[②] 举例来看，如清初王士祯（1634—1711）《题秋江独钓图》诗曰："一蓑一笠一扁舟，一丈丝纶一寸钩，一曲高歌一樽酒，一人独钓一江秋"；纪晓岚（1724—1805）类似之诗有："一篙一橹一渔舟，一个梢头一钓钩，一拍一呼一还笑，一人独占一江秋"，"一花一柳一石矶，一抹斜阳一鸟飞。一山一水一禅寺，一林黄叶一僧归"；陈沆（1785—1826）亦有一首《题秋江独钓图》诗："一帆一桨一扁舟，一个渔翁一钓钩，一俯一仰一场笑，一江明月一江秋"；晚清女诗人何佩玉亦有类似之诗："一花一柳一鱼矶，一抹斜阳一鸟飞。一山一水中一寺，一林黄叶一僧归"，"一机一茶一醉仙，一蹬论坛一心欢，一朝一夕一大天，一首诗词一甘甜"，等等。

此类"一字诗"所传达的意蕴可以追溯到南唐后主李煜所作的《渔父词》。宋人阮阅《诗话总龟》载："张文懿家有《春江钓叟图》，上有李煜《渔父词》二首，其一曰：'浪花有意千里雪，桃花无言一队春。一壶酒，一竿鳞。世上如侬有几人！'其二曰：'一棹春风一叶舟，一轮茧缕一轻钩。花满渚，酒满瓯。万顷波中得自由。'"[③] 可见李煜的《渔父词》二首是为《春江钓叟图》所作的题画词，无论从思想主题方面来看，还是从"一棹春风一叶舟，一轮茧缕一轻钩"词句的体式方面来看，上述崂山题刻及明清以来的文人"一字诗"都与其具有一脉相承的关系。

第二节　上清宫"野云道人"诗刻

上清宫位于崂山东南麓，始建于宋代，是崂山道教古老而著名的宫观之一。明人黄宗昌《崂山志》载："（上清宫）在明霞洞下，宋建，即云

---

　　① 类似的诗歌体式已见于唐人诗歌中，如唐人王建《古谣》诗云："一东一西垄头水，一聚一散天边霞。一来一去道上客，一颠一倒池中麻。"

　　② 王集钦：《崂山碑碣与刻石》，青岛出版社1998年版，第38页。

　　③ （宋）阮阅：《诗话总龟》（前集）卷二〇《咏物门》，人民文学出版社1987年版，第223页。

岩子修真处"，又言其"山峰峻极，群岫蜿蜒，完密而宏阔，藏聚不露，栖真者于此得静力焉"①。周志元《崂山志》亦载："（上清宫）又称上宫，在明霞洞南下，距青山村约三里许，适当谷底。四周峦峰，蜿蜒孕抱不露，幽而不隘，深而不邃，为栖真佳地"，还提及上清宫与太清宫"同为华盖真人之别馆，亦建于宋初。其后邱长春居此最久"②。其实，丘处机不仅到访过崂山上清宫，还作有多首吟咏崂山的诗词，这些诗词后被崂山道众镌刻到了上清宫的山石之上（详见第四章第三节）。除了丘处机的诗词题刻外，在上清宫西墙外的圆石上还镌刻着一首他人的七言绝句，文字为阴刻楷书，字径约 10 厘米，共竖排 5 行，其文为：

　　　　千里追寻到海山，红尘不染伴林泉。自从得圣传神药，壶内阴阳不往还。
　　　　野云道人王守阳立。

　　诗刻落款未注明上石时间，只记有诗歌作者，即"野云道人王守阳"，"野云道人"应是诗人王守阳的称号。关于王守阳其人，在黄宗昌《崂山志》"仙释"部分、周志元《崂山志》"仙道"部分，以及其他与崂山文化相关的著作中，均未有记载。青岛市史志办公室编《崂山志》亦言此诗刻"年代不详"。③唯有王瑞竹《崂山诗刻今存》记载："王守阳，龙门派第八代传人，清朝初年，生卒年不详。"④但未知此说之来源。⑤

---

① （明）黄宗昌：《崂山志》，文海出版社 1961 年版，第 39、41 页。

② 周志元：《崂山志》，齐鲁书社 1993 年版，第 85 页。

③ 青岛市史志办公室编：《崂山志》，五洲传播出版社 2003 年版，第 194 页。

④ 王瑞竹：《崂山诗刻今存》，中国海洋大学出版社 2013 年版，第 137 页。

⑤ 任继愈：《中国道教史》"明清龙门律宗传略表"所示第八代传人中只有"伍守阳"一人，并未有"王守阳"（详见任继愈《中国道教史》，上海人民出版社 1990 年版，第 660 页）。"伍守阳"与王瑞竹述及的"王守阳"非同一人，"王常月于明末传戒法于江西吉安人伍守阳（1565—1644）号冲虚子者，为龙门第八代律师。伍守阳本是儒生，兼通佛学，历师曹常化、李泥丸，得金丹秘术，习五雷法，以擅长外丹黄白术闻名，后遇赵真嵩授以内丹秘诀，吉王曾罗致府中，师事之。伍守阳撰有《天仙正理》、《仙佛合宗语录》等阐扬内丹，清代有柳华阳继承发挥，形成丹法中的伍柳派，影响颇大。伍守阳门下有姚耕烟、谢凝素，活动于清初"。（详见任继愈《中国道教史》，上海人民出版社 1990 年版，第 649—650 页）

图 3-2-1　野云道人王守阳诗刻

笔者认为，王守阳的称号"野云道人"与崂山道士以"子"（如云岩子、太和子、太谷子）相称的道号不同，多为道术爱好者的自称。以此推测，王守阳不应是崂山全真教的再传弟子，而是半路出家至崂山学道的。再从这首诗歌的内容上来看，"千里追寻到海山，红尘不染伴林泉"一句，正好表明了他是不远千里寻访到与海相接的崂山道教圣地的，且从此下定决心不再沾染红尘，而是与崂山清净的"林泉"相伴以专心修道。由此可见，崂山道教在当时名扬天下，对王守阳有着十足的吸引力。"自从得圣传神药，壶内阴阳不往还"一句，又生动地道出了王守阳在崂山修道的历程和心得。"得圣传神药"之语，预示着王守阳在崂山已拜师学道并得到真传，而"壶内阴阳不往还"诗句则是他沉醉于道家仙境自得心情的展露。其中的"壶内阴阳"之语运用了历史典故，实指道教修行，据《后汉书》卷八二《方士传下》载：

费长房者，汝南人也。曾为市掾。市中有老翁卖药，悬一壶于肆头，及市罢，辄跳入壶中。市人莫之见，唯长房于楼上睹之，异焉，因往再拜奉酒脯。翁知长房之意其神也，谓之曰："子明日可更来。"长房旦日复诣翁，翁乃与俱入壶中。唯见玉堂严丽，旨酒甘肴盈衍其中，共饮毕而出。翁约不听与人言之。后乃就楼上候长房曰："我神仙之人，以过见责，今事毕当去，子宁能相随乎？楼下有少酒，与卿为别。"长房使人取之，不能胜，又令十人扛之，犹不举。翁闻，笑而下楼，以一指提之而上。视器如一升许，而二人饮之终日不尽。长房遂欲求道……①

以上史料述及汉人费长房跟随悬壶于肆的卖药神翁学道的始末，并言及费长房曾跟随仙翁跳入壶中，看到了"玉堂严丽，旨酒甘肴盈衍"的情景，全文情节曲折生动、引人入胜。自此以后，历代道人、文士便以"壶中"或类似之语（如"一壶""壶天""三壶仙境""壶中天地"）作为道教仙境的代名词。如吕纯阳《最玄吟》诗曰："壶中四象自然神，只道从民万古君""爱惜壶中一粒丹，镇藏幽洞在昆山"；② 七律诗曰："物外烟霞为伴侣，壶中日月从婵娟"③，等等。又如元人许有壬《琳宫词次安南王韵》诗云："一壶天地浑无迹，只有清风动竹声"；唐代王维《赠焦道士》诗曰："坐知千里外，跳向一壶中"；李白《下途归石门旧居》："何当脱屣谢时去，壶中别有日月天"；宋人李质《良岳百咏诗》："丹台紫府无尘事，恍觉壶中日月长""行到水云空洞处，恍如身世在壶中"，等等。而对于崂山题刻而言，除王守阳这首诗歌以此为典外，黄肇颚《崂山续志》载明霞洞《赠孙真人诗》题刻中又有"世上名利非所愿，壶中日月自流年"之语。④

第三节　金壁洞"韩子秋题诗"

在崂山中部巨峰景区之南有砖塔岭旧村和马鞍子旧村，二村相距不远。砖塔岭村之东、马鞍子村之北约 500 米处一山头巨石上有一剥蚀严重的"韩子秋题诗"，诗刻所在的位置为金壁洞遗址，遗址正对东面的流清

---

①　（宋）范晔撰、（唐）李贤等注：《后汉书》，中华书局 1965 年版，第 2743 页。

②　吕纯阳：《纯阳真人浑成集》卷上，《道藏》第二三册，文物出版社、上海书店、天津古籍出版社联合出版，1988 年版，第 689 页。

③　吕纯阳：《纯阳真人浑成集》卷下，《道藏》第二三册，文物出版社、上海书店、天津古籍出版社联合出版，1988 年版，第 691 页。

④　（清）黄肇颚：《崂山续志》，山东省地图出版社 2008 年版，第 268 页。

河水库。① 明人黄宗昌《崂山志》记载"砖塔岭"曰："自下而上至岭，甫八里许。其风物遂与下方殊，长林苍崖，幽然绝尘矣。"② 周志元《崂山志》亦载："（砖塔岭）在烟云涧上。相传龙攫旱河之塔置于此，因名。地生骷髅花，世传为电击夫妇所化"，又载："（金壁洞）在砖塔岭东。巨石礌砢，类灵鹫一角，洞处乱石间。东俯大海，壁上镌金壁洞三字。刘鏐永有咏《金壁洞诗》。"③ "韩子秋题诗"在与崂山文化相关的文史资料中少见记载，诗刻文字为阴刻楷书，字径约 10 厘米，共竖排 9 行，其文为：

> 贫子离家四十年，祖居直隶盐山县。老祖名波官五品，七载胶州管万民。少祖名儒胶东秀，先父韩梅是外郎。贵荣浮生人未久，谁肯修真抱道士。
> 万历三十七年韩子秋立。④

由落款可知，诗刻上石的时间为明万历三十七年（1609），作者是"韩子秋"。结合诗刻内容又可得知，韩子秋为明代崂山道士，"子秋"应是他的道号。

这篇题刻为整齐的七言句式，诗味浅显直白，作者在诗歌中主要叙及自己的家世，并表达了多年修道的坚定意志。在诗刻首句，作者自称"贫子"，且交代自己离家到崂山修道已有 40 年，祖籍是直隶盐山县（今河北盐山县），即"贫子离家四十年，祖居直隶盐山县"。这句之后，作者便述及自己一家几代人的身份：老祖韩波为五品官员，在胶州地区为政七年；少祖韩儒是胶东地区的名儒俊秀；先父韩梅亦为官至"外郎"之职。末句"贵荣浮生人未久，谁肯修真抱道士"，表明自己与先辈不同，早已参透人生浮沉，坚守抱道修真之念。

---

① 如今的金壁洞遗址较为隐蔽，没有任何标示和相关陈迹存在，故难以寻得。笔者于 2018 年 10 月、12 月和 2019 年 1 月三次赴砖塔岭附近寻找。第一次因遇毒蛇而折返；第二次因方位不对，寻找良久未果；第三次去之前，再次翻阅文史资料的记载，并参照网上相关图片后，才最终确定其方位所在。

② （明）黄宗昌：《崂山志》，文海出版社 1961 年版，第 32 页。

③ 周志元：《崂山志》，齐鲁书社 1993 年版，第 41、50—51 页。

④ 近几年来，"韩子秋题诗"愈加模糊不清，相关图片和文字辨识还可参见王瑞竹《崂山题刻今存》，中国海洋大学出版社 2016 年版，第 156 页。

图 3-3-1　金壁洞"韩子秋题诗"

上文引周志元《崂山志》提及金壁洞"壁上镌金壁洞三字",黄肇颚《崂山续志》述及金壁洞时也言:"额镌'金壁洞万历十七年子秋道人立'。左右镌'青龙、白虎'字。洞上旧有庙圮。"① 另据青岛市史志办公室编《崂山志》记载,"由烟云涧北上便是砖塔岭,岭东 500 米处有洞大如屋,上镌'金壁洞'三字,末署'万历十七年子秋立'。万历十七年为 1589 年,书者不详。"② 以此可知,韩子秋除了在万历三十七年(1609)于金壁洞镌刻了上述诗歌外,还在之前 20 年的万历十七年(1589)于此处镌刻了"金壁洞"三个字。由此也可以看出,韩子秋确实有在崂山修道多年的经历。青岛市史志办公室编《崂山志》又载:"(砖塔岭)位于流清河上游的蟹子夹山东南,由烟云涧沿涧底北上 2 公里即可到达。岭上旧有砖塔一座,对此塔有颇多传说。……岭东有洞,大如屋,上镌'金壁洞'三字,因洞壁石呈黄色而得名;离此洞不远,还有银壁洞,洞上也有题刻,但字迹已漫漶不清。"③ 黄肇颚《崂山续志》载:"银壁洞镌题甚夥,磨灭多不可读。"④ 周志元《崂山志》亦言:"(银壁洞)石上刻字磨灭不可识。"⑤ 可见,除了金壁洞及相关题刻外,旁边还

①　(清)黄肇颚:《崂山续志》,山东省地图出版社 2008 年版,第 194 页。

②　青岛市史志办公室编:《崂山志》,五洲传播出版社 2003 年版,第 216 页。

③　同上书,第 104 页。

④　(清)黄肇颚:《崂山续志》,山东省地图出版社 2008 年版,第 194 页。

⑤　周志元《崂山志》,齐鲁书社 1993 年版,第 51 页。

有银壁洞，银壁洞处本也有题刻存在。不过，如今的金壁洞、银壁洞遗址皆为树木、杂草所掩，已看不到任何文物古迹的影子。遗址处除了模糊不清的"韩子秋题诗"外，包括"金壁洞""银壁洞"在内的其他题刻，近些年来均已不存。此处的文物古迹及题刻可能毁于村民采石，现在遗址旁边还散落着大量因采石而残留的碎石。

　　另外，考察相关文学作品可知，金壁洞、银壁洞也曾是崂山道士理想的栖真之地。如明人曹臣作有《崂山周游记》，其中述及："自（砖塔）岭脊径而南二里许，为金壁洞；径东二里许，为夹岭河；两境俱有修真玄客。"① 清人纪润撰有《崂山记》，其中亦载："（砖塔岭）东南有一金壁洞，宽大明亮，凡在内读书者，未有不发达者也。"② 上文引周志元《崂山志》载及刘镈永有《金壁洞诗》歌赞金壁洞，此外周志元本人还有称颂银壁洞的诗歌："耀然石洞发银光，大海潮声日夕扬。何用更寻蓬岛去，眼前咫尺即扶桑。"③ 这些均可看出金壁洞、银壁洞地区曾经道迹之辉煌。

---

① 文见周志元《崂山志》，齐鲁书社 1993 年版，第 248 页。
② 文见青岛市史志办公室编《崂山志》，五洲传播出版社 2003 年版，第 394 页。
③ 参见周志元《崂山志》，齐鲁书社 1993 年版，第 51 页。

第四章

丘处机及其崂山题刻

丘处机（1148—1227），又作邱处机，字通密，登州栖霞人（今山东栖霞），号长春子。王重阳云游山东传道期间，丘处机拜其为师，与马钰、谭处端、郝大通、王处一、刘处玄、孙不二合称"北七真"，后继任全真道第五任掌教，是全真教龙门派的祖师。金末元初时期，丘处机以74岁的高龄远赴西域劝说成吉思汗止杀爱民，深受广大群众的敬重。作为山东本地道行高深的全真道人，丘处机曾在栖霞县、福山县、莱州等地传教做醮，并几次到崂山布道说法，其间还作有多首吟咏崂山的诗词作品，后被陆续镌刻到了崂山山石之上。丘处机游崂及其留下的相关题刻，给予了崂山道众以很大的触动，后人也怀着崇敬和景仰之情对其题刻予以仿作，相关文学作品也一再引用丘处机游崂之事为典。可以说，丘处机到访崂山及其相关活动，对崂山道教乃至整个崂山文化的发展均起到了很大的促进作用。

第一节　丘处机入崂历程及其相关题刻分布

身为山东半岛人士，丘处机游历崂山并非难事，其作为道行高深的全真道人，每当外出作法而接近崂山之时，又都会受到崂山道众的热情邀请而到访崂山。虽然丘处机每次驻足崂山时间不算长，但受崂山道教胜迹的感染及崂山奇秀风景的陶醉，他在阐教说法之余还作有大量吟咏崂山的诗词作品，这些作品被镌刻上石之后大大提高了崂山道教文化的底蕴。除此之外，传为丘处机手笔的题字在崂山上还有多处，如今这些均已成为崂山道教文化的重要组成部分。

一 丘处机游崂次数考察

关于丘处机到访崂山的次数，在现当代学者之间有二次说和三次说。

"二次说"的情形，如近人蓝水在《崂山古今谈·名胜》"明霞洞"条说："邱长春于金泰和戊辰始游劳，次岁己巳又题诗太清宫后……"①曲宝光《丘处机与崂山道教文化考略》一文对丘处机先后两次游崂山的历程说得较为清晰：第一次为金泰和戊辰（1208），是丘处机在昌阳（今莱阳市）做完法事，应崂山道众相邀来游崂山；第二次为金大安己巳年（1209），丘处机在胶西做完法事后，同样是应崂山道众之邀再次来游崂山。②任颖厄《崂山道教史》也认为"丘处机两游崂山"：第一次为金泰和五年（1205），丘处机自昌阳（今莱阳市）斋醮罢，应崂山道众相邀来到崂山；第二次为金大安元年（1209），丘处机自胶西（今胶州市）醮罢，应崂山道众之邀再次来游崂山。③任颖厄与曲宝光的说法基本相同，但二人对丘处机第一次游览崂山的时间有不同的看法，曲宝光认为是在金泰和戊辰年（1208），而任颖厄则认为是金泰和五年（1205）。

"二次说"的主要依据是崂山上与丘处机相关的诗词题刻。崂山太平宫白龙洞额有丘处机的 20 余首诗刻，诗前镌有序文曰："东莱即墨之牢山，三围大海，背负平川，巨石巍峨，群峰峭拔，真洞天福地，一方之胜境也。然僻于海曲，举世鲜闻，其名亦不佳。予自昌阳醮罢，抵于王城永真观，南望烟霭之间，隐隐而见，道众相邀，迁延数日而方届，遂闲吟二十首，易为鳌山，因畅道风云耳。楼霞长春子书。"诗后落款为："泰和戊辰三月日，楼岩洞主紫悟真，刊石野人王志心、刘志宽。"④白龙洞处的题诗及其序文，在丘处机个人文集《磻溪集》中也有记载，二者可互证。另外，崂山上清宫处又有丘处机的《青玉案》词刻一首，词前序文云："长春真人于大安己巳年胶西醮罢，道众邀请来游此山，上至南天

---

① 蓝水：《崂山古今谈》，崂山县县志办公室编，1985 年版，第 26 页。

② 曲宝光：《丘处机与崂山道教文化考略》，青岛市崂山文化研究会编：《崂山研究》第 1 辑，中国海洋大学出版社 2006 年版，第 97—98 页。

③ 任颖厄：《崂山道教史》，中央编译出版社 2009 年版，第 30—31 页。

④ 关于白龙洞额丘诗题刻详见下文，或参见王集钦《崂山碑碣与刻石》，青岛出版社 1998 年版，第 120 页；还可参见王瑞竹《崂山诗刻今存》，中国海洋大学出版社 2013 年版，第 30—36 页。

门，命黄冠士奏空洞步虚毕，乃作词一首，名曰《青玉案》。"① 这首《青玉案》词刻后有"又作诗十首刻在别石"字样，此指上清宫别处丘处机的十首诗刻。与之相关，在太清宫处还存有丘处机的另外十首诗刻，诗刻前有短序曰："长春真人于大安己巳年到此作诗十首。"② 以此可知，丘处机在大安己巳年（1209）到访崂山时，除作有《青玉案》一词外，还作有吟咏崂山的 20 首诗。而丘处机个人文集《磻溪集》在收录这 20 首诗歌作品时，在序文中直言："大安己巳胶西醮罢，道众相邀，再游鳌山，复留题二十首。"③

正是由于白龙洞丘诗题刻落款注有"泰和戊辰（1208）"的时间，而上清宫《青玉案》词刻序文中又明确提及丘处机至崂山的时间为大安己巳年（1209），再加上丘处机《磻溪集》收录大安己巳年的游崂作品时有"再游鳌山，复留题二十首"字样，故学者据此认为丘处机先后两次到访过崂山，即第一次为金泰和戊辰年（1208）或稍前，第二次为金大安己巳年（1209）。

"三次说"的情形，如苑秀丽、刘怀荣《崂山道教与〈崂山志〉研究》认为"丘处机曾三次到崂山说法阐教"，④ 但未明确指出丘处机到访的具体时间。高明见也认为丘处机"三游崂山"，他在其著作《道教海上名山——东海崂山》中指出："金章宗明昌六年（1195），丘处机与刘处玄来游崂山，因事旋即离去，这是他的第一次崂山之行"；"泰和五年（1205），丘处机在莱州做醮。昌阳醮罢，应道众之邀，再游崂山，此行将'牢山'之名改为鳌山，并作序文及诗二十首，镌于崂山白龙洞"；"金卫绍王大安元年（1209），丘处机在胶西醮罢，三游崂山，复题诗二十首，镌刻于上清宫和太清宫"⑤。青岛市史志办公室编《崂山志》持有

① 丘处机:《青玉案》词刻及其序文详见下文，或参见王集钦《崂山碑碣与刻石》，青岛出版社 1998 年版，第 58 页；王瑞竹《崂山诗刻今存》，中国海洋大学出版社 2013 年版，第 20—21 页。

② 关于太清宫处丘处机诗刻详见下文，或参见王集钦《崂山碑碣与刻石》，青岛出版社 1998 年版，第 29 页；王瑞竹《崂山诗刻今存》，中国海洋大学出版社 2013 年版，第 8—12 页。

③ 丘处机:《磻溪集》，北京图书馆古籍出版编辑组:《北京图书馆古籍珍本丛刊》第 91 册，书目文献出版社 1987 年版，第 18 页。

④ 苑秀丽、刘怀荣:《崂山道教与〈崂山志〉研究》，中国社会科学出版社 2011 年版，第 99 页。

⑤ 高明见:《道教海上名山——东海崂山》，宗教文化出版社 2007 年版，第 37—40 页。

同样的看法，所述丘处机事迹也基本相同。①

　　"三次说"的主要依据除了崂山上与丘处机相关的题刻外，还有崂山宫观志《太清宫志》的相关记载。《太清宫志》是崂山道教的第一部志书，编纂完成于 1941 年，作者周宗颐（字养山）曾为太清宫监院。据《太清宫志》卷一《七真降临太清宫事迹记》记载，南宋庆元元年（1195）乙卯，"真人邱长春、刘长生，同他道侣五人，号曰七真，由宁海之昆嵛山来游劳山，止于本宫，讲道传玄，宏阐教义，道众大悦，各受戒律。邱祖住未久，留诗二十一首，同他道侣西去。刘祖独留，讲解经典，至醇咸措，年余方西转至莱州灵虚观，本宫道众由此归宗于刘祖随山派矣"②。这里提及丘处机曾于南宋庆元元年（1195），即金章宗明昌六年到崂山太清宫讲道传玄，故学者在"二次说"的基础上将此定为丘处机第一次游崂山的时间，从而变为"三次说"。

　　由上看来，不管是"二次说"，还是"三次说"，都渊源有自。而关于丘处机年谱类的著作，如元代李道谦的《七真年谱》、现代学者姚从吾的《元丘处机年谱》都只提到丘处机大安己巳年（1209）的游鳌山（即崂山）之事，其余并未见载。故此，一些学者在"二次说"与"三次说"之间摇摆不定，如王集钦在《崂山碑碣与刻石》中说，"三清门"地处太清宫北谷中老道坟旁，有一高约丈余的锥状石峃，因地壳运动，此石自然裂为两片，南北相对，俨然一门屏，缝中可容二人并肩而过，又言："据传宋庆元元年北七真邱长春等来太清宫时，就是从此门而过，此门因此而得名'三清门'。"③ 这里提及，根据传闻，丘处机来崂山太清宫的时间为宋庆元元年（1195），与《七真降临太清宫事迹记》所载相同。但王集钦《崂山碑碣与刻石》在介绍"鳌山上清宫"题字时又说："在邱诗十首之上，横镌'鳌山上清宫'5 个大字，字径 30 厘米。这是邱长春第二次题崂山为鳌山，第一次为泰和戊辰年（公元 1208 年）自昌阳（今莱阳）醮罢归至崂山白龙洞题诗 20 首……"④ 这里又据崂山题刻认为丘处机第一次到崂山的时间为泰和戊辰年（1208）。可见在王集钦看来，丘处机第一

　　① 详见青岛市史志办公室编《崂山志》，五洲传播出版社 2003 年版，第 315 页。

　　② 周宗颐：《太清宫志》卷一，见高明见《道教海上名山——东海崂山》附录，宗教文化出版社 2007 年版，第 234 页。

　　③ 王集钦：《崂山碑碣与刻石》，青岛出版社 1998 年版，第 45 页。

　　④ 同上书，第 59 页。

次至崂山的时间，若以崂山题刻为据，应为泰和戊辰年（1208），若按传闻则为宋庆元元年（1195）。

那么，"二次说"与"三次说"究竟哪个更准确呢？《太清宫志》的相关记载是否可靠呢？其实，持"二次说"者并非未见《太清宫志》关于丘处机到访崂山的记载，而是对此记载不能认同。《太清宫志》卷一《七真降临太清宫事迹记》中说到，包括丘处机、刘处玄在内的全真七子在南宋庆元元年一起至崂山太清宫讲道传玄。对此记载，多位学者已指出有杜撰之嫌，或者是与史实不符的口耳相传之谈。因为据元代李道谦《七真年谱》《甘水仙源录》等多则道教文献资料记载，全真七子中的马钰（1123—1183）、谭处端（1123—1185）、孙不二（1119—1182）早在庆元元年（1195）之前即已去世，不可能再至崂山，所以《太清宫志》中说包括丘处机在内的全真七子到访崂山是不可信的。而且，《七真降临太清宫事迹记》也记载丘处机是两次游览崂山，除南宋庆元元年（1195）外，还有"嘉定二年己巳，即金大安元年（1209），邱祖由胶西重来本宫，说法阐教"，这与崂山题刻中所载的丘处机最后一次到访崂山的时间吻合。而崂山题刻中又明确记载丘处机于金泰和戊辰年间到访过崂山并留下了题诗，若此次为真，那么《七真降临太清宫事迹记》中的"南宋庆元元年"则一定有误。另外，《七真降临太清宫事迹记》又提及丘处机于南宋庆元元年到崂山"住未久，留诗二十一首，同他道侣西去"。如今崂山太平宫白龙洞额留有丘诗题刻21首（详见下文所述），但这是丘处机在金泰和年间至崂山时所作。崂山上清宫、太清宫两地又镌刻着丘处机题咏崂山的21首诗词作品（详见下文所述），此是丘处机于金大安己巳年（1209）到达崂山时所作。由此可见，崂山上与丘处机相关的诗词题刻的撰作时间，均与《七真降临太清宫事迹记》中载及的丘处机于庆元元年"留诗二十一首"的说法不符。

以上所述，概是学者不认同丘处机三游崂山的原因所在。而持"三次说"的学者则认为，虽然"全真七子"不可能于南宋庆元元年（1195）一起降临崂山太清宫，但丘处机本人到访崂山还是有可能的。丘处机在南宋庆元元年（1195）是否到访过崂山呢？我们先来看材料中提及的与丘处机相关的另一个人，即刘处玄。《七真降临太清宫事迹记》提到，丘处机在崂山住未久便同其他道侣西去，"刘祖独留，讲解经典，至醇咸措，年余方西转至莱州灵虚观，本宫道众由此归宗于刘祖随山派矣"。刘祖即刘处玄，他在丘处机等人离开后，独自在太清宫阐教讲道，一年多方才离去。关于刘处玄于崂山弘道的事迹，后世文人作品中也有相应的反映，如明代著名道士耿义兰的《太清宫吟诗十首》中有"下宫原来太清宫，长生真人嗣仙宗"① 一句，其中"长生真人"即指刘处玄。高明见说，刘处玄"独留太清宫，讲授经典，使太清宫由此归宗于全真随山派，被尊位崂山道教十大道首之一"②。任颖厄认为："北七真中，刘处玄居崂山时间最长，著述、阐教、讲道最多。"③ 可见当代学者也基本认同刘处玄对崂山道教发展做出的贡献。与之相关的是，如今崂山华楼宫东刻石群中留有元代道人云岩子刘志坚（1240—1305）上石的"刘师父、丘师父游上清宫来看劳山道诗句"："历□山前一路平，都□能有己人行。华盖十年劳峰隐，今日群仙游上清。"④ 其中的刘师父、丘师父即指刘处玄、丘处机。云岩子刘志坚生活的年代距丘处机未远，这便直接佐证了刘处玄、丘处机二人一起到访崂山的事实，且与《七真降临太清宫事迹记》言及的"真人邱长春、刘长生"来游崂山的字样也很相似。而"今日群仙游上清"一句又表明，除刘处玄、丘处机之外，当时应该还有其他道人相随到崂山上清宫看崂山道士，这与《七真降临太清宫事迹记》"同他道侣五人"的叙述同样相仿。据此看来，《太清宫志》所述并非没有现实依据，况且《太清宫志》本就是"整理太清宫历届住持及名道之回忆笔记"，并"广征博采搜集资料"⑤ 后，才最终编纂完成的。所以，其中所言丘处机与刘处玄在南宋庆元元年（1195）一起到访崂山之事，不是没有可能。

　　值得注意的是，不管是《七真降临太清宫事迹记》的记载，还是崂山"刘师父、丘师父游上清宫来看劳山道诗句"题刻，其中提及姓名者

　　① 诗见周宗颐《太清宫志》卷九，详见高明见《道教海上名山——东海崂山》附录，宗教文化出版社 2007 年版，第 287 页。

　　② 高明见：《道教海上名山——东海崂山》，宗教文化出版社 2007 年版，第 36 页。

　　③ 任颖厄：《崂山道教史》，中央编译出版社 2009 年版，第 36 页。

　　④ 参见王集钦《崂山碑碣与刻石》，青岛出版社 1998 年版，第 144 页；王瑞竹《崂山诗刻今存》，中国海洋大学出版社 2013 年版，第 94—95 页。各文献间对此处题刻文字的辨识有所不同，清人黄肇颚《崂山续志》题此诗为："云岩子《游上清宫看崂山诗》"，文字记为："万路山前一路平，都通那得有人行。十年华盖崂峰隐，今日群仙游上清。"详见（清）黄肇颚《崂山续志》，山东省地图出版社 2008 年版，第 264 页。

　　⑤ 见周宗颐《太清宫志》序，高明见《道教海上名山——东海崂山》附录，宗教文化出版社 2007 年版，第 230 页。

只有丘处机和刘处玄两个人，其他人只是以"道侣五人"或"群仙"代称。若当时真是王重阳门下的"全真七子"共同到访崂山，没有理由只指出丘处机、刘处玄二人的名字，马钰等人在当时是更具影响力的道人，且王重阳、马钰、谭处端之后，刘处玄、丘处机才相继接任全真教掌教。故此推断，崂山题刻中的"群仙"虽指多位道人，但其中并不包含所有的全真七子，只包括刘处玄和丘处机在内。而对于《七真降临太清宫事迹记》而言，此"七真"或非彼"七真"，其中所谓"七真"中的"同他道侣五人"可能指与丘处机、刘处玄同行的其他五位得道高人，而非马钰、谭处端、孙不二、郝大通、王处一，当然其中也可能有混淆的成分。混淆成分的存在，无疑降低了《太清宫志》的可信度，但是我们不能由此完全否定《太清宫志》的记载。整体上看，《太清宫志》载及的多数内容还是与事实相符的，比如前述《七真降临太清宫事迹记》关于刘处玄事迹的记载，即基本属实。《七真降临太清宫事迹记》还载："嘉定二年己巳，即金大安元年（1209），邱祖由胶西重来本宫，说法阐教，居数载始回莱州昊天观。临行时，复留诗十首"，这也与崂山太清宫丘诗十首题刻序文的叙述大致相合。另外，《七真降临太清宫事迹记》还记载了丘处机未应宋代朝廷征召，而应命于元太祖成吉思汗的召见，赴雪山力劝其节欲爱身、爱民止杀的事件，以及元太祖赐给丘处机金虎符文牒，让其主管天下道教等事，这些记载均与历史事实符合。所以，《太清宫志》卷一《七真降临太清宫事迹记》述及的丘处机与刘处玄在南宋庆元元年（1195）结伴到访崂山之事，也是不可轻易否定的。

从另一方面看，前面述及金泰和年间和金大安己巳年，丘处机两次游览崂山，这两次都是受到崂山道众邀请而至的。联系到刘处玄与丘处机曾一起到访过崂山，而刘处玄又仙逝于金泰和三年（1203）①，由此可以肯定，大安己巳年（1209）丘处机游览崂山时不会有刘处玄同行。那么金泰和年间丘处机到访崂山时，刘处玄是否与之同行呢？根据《七真年谱》记载，刘处玄从泰和元年到泰和三年仙逝，到访过的地方有广陵、滨州，并未提及崂山。退一步说，如果丘处机在泰和年间到访崂山时是与刘处玄一起同行的，那么相关文献和崂山题刻，甚至丘处机本人吟咏崂山的诗集

---

① 刘处玄仙逝日期，可参考（元）李道谦《七真年谱》（《道藏》第三册，文物出版社、上海书店、天津古籍出版社联合出版，1988年版，第385页）等道教文献。

中，没有理由不提及刘处玄的姓名。因为，金泰和年间刘处玄的身份是全真教第四任掌教，而丘处机是在刘处玄仙逝后才继任第五任掌教的，故从在全真教中的身份地位上看，刘处玄甚至高于丘处机。这样看来，丘处机于泰和年间至崂山时不可能是与刘处玄同行的。当然，另一种可能是，丘处机在泰和年间游览崂山时，刘处玄已经逝世，丘处机已经接任全真道掌教了。他能受到崂山道众的热情邀请，也表明此时丘处机的威望或其在全真教中的地位已经很高。另外，由白龙洞额丘诗题刻序文可知，丘处机为"清畅道风"将崂山改名"鳌山"，此名沿用良久，影响较大，后世文献或相关文人著作中多有将崂山称"鳌山"者。崂山历史久远、文化底蕴深厚，若非身份地位不够凸显，则很难将此一座巨大的名山改名且被众人认同。故可进一步推测，此时丘处机的身份应该已经是全真教掌教了，如此才得到崂山道众的邀请和后人的敬重。同时这也从反方面证明，刘处玄此时已仙逝，不会再与丘处机于泰和年间结伴至崂山。

既然丘处机在金泰和年间和金大安己巳年两游崂山时刘处玄都没有同行，那么崂山题刻中提及的"刘师父、丘师父"游崂山上清宫看崂山道之事定另有所指，且此行应发生在金泰和年之前。以此看来，丘处机先前这次与刘处玄到访崂山，也应是他第一次至崂山，至于先前到访崂山的时间，很可能就是《太清宫志》卷一《七真降临太清宫事迹记》述及的南宋庆元元年（1195）。因为据《七真年谱》记载，刘处玄于金大定二十一年（1181）由洛阳"东归莱州"，后"居武官建庵"，直至金泰和三年（1203）"升仙于武官灵虚观"；而丘处机也于金明昌二年（1191）由终南山"东归栖霞"，在芝阳洞、福山县、莱州一带有多次斋醮活动。可见在南宋庆元元年（1195），即金明昌六年，刘处玄与丘处机活动的地域接近，存在一起共事的条件，他们结伴至崂山看望崂山道人，于情于理也是可能的。这样看来，《太清宫志》卷一《七真降临太清宫事迹记》言刘处玄、丘处机等道人于"南宋庆元元年"到访崂山大致不差，故笔者赞成丘处机三游崂山的说法。

如果南宋庆元元年（1195）是丘处机第一次游览崂山的时间，那么相应地金泰和年间和金大安己巳年则是丘处机第二次、第三次到访崂山的时间。不过，还需明确的是丘处机第二次至崂山的具体时间。上文提及，学者之间在丘处机第二次到访崂山的时间问题上存在争议，蓝水《崂山古今谈》、王集钦《崂山碑碣与刻石》、曲宝光《丘处机与崂山道教文化考略》都认为是在金泰和戊辰年（1208），而高明见《道教海上名山——东海崂山》、任颖厄《崂山道教史》则认为是在金泰和五年（1205）。也正是因为丘处机此行的具体时间不够明确，前文我们才用"泰和年间"表示其至崂山的时间，没有细化至泰和年号的具体年份。"泰和"是金章宗的年号，共用八年，那么丘处机在此期间至崂山具体应为哪年呢？

持"泰和戊辰年（1208）"说者，其来源概是白龙洞额丘诗题刻的落款，其中有"泰和戊辰三月日"字样。但可以想见，此落款时间应为诗歌上石完成的时间，不一定是丘处机作诗的时间。因为白龙洞额处施工艰难，而丘处机20余首诗刻的规模又很庞大，"占石近10平方米"，却又"雕工精细，书法端庄"①，这不可能是短期内完成的。以此推测，丘处机亦不可能是泰和戊辰年（1208）到访崂山并题诗的，只能是在此年之前。而持"泰和五年（1205）"说者，并未见其说明根由。赵伟《崂山道教与佛教研究》根据《七真年谱》考证认为："在泰和五年（1205）之前，丘处机主要在栖霞和福山县一带活动。泰和五年，丘处机在莱州作斋醮，开始离开栖霞到胶东的其他地区活动、传教。因此，泰和五年前后应该是丘处机最有可能来到崂山的时间。"② 这大概是学者认为丘处机"泰和五年（1205）"到访崂山的原因所在，但只是推论而已，成为定论尚缺乏依据。另外，赵伟同样认为，白龙洞额丘处机诗刻后所署的"泰和戊辰"是刻石的时间，不一定是丘处机第一次游崂山的时间，他还提到，"根据这个署语，可以确定丘处机大概是在泰和五年至八年的这个期间内，第一次来到崂山"③。笔者赞同丘处机在泰和五年至八年这段时间内到过崂山的说法，但言此为"第一次到崂山"似可商榷，其原因已如上文所述。

还值得一提的是，白龙洞丘诗题刻序文中有"予自昌阳醮罢"字样，昌阳旧属莱州，④ 如《旧唐书》卷三八《地理志一》记载："武德四年，

---

① 王集钦：《崂山碑碣与刻石》，青岛出版社1998年版，第120页。

② 赵伟：《崂山道教与佛教研究》，人民出版社2015年版，第65页。

③ 同上书，第66页。

④ 在《金史》《元史》"地理志"部分，未发现"昌阳"地名的记载。《金史》卷二五《地理志中》有"昌阳山"之名，属于宁海州下辖的文登县，恐与丘处机作斋醮的"昌阳"非同一地。《金史》同卷又介绍"莱州"下辖五县：掖、莱阳、即墨、胶水、招远，各县下属地名中均未见"昌阳"的叫法。详见（元）脱脱等撰《金史》，中华书局1975年版，第612—613页。

讨平綦顺，置莱州，领掖、胶水、即墨、卢乡、昌阳、曲城、当利、曲台、胶东九县……乾元元年，复为莱州。旧领县六：掖、黄、文登、昌阳、即墨、胶水……"[1] 《新唐书》卷三八《地理志二》也有相似的记载："莱州东莱郡……县四。掖、昌阳、胶水、即墨。"[2]《七真年谱》言及丘处机于泰和五年（1205）"夏五月，莱州醮"，而丘处机在白龙洞诗刻序文中又自称"昌阳醮罢"后赴崀山的，而"昌阳"又为"莱州"辖地，故《七真年谱》中的"莱州醮"可等同于崀山诗刻序文中的"昌阳醮"。如果"昌阳"的叫法在金代山东地区一直沿用的话，[3] 那么这似乎支持了丘处机于金泰和五年（1205）到访崀山的观点。

学者之间对丘处机第三次到访崀山的时间没有异议。因为崀山上清宫、太清宫处的诗词题刻中有"长春真人于大安己巳年胶西醮罢，道众邀请来游此山""长春真人于大安己巳年到此作诗十首"的明确记载，且丘处机《磻溪集》载录崀山诗词时，序文中也明言："大安己巳胶西醮罢，道众相邀，再游鳌山。"这些材料已十分清楚地指出，丘处机第三次至崀山的时间就是金大安己巳年（1209）。

二　丘处机游崀路线及其相关活动

根据《太清宫志》的记载，丘处机第一次到访崀山是由宁海之崑嵛山而来并止于太清宫的，王集钦据传闻说其经"北路入宫必经之门"的"三清门"而至太清宫；崀山题刻"刘师父、丘师父游上清宫来看劳山道诗句"，又表明丘处机到访过上清宫。除此之外，丘处机是否还游历过崀山其他地方，是否留有诗词作品，因材料缺乏，我们不得而知。

根据崀山白龙洞丘诗题刻序文可知，丘处机第二次到访崀山的路线是，自昌阳（今莱阳）斋醮完毕，到达王城（今莱西望城镇）永真观，由北向南迁延数日后，由陆路抵达崀山。丘处机还在诗序中描述了崀山的方位及其壮丽的景观，并称崀山为"洞天福地""一方之胜境"，可见他对崀山早有了解。从丘处机此行专门吟咏崀山的诗歌中，还可以看出他对崀山景致的无比钟爱之情。如白龙洞诗刻其二云："咫尺洞天行不到，空

---

① （后晋）刘昫等撰：《旧唐书》，中华书局1975年版，第1455—1456页。

② （宋）欧阳修、宋祁撰：《新唐书》，中华书局1975年版，第994—995页。

③ 赵伟认为："昌阳是莱阳的古称"，详见赵伟《崀山道教与佛教研究》，人民出版社2015年版，第65页。

余吟詠满囊诗"、其六云："路转山腰三百曲，行人一步一徘徊"、其九云："因持翰墨写形容，陟彼高冈二十重"、其十一云："白发苍颜未了仙，游山玩水且留连。"由这些诗句可知，丘处机游历了崂山不少地方。而诗刻其二"初观山色有无时，十日迁延尚未之"一句又表明，丘处机在崂山逗留良久。

至于丘处机此行具体到访过崂山哪些景观，从白龙洞丘诗题刻的内容中也可大略知道一些。白龙洞诗刻其十三有"四更山吐月犹斜，直上东峰看晓霞"一句，这是丘处机描述的"四更"时分崂山之上看日出的情景，其中言及的观日出之地"东峰"，应指崂山太平宫附近的狮子峰。周志元《游劳山指南》描述狮子峰曰："东瞰沧溟，澒洞无涯，潮汐激荡，直奔舄下。旷然有一瞬千里之概，真山海之奇观，宾日之胜地矣！"[1] 清人崔应阶作有《登狮峰观日出》诗，镌刻于太平宫东北墙外巨石上；清代高密监生孙凤云亦作有《狮峰观日出》诗一首，镌刻于狮子峰顶端西侧。白龙洞丘诗题刻第十四首还详细描述了崂山日出时的壮美景观："鳌山三面海浮空，日出扶桑照海红。浩渺碧波千万里，尽成金色满山东。"白龙洞诗刻其十六云："洞有嘉名号白龙，不知何代隐仙踪。至今万古人更变，犹自嵌岩对老松。"这是丘处机对崂山白龙洞景观的描述。白龙洞位于狮子峰西北不远处，正是丘处机此次登临崂山所作诗歌的雕刻之地。周志元《游崂山指南》说："（仙人）之桥北复有白龙洞，自海云庵入（太平）宫者，境至此始奇。西倚危岩，东朝大海，中祀玄君。其上摩刻七绝二十首，为丘真人长春笔也。"[2] 而王集钦《崂山碑碣与刻石》介绍"白龙洞题刻"时则说："元代邱长春真人来崂时，曾在此洞内修真。"[3] 白龙洞诗刻其十七又有"洞府仙名唤老君，神清气爽独超群"一句，这是丘处机对崂山老君洞的描述。老君洞位于太平宫东南，周志元《游崂山指南》言老君洞"处二仙山南麓，峦嶂回互，松竹荫翳……"[4] 另外，白龙洞诗刻其一还有"道祖二宫南镇海，王明三峴北当途"一句，其中的"二宫"当指崂山南端的上清宫和太清宫，"三峴"当指崂山北端华楼

① 详见苑秀丽、刘怀荣校注《崂山志校注》，人民出版社 2015 年版，第 215 页。
② 同上书，第 216 页。
③ 王集钦：《崂山碑碣与刻石》，青岛出版社 1998 年版，第 118 页。
④ 详见苑秀丽、刘怀荣校注《崂山志校注》，人民出版社 2015 年版，第 216 页。

峰附近的王乔崮、高架崮、凌烟崮。① 统观全诗，此句作为 20 余首组诗的首章首句，似对崂山道教胜迹与景致的总体概述，崂山地域广袤，丘处机本人未必能够踏遍整座崂山的至南、至北两地。正如曲宝光所说，上清宫、太清宫及王乔崮等三崮 "是崂山南北两地最早也是最著名的道教活动场所和名胜古迹，邱是不会不知道的。但鉴于交通条件和时间关系等诸多因素，很难确定这次就到过这些地方"②。

这样看来，丘处机第二次到访崂山，主要游历于崂山太平宫、白龙洞周围及其附近地区，也就是崂山的东北部，正与其由北面而来的路线相对接。此次到访崂山，丘处机作有吟咏崂山的 20 首诗歌（20 首为概称，实为 21 首，详见下文所述），其后不久便被崂山道众镌刻到了白龙洞额处。白龙洞额诗序后有 "栖霞长春子书" 一语，这表明丘处机可能亲自参与了诗歌上石之事。周志元《游崂山指南》介绍 "白龙洞" 时也说："其上摩刻七绝二十首，为丘真人长春笔也。"③

根据上清宫《青玉案》词刻序文可知，丘处机第三次至崂山是由胶西（今胶州）斋醮完后而来。丘处机《青玉案》词中有 "乘舟共约烟霞侣" 一句，其上清宫处诗刻第一首又写道："醮罢归来访道山，山深路僻海湾环。掉舡即向波涛看，化出蓬莱杳霭间"，第六首也云："海上观山势转雄，清高突兀倚虚空"，可见丘处机此次由胶西至崂山是乘船到达的，即从西而东沿海路而来。曲宝光认为是 "在登瀛、流清河一带海湾靠岸，先登南天门"④。《青玉案》词序中有 "道众邀请来游此山，上至南天门" 一语，崂山胜迹众多，非一处有 "南天门" 之称。如崂山之北华楼宫前有著名的 "南天门"，黄宗昌《崂山志》介绍此 "南天门" 曰："在华楼前。砥石如台，乔松之荫人，大如屋。"⑤ 崂山南麓的天门峰，又名云门峰，亦称 "南天门"，黄宗昌《崂山志》对其描述曰："山口二峰

---

① 《磻溪集》在 "王明三崮北当途" 一句后有小字注释："谓太平兴国观道南也。"（参见丘处机《磻溪集》，北京图书馆古籍出版编辑组：《北京图书馆古籍珍本丛刊》第 91 册，书目文献出版社 1987 年版，第 17 页）"太平兴国观" 即 "太平宫" 前称。

② 曲宝光：《丘处机与崂山道教文化考略》，青岛市崂山文化研究会编：《崂山研究》第 1 辑，中国海洋大学出版社 2006 年版，第 97—98 页。

③ 详见苑秀丽、刘怀荣校注《崂山志校注》，人民出版社 2015 年版，第 216 页。

④ 曲宝光：《丘处机与崂山道教文化考略》，青岛市崂山文化研究会编：《崂山研究》第 1 辑，中国海洋大学出版社 2006 年版，第 98 页。

⑤ （明）黄宗昌：《崂山志》卷三，文海出版社 1961 年版，第 27 页。

相峙入云中，故名。览胜者较之华楼，各有取尔。"① 可见，两个"南天门"知名度相当。那么，丘处机此次登临的"南天门"是指哪个呢？从地理方位上来看，应指崂山南麓的"南天门"无疑。因为此次丘处机到访崂山由海路而来，华楼宫处的"南天门"位于崂山西北，距海较远，而崂山南麓的"南天门"则距海较近，"从流清河入海处，沿天门涧向东北攀登，约行5公里便到此处"，② 且此处"南天门"是由南面登陆进入崂山的重要隘口，又是东去上清宫的必经之地。另外，丘处机《青玉案》词序云："上至南天门，命黄冠士奏空洞步虚"，词中更详细地写道："策杖寻高步，直上孤峰尖险处。长吟法事，浩歌幽韵，响遏行云住。凭高目断周四顾，万壑千岩下无数。匝地洪波吞岛屿，三山不见"，这里不仅描述了南天门近海"洪波吞岛屿"的壮丽景观，且述及南天门的"孤峰尖险"之貌，故登临南天门需"策杖寻高步"。而华楼宫处的"南天门"并非险峻之地，只是一观景平台，故周志元《游劳山指南》谈及华楼宫前的南天门说："平石如掌，乔松错立。"③ 与之相反，崂山南麓的"南天门"则较为峻峭，黄宗昌《崂山志》称其"山口二峰相峙入云中"，明末文人汪有恒《游崂山记》亦云："南天门在上清西南十余里，两石峰东西竞秀。"④ 周志元《游劳山指南》也说到，跃龙峰"更南数峰则南天门也，两楹并列，与云门遥遥相对，惟其高稍逊耳"⑤。这些更加表明，丘处机此次崂山之行所登临的"南天门"，为崂山南麓上清宫胜迹附近的"南天门"。

丘处机一行在南天门稍作逗留后，便下山东至崂山上清宫，后再转至崂山太清宫。太清宫处丘处机诗刻其一写道："烟岚初别上清宫，晓色依稀路径通"，其二又写道："云烟惨淡雨霏微，石洞留人不放归。应是洞天相顾念，一生嗟我到来稀。"诗中描述了离别上清宫时的情景，其中言及"石洞留人不放归"，可见丘处机在上清宫滞留多日。而其栖身修行的"石洞"应指崂山南部昆仑山玄武峰腰的明霞洞，位于上清宫东北方向。

---

① （明）黄宗昌：《崂山志》卷三，文海出版社1961年版，第40页。

② 苑秀丽、刘怀荣校注：《崂山志校注》，人民出版社2015年版，第47页。

③ 详见苑秀丽、刘怀荣校注《崂山志校注》，人民出版社2015年版，第229页。

④ 文见（明）黄宗昌《崂山志》卷八，文海出版社1961年版，第93页。

⑤ 详见苑秀丽、刘怀荣校注《崂山志校注》，人民出版社2015年版，第195页。

　　黄宗昌《崂山志》云："（明霞洞）上如厦石之环列，若堵户牖，皆天成也。"①周志元《游劳山指南》说："明霞洞，在上清宫东北，由青山二宫分路石西陟岭巅即望见之……洞系巨石浑成，门南向额镌'明霞洞'及大定年月。"②周志元《崂山志》又谈及明霞洞曰："在昆仑山前麓。由青山村西，上松风岭，即可望见……洞隆然处绝岩下，系凿巨石而成，户牖皆备，门南开。四周峦峰回映如屏障，山外海光明澈如镜，向下俯视，悬崖深壑，真洞天胜观。洞上镌明霞洞三字，末署大安二年。"③此外，周志元还列举了李佐贤、郭绥之、冯观涛等12位文人歌赞明霞洞的诗歌。笔者也曾亲至明霞洞一带游览，其形貌与景致确如文献所载。这样的仙境胜景，正是道家修身所追求的，且明霞洞始建于金"大定二年（笔者按：1162）"，④距丘处机到访崂山的时间不算太久，正可至此参观、修真。⑤

　　太清宫丘诗题刻第四首写道："松风洞水两清幽，尽日清音夜未收。野鹤时来应不倦，闲人欲去更相留。"以此可以看出，丘处机在太清宫似乎也停留了较长的时间。由诗刻其六"贯世高名共切云，游山上士独离群"、其七"西天仰视刺天高，山上仙家种碧桃"等诗句还可看出，丘处机对太清宫附近的景观也有所观览。但诗刻其八"清歌窈袅步虚齐，月下高吟凤舞低。谈笑不干浮世事，相将直过九天西"、其九"烟霞紫翠白云高，洞府群仙醉碧桃。鼓透碧岩雷震骇，满山禽兽尽呼号"又表明，丘处机驻足太清宫期间，更多的是主持道教法事仪式的演练，且完全沉浸

---

　　①　（明）黄宗昌：《崂山志》卷三，文海出版社1961年版，第40页。

　　②　详见苑秀丽、刘怀荣校注《崂山志校注》，人民出版社2015年版，第200页。

　　③　周志元：《崂山志》，齐鲁书社1993年版，第47页。按：周志元《崂山志》提及"（明霞）洞上镌明霞洞三字，末署大安二年"，但如今明霞洞处并未见"大安二年"的题记时间，只有"大安辛未年立"字样，大安辛未年即大安三年（1211）。

　　④　《胶澳志》卷三《民社志》"游览"载"（明霞洞）建于金大定二年（1162年）"（赵琪修、袁荣等纂：《胶澳志》，成文出版社1968年版，第488页）。苑秀丽、刘怀荣《崂山志校注》言："（明霞洞）始建于金大定年间（1162），起初巨石下面有一天然洞穴……"（苑秀丽、刘怀荣校注：《崂山志校注》，人民出版社2015年版，第55页）

　　⑤　在明霞洞之上还有玄真洞，黄宗昌《崂山志》曰："明霞高矣，玄真居其巅，则又高也。"（黄宗昌：《崂山志》卷三，文海出版社1961年版，第40页）但玄真洞"洞口高1.7米，宽1.5米，深2米，里面渐大，成葫芦状，不可立，盘腿坐其中却宽敞得很"（苑秀丽、刘怀荣校注：《崂山志校注》，人民出版社2015年版，第119页）。可见玄真洞未及明霞洞安适，明霞洞更符合丘处机短期游历崂山的起居和修行。

于其中，以至于有了"谈笑不干浮世事，相将直过九天西"的感触。

由上看来，丘处机第三次到访崂山，主要游历了崂山南部的南天门、上清宫、太清宫及其附近地区，与其由西而来的海路路线相对接。丘处机这次崂山之行，在南天门作《青玉案》词一首，在上清宫作诗 10 首，在太清宫作诗 10 首，合计共 21 首诗词作品。后崂山道众将丘处机《青玉案》词和上清宫所作的 10 首诗歌，镌刻到了上清宫处；将太清宫所作的 10 首诗歌，镌刻到了太清宫处。诗刻落款时间都是"庚寅年十一月"，即金哀宗正大七年（1230），距丘处机作诗时间已有 20 余年，此时丘处机本人也已仙逝。

三　与丘处机相关的崂山题刻分布

经上面所述不难看出，丘处机三次崂山之行，主要活动于崂山北部的太平宫和崂山南部的上清宫、太清宫一带，嗣后留下的题刻有：白龙洞额诗刻 21 首；上清宫词刻 1 首、诗刻 10 首；太清宫诗刻 10 首。这些诗词刻石在崂山上都是显而易见的，且至今保存完好，同时又是丘处机最重要、最珍贵的题刻作品。

除此之外，崂山之上是否还有与丘处机相关的其他题刻呢？据元代承务郎朱羣撰《元延祐四年重建上清宫碑》载："长春邱真人寓是，爱其青峰突兀，翠巘峻嶒，宛若鳌负蓬瀛，丹书刻石曰'鳌山'。"[①] 在如今的上清宫处并未见单独的"鳌山"题字，只是在上清宫丘诗 10 首之上有横排的"鳌山上清宫"大字题刻，不知是否为丘处机的手笔。但是在如今白龙洞额丘诗题刻右下方确有"鳌山"题字，联系到白龙洞丘诗序中有"棲霞长春子书"字样，故位于其旁的"鳌山"二字也可能为丘处机所书，与朱羣言及的"丹书刻石曰'鳌山'"亦相符。[②]

---

① 碑见周志元《崂山志》，齐鲁书社 1993 年版，第 212 页。

② 另外，与"鳌山"二字同石的还有"白龙洞"题字。"白龙洞"题刻前小字竖刻"明嘉靖壬辰六月廿五日，山东都指挥戚景通书"，末又小字竖刻"武举周鲁刻石"。王集钦《崂山碑碣与刻石》据此认为，"鳌山"二字"为明代武举、即墨把总周鲁所书"（王集钦：《崂山碑碣与刻石》，青岛出版社 1998 年版，第 117 页）。清人王鸿泰《增补纪梅林先生崂山记》亦言"鳌山白龙洞"五大字"乃明嘉靖壬子六年二十五日，山东都指挥戚景通所书，武举周鲁所镌者"[文见（清）黄肇颚《崂山续志》，山东省地图出版社 2008 年版，第 31 页]。但细观二处题字，"白龙洞"位于"鳌山"左方偏远处，且为横刻，而"鳌山"则为竖刻，字旁没有任何题刻时间或上石之人类的标识，故二者恐非同人所为。

又，在崂山北麓鹤山东北有遇真庵遗址（遇真庵又称遇真宫），庵东南石崖上镌刻着"鹤山遇真庵"五字，为阴刻楷书，字径约40厘米，左下侧有小字落款曰："至正二十年八月十五日长春真人立。"① 清人黄肇颚《崂山续志》介绍"鹤山"时亦言："悬崖下横镌'鹤山'大字二，下镌'遇真庵'大字三，至元二十年八月十五日，长春真人立。"② 清人卫廪生、姚峻德《游崂纪略》也言："（鹤山）迤东石壁，长春子题'遇真庵'三字。"③ 只说"遇真庵"三题字，未说"鹤山"二题字，概为简称。元至正二十年（1360）距长春真人丘处机仙逝时间（1227）已有30余年之久，且题字中直呼丘处机为"长春真人"，故上石之人不可能是丘处机本人。据明代山东提学陈沂《鳌山记》记载，"（遇真庵）后有洞，洞旁巨石巉道人邱长春大书'鹤山洞'"。④ 明代国子监祭酒周如砥于万历年间所撰《重修鹤山遇真庵碑》（碑现存于鹤山遇真宫内）载及"邱真人尝乐游于此"⑤。以此看来，遇真庵处本有丘处机的手迹，至正二十年（1360）后人又据其手迹将"鹤山遇真庵"五字镌刻上石，应是后人对丘处机的颂赞之作。王集钦《崂山碑碣与刻石》介绍"鹤山遇真庵"时也说："邱长春生前确实到过鹤山，史书均有记载，若按刊石年月及署名长春真人，即断非为邱题。"⑥ 由此可知，丘处机游崂之时虽有亲笔题字行为，但这些题字应是后人镌刻上石的。

另需一提的是，据周志元《崂山志》记载，仙鹤洞"在鹤山遇真宫后。其石突起，有岩如鹤状，昂首振翮，若将如飞，下为洞。邱长春题仙鹤洞三大字"⑦。陈沂《鳌山记》所言遇真庵后之石洞，即应为仙鹤洞。但关于仙鹤洞处丘处机的题字，陈沂与周志元二人所言并不相同，一说"鹤山洞"，一说"仙鹤洞"。民国时期所编《胶澳志》亦言及："（遇真

　　① 关于"鹤山遇真庵"题刻及其图片，可参王瑞竹《崂山题刻今存》，中国海洋大学出版社2016年版，第162页。

　　② （清）黄肇颚：《崂山续志》，山东省地图出版社2008年版，第225页。

　　③ 文见（清）黄肇颚《崂山续志》，山东省地图出版社2008年版，第66页。

　　④ 文见（明）黄宗昌《崂山志》卷八，文海出版社1961年版，第75页。

　　⑤ 碑文和图片可参王瑞竹《崂山题刻今存》，中国海洋大学出版社2016年版，第162页。

　　⑥ 王集钦：《崂山碑碣与刻石》，青岛出版社1998年版，第157页。

　　⑦ 周志元：《崂山志》，齐鲁书社1993年版，第53页。另外，周志元《崂山名胜介绍》也指出："（仙鹤洞）上有丘长春镌'仙鹤洞'三字。"见周志元《崂山名胜介绍》，山东人民出版社1959年版，第29页。

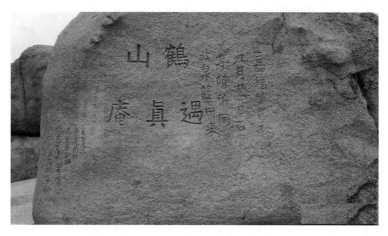

图 4-1-1　"鹤山遇真庵"题字

庵）上有元邱长春鹤山洞三大字""遇真庵后有洞，洞旁石室有邱长春大书鹤山洞三字镌其上"。① 王集钦《崂山碑碣与刻石》"崂山碑碣与刻石补遗"部分也记载丘处机在鹤山留有"鹤山洞"题字。② 清人范炼金尚作有《题鹤山洞》诗，其中言："丹邱日月春团圃，姑射烟霞碧结屏。"③而青岛市史志办公室编《崂山志》又载："题刻'仙鹤洞'。镌于鹤山之仙鹤洞内，该洞一名造化窝，又名金蟾洞。'仙鹤洞'三字为邱处机手书。下有题记一篇，已剥蚀不可读。"④ 这里也提及丘处机的题字为"仙鹤洞"，且其他相关记述较详。其实，将几则材料细致对比即可看出，陈沂《鳌山记》、民国《胶澳志》、王集钦《崂山碑碣与刻石》所言的"鹤山洞"，镌刻在"洞旁巨石"上，而周志元和青岛市史志办公室编《崂山志》所言的"仙鹤洞"，则镌刻于"仙鹤洞内"，二者所处位置不同。但是，如今鹤山仙鹤洞洞额处看到的却是"仙鹤洞"题字，字径约 30 厘米，为阴刻行书，与丘处机多数崂山题刻为阴刻楷书有别，且题字末署"喻之"二字，⑤ 故恐非丘处机本人所题，应为后人所仿。如此看来，明

---

① 赵琪修、袁荣等纂：《胶澳志》，成文出版社 1968 年版，第 484、1447 页。

② 详见王集钦《崂山碑碣与刻石》，青岛出版社 1998 年版，第 218 页。

③ 诗见（清）黄肇颚《崂山续志》，山东省地图出版社 2008 年版，第 229—230 页。

④ 青岛市史志办公室编：《崂山志》，五洲传播出版社 2003 年版，第 217 页。

⑤ "仙鹤洞"题刻及其图片，可参见王瑞竹《崂山题刻今存》，中国海洋大学出版社 2016 年版，第 164 页。

代陈沂看到的位于仙鹤洞旁巨石上的丘处机"鹤山洞"题字，早已湮灭无存。

　　陈沂《鳌山记》又提到，天门山"山口复有两峰……有邱长春大书'南天门'三字"①。黄肇颚《崂山续志》介绍"南天门"时亦言："上有'南天门'大字三，长春子笔也。"② 周宗颐《太清宫志》也载："天门峰，居本宫西北十里许。有两大奇峰南北对峙，高插云霄，二峰之间曰天门。遥望之，逾形高拔，石壁篆刻有邱长春真人仙笔题咏。"③ "南天门"三字至今尚存，位于天门峰（又名天门山或南天门）山口崖壁上，字径约70厘米，为阴刻楷书。④ 此处题字末也署有"长春真人立"字样，可见其与"鹤山遇真庵"题字相似，应是后人据丘处机手迹上石的。王集钦《崂山碑碣与刻石》"崂山碑碣与刻石补遗"部分亦记有天门山处丘处机的"南天门"题字。青岛市史志办公室编《崂山志》也载："题刻'南天门'。崂山南麓天门峰，一名云门峰，又名南天门。山口两峰对峙，高数十丈，崖石镌有'南天门'三个大字，为邱处机书。"⑤

　　另外，与崂山文化相关的多则文史资料，还根据民间相传指出，丘处机游崂期间尚有多处题字。如王集钦在《崂山碑碣与刻石》中说："华楼宫老君殿后石壁上，镌刻着'灵峰道院'4个草书大字，字大2尺许，传为邱长春来华楼所遗。此笔意与掖县文笔峰道士谷邱长春遗迹相似。" 又说："在白云洞右边的青龙石下，一小洞穴内，刻有'卧风窟'3字，传为邱长春游崂时在此题刻。邱长春居燕京白云观时，亦曾题'卧风桥'，云风至此可以卧回。白云洞每至夏日有白云自洞中袅袅升起。"⑥ 青岛市史志办公室编《崂山志》有相似的记载："题刻'卧风窟'。在青龙阁左侧有一洞穴，山风过此而回旋，故名。离地不高处刻'卧风窟'三楷字，

---

　　① 文见黄宗昌《崂山志》卷八，文海出版社1961年版，第77页。

　　② （清）黄肇颚：《崂山续志》，山东省地图出版社2008年版，第271页。

　　③ 周宗颐：《太清宫志》卷三，见高明见《道教海上名山——东海崂山》附录，宗教文化出版社2007年版，第253页。

　　④ 笔者于2019年2月16日亲赴天门峰一带寻"南天门"题字，题字后还有竖刻的"长春真人立"五字及横刻的"太清宫界"四字。天门峰一带是崂山未开发区域，如今通往此地的林间小路也被管理部门封闭，故一般游客难以至此观览，相关图片可参见王瑞竹《崂山题刻今存》，中国海洋大学出版社2016年版，第18页。

　　⑤ 青岛市史志办公室编：《崂山志》，五洲传播出版社2003年版，第215页。

　　⑥ 王集钦：《崂山碑碣与刻石》，青岛出版社1998年版，第84、133页。

传为邱处机手书。"① 王集钦《崂山碑碣与刻石》还指出："在白云洞前，小径旁石崮上刻着'上道'二字，字径为 20×30 厘米。传为邱长春真人来查看崂山道时，见此幽奥清邃之境，惜无庙宇，题留'上道'而去。按：此字早于辟洞之前，邱长春来崂，所到之处多留此 2 字，如黄石洞途中题'道山'，福清宫（笔者按：应为神清宫）前题'访道山'，上清宫院东题'道山'，在此又题'上道'。"② 根据王集钦所述，除华楼宫处的"灵峰道院"、白云洞处的"卧风窟"与"上道"题字外，崂山黄石洞、神清宫、上清宫等地，还有丘处机所题带"道山"二字的多则题刻。

关于黄石洞处的"道山"题字，王集钦在《崂山碑碣与刻石》中有详细说明："'道山'2 字刻在黄石宫崎岖小径通黄石洞途中石壁上，字径 30 厘米，字南向，根据邱长春在崂山镌刻多处道山笔迹来看，此刻石与他处刻石笔迹相同"，并言"到处题道山，亦邱长春之所好"③。关于神清宫处的"访道山"题字，王集钦《崂山碑碣与刻石》记载："大崂神清宫遗址，道东石崮上，刻有'访道山'3 字，邱长春居此修真时书。"④ 青岛市史志办公室编《崂山志》也载："访道山。位于神清宫遗址，楷书，阴刻，字径 20 厘米，邱处机手迹。"又载："（神清）宫为邱长春栖真之所，今犹存长春洞""题刻'访道山'。刻于路旁，为邱长春手迹"。⑤ 关于上清宫处的"道山"题字，王集钦《崂山碑碣与刻石》记载："邱处机所到崂山修真之处，大都题刻'访道山'或'道山'。在上清宫东北角一大石崮，现已为围墙的一部分，大石内面镌刻'道山'二字，字径为 20 厘米，时间在邱处机来上清宫之后。"⑥ 青岛市史志办公室编《崂山志》也载："题刻'道山'。在上清宫玉皇殿东有一石洞，石上刻此二字，为邱处机初到上清宫时所题。"⑦ 这里言及上清宫处"道山"题字为丘处机初到上清宫时所题，与王集钦《崂山碑碣与刻石》所言"时间在邱处机来上清宫之后"不同，概一说题字时间，一说题字上石

---

① 青岛市史志办公室编：《崂山志》，五洲传播出版社 2003 年版，第 202 页。

② 王集钦：《崂山碑碣与刻石》，青岛出版社 1998 年版，第 79 页。

③ 同上书，第 160 页。

④ 同上书，第 196 页。

⑤ 青岛市史志办公室编：《崂山志》，五洲传播出版社 2003 年版，第 208、216 页。

⑥ 王集钦：《崂山碑碣与刻石》，青岛出版社 1998 年版，第 62 页。

⑦ 青岛市史志办公室编：《崂山志》，五洲传播出版社 2003 年版，第 192 页。

时间。

　　除以上所述外，王集钦《崂山碑碣与刻石》在"崂山碑碣与刻石补遗"部分还附有丘处机在崂山上的几例题字，分别为：上清宫邱长春修炼洞中刻一"福"字；明霞洞额"明霞洞"题字；神清宫"游仙仑""寻真"题字（均已为采石所毁）。① 上清宫的"福"字题刻，青岛市史志办公室编《崂山志》有详载："题刻'福'。上清宫后有洞，福字刻于洞上，字径 20 厘米。邱处机书。"② 明霞洞额的"明霞洞"题字，在清人黄肇颚《崂山续志》中有载："洞额大书'明霞洞'三字。大安辛未年立……传为邱真人立云。"③ 蓝水《崂山古今谈·名胜》亦言："洞额大书明霞洞大安辛未年立"，且简释道曰："按邱长春于金泰和戊辰始游劳，次岁己巳又题诗太清宫后，又二年为大安辛未，此当系邱长春题。"④ 可见"明霞洞"题刻与上述"鹤山遇真庵""南天门"相同，当为后人按丘处机题字上石的。青岛市史志办公室编《崂山志》介绍题刻"明霞洞"时说："明霞洞由巨石构成如厦，洞口南向，清代初年洞塌，洞额将埋及土中，刻石仍在，字径约 40 厘米。字为邱处机于金大安三年（1211 年）题写。"⑤ 这里所述"明霞洞"题字现状较详，但言"邱处机于金大安三年（1211 年）题写"，则不够准确，金大安三年（1211）应为后人上石时间。⑥ 关于神清宫处"游仙仑""寻真"题字，在青岛市史志办公室编《崂山志》中也记载道："'游仙仑''寻真'等刻石已无。"⑦ 与之相关，周志元《崂山志》介绍华楼山丘处机石刻时提到："长春镌刻散见各地者……在神清宫则有'访道山寻真'等字，在神清宫道中则有'游仙夼'及题诗……"介绍"仙夼石"时也言："在神清宫西下。上镌'游仙夼'三字及七绝一首，乃邱长春书。"⑧ 以此可知，除"游仙仑""寻真"题字，丘处机在神清宫还有"游仙夼"题字，但是如今也已不见。

---

① 王集钦：《崂山碑碣与刻石》，青岛出版社 1998 年版，第 217—218 页。

② 青岛市史志办公室编：《崂山志》，五洲传播出版社 2003 年版，第 192 页。

③ （清）黄肇颚：《崂山续志》，山东省地图出版社 2008 年版，第 267 页。

④ 蓝水：《崂山古今谈》，崂山县县志办公室编，1985 年版，第 26 页。

⑤ 青岛市史志办公室编：《崂山志》，五洲传播出版社 2003 年版，第 192 页。

⑥ 关于"明霞洞"题刻及其图片，可参王瑞竹《崂山题刻今存》，中国海洋大学出版社 2016 年版，第 27 页。

⑦ 青岛市史志办公室编：《崂山志》，五洲传播出版社 2003 年版，第 216 页。

⑧ 周志元：《崂山志》，齐鲁书社 1993 年版，第 60、197 页。

　　由上可见，除了成文的诗词作品外，丘处机还为崂山留下了不少题字，以此还可以进一步考释丘处机几次游崂时的活动范围。上文考述，丘处机第一次到访崂山是与刘处玄同行的，而翠屏岩处的"刘师父、丘师父游上清宫来看劳山道诗句"题刻又"记载了邱长春来崂山上清宫后，曾来过华楼布道的史实"①。那么上清宫处的"道山""福"字题字，华楼宫处的"灵峰道院"题字，华楼山北黄石洞处的"道山"题字，崂山西麓神清宫处的"访道山""游仙仑""寻真""游仙夼"题字，最有可能是此次至崂山时所题。丘处机第二次到访崂山是自北向南由陆路抵达的，至崂山后主要游历于太平宫、白龙洞周围。那么崂山之北鹤山处的"鹤山洞""仙鹤洞"题字，②白龙洞处的"鳌山"题字，太平宫南白云洞处的"卧风窟""上道"题字，应是此次至崂山时所题。丘处机第三次到访崂山是自西向东由海路抵达的，游历于南天门、上清宫、明霞洞、太清宫等地，那么天门山的"南天门"题字，明霞洞额的"明霞洞"题字，也应是此次至崂山时所题。

　　综上所述可知，从金章宗明昌六年（1195）到金大安己巳年（1209）十余年间，丘处机共三次入崂山，活动于上清宫、太清宫、太平宫、华楼宫及其周围地区。丘处机每次逗留崂山虽不长，但因其对崂山喜爱至极，故每次入崂都留下了诗词或题字。留下的诗词作品共计 42 则，分别为：白龙洞诗刻 21 首；上清宫《青玉案》词刻 1 首；上清宫诗刻 10 首；太清宫诗刻 10 首。③其中白龙洞诗刻 21 首，在丘处机生前即上石完毕，可能

---

　　①　王集钦：《崂山碑碣与刻石》，青岛出版社 1998 年版，第 144 页。另外，青岛市史志办公室编《崂山志》亦有相似的记载，详见青岛市史志办公室编《崂山志》，五洲传播出版社 2003年版，第 210 页。

　　②　丘处机北来崂山之时，可能曾栖止于鹤山遇真庵内。据周志元《崂山志》记载，《元至正二十年重修鹤山遇真庵碑记》（此碑现已不存）中述及"邱长春曾栖于此，并言前有三清殿"，明代即墨文士周如砥撰《明万历四十二年重修鹤山遇真庵碑》亦言："若夫游客，邱真人，曾栖于此。"（周志元：《崂山志》，齐鲁书社 1993 年版，第 213、223 页）

　　③　另外，在崂山华楼宫老君殿后有"长春师父作：随机接物外同尘"诗刻（《磻溪集》题为《达士》），碧落岩下方有"长春真人词双双燕"词刻（《磻溪集》题为《双双燕·春山》），碧落岩东壁上有"长春师父手卷"诗刻二则（《磻溪集》未有记载），黄石洞有"丘真人清天歌"诗刻（《磻溪集》题为《清天歌》）。但这些诗词题刻的内容与崂山没有直接的关系，也非丘处机游崂时所作，是后世道人出于对丘处机的敬重而特意选取其作品镌刻上石的。此外，华楼山响石西侧还有一"长春师父作"诗刻，文与白龙洞丘诗题刻第十首同，是元代云岩子刘志坚等崂山道人分刻至此处的。

有丘处机亲自参与的成分，其余诗词作品则均是后人镌刻于丘处机仙逝之后。这 42 则诗词作品中，除《青玉案》词作外，其余诗歌在丘处机个人文集《磻溪集》中均有载录。所留题字，已知的有 15 例，分别为：道山（上清宫）、福、灵峰道院、道山（黄石洞）、访道山、游仙仑、寻真、游仙夼、鹤山洞、仙鹤洞、鳌山、卧风窟、上道、南天门、明霞洞。丘处机这些题字均是后人镌刻上石的，其中鹤山洞、游仙仑、寻真、游仙夼四题字今已不存。

第二节　白龙洞额丘处机诗刻

在崂山仰口景区有道教宫观太平宫，太平宫附近有著名的"狮子岩"景观，白龙洞与狮子岩隔河相望。① 白龙洞内宽阔平整，上有大石覆盖，石额上即镌刻着丘处机的七绝诗 20 余首，字径约 10 厘米，共竖排 51 行。王集钦《崂山碑碣与刻石》言此处题刻："巨幅宏制占石近 10 平方米，雕工精细，书法端庄"，又说："此摩崖巨幅石刻，极有艺术欣赏价值和考古价值，为山中最负盛名的石刻遗迹。"② 青岛市史志办公室编《崂山志》也载白龙洞丘处机诗刻"字正楷略带仿宋，运笔凝重古朴，遒劲有力，诗、书、刻三者皆佳，是崂山的珍贵文物遗迹"③。题刻由三部分组成：序文，诗文，落款。前为序文曰：

　　　　东莱即墨之牢山，三围大海，背负平川，巨石巍峨，群峰峭拔，真洞天福地，一方之胜境也。然僻于海曲，举世鲜闻，其名亦不佳。予自昌阳醮罢，抵于王城永真观，南望烟霭之间，隐隐而见，道众相邀，迁延数日而方届，遂闲吟二十首，易为鳌山，因畅道风云耳。栖霞长春子书。

序文后为 20 余首诗文，兹录如下：

---

① 崂山仰口景区原有石路和石桥（仙人桥）通向白龙洞，但笔者于 2018 年 11 月底到此参观时发现，石路已经被景区管理处设置的铁丝网隔断，只能绕道河对岸的另外一条路才能到达。

② 王集钦：《崂山碑碣与刻石》，青岛出版社 1998 年版，第 120 页。

③ 青岛市史志办公室编：《崂山志》，五洲传播出版社 2003 年版，第 201 页。

卓荦鳌山出海隅，霏微灵秀满天衢。群峰削蜡几千仞，乱石穿空一万株。

道祖二宫南镇海，王明三嵋北当途。是知物外仙游境，不向人间作画图。其一

初观山色有无时，十日迁延尚未之。咫尺洞天行不到，空余吟咏满囊诗。其二

浮烟积翠远山城，叠嶂层峦簇画帏。造物建标东枕海，云舒霞卷日冥冥。其三

三围大海一平田，下镇金鳌上接天。日夜潮头风辊雪，彩霞深处有飞仙。其四

松岩郁崛瑞烟轻，洞府深沉气象清。怪石乱峰谁变化，亘初开辟自天成。其五

重冈复岭势崔嵬，照眼云山翠作堆。路转山腰三百曲，行人一步一徘徊。其六

佳山福地隐仙灵，万壑千岩锁洞庭。造化不教当大路，为嫌人世苦膻腥。其七

牢山本即是鳌山，大海中心不可攀。上帝欲令修道果，故移仙迹近人间。其八

因持翰墨写形容，陟彼高冈二十重。南出巨平千万叠，一层崖上一层峰。其九

修真恰似上山劳，脚脚难移步步高。若不志心生退息，直趋天上摘蟠桃。其十

白发苍颜未了仙，游山玩水且留连。不嫌天上多官府，只恐人间有俗缘。其十一

修真野客非才子，行到仙山亦有诗。只欲洞天观晓日，不劳云雨待清词。其十二

四更山吐月犹斜，直上东峰看晓霞。日色丽天明照海，金光射目眼生花。其十三

鳌山三面海浮空，日出扶桑照海红。浩渺碧波千万里，尽成金色满山东。其十四

天柱巍峨独建标，上穿云雾入青霄。不知日月星辰谢，但觉阴阳气候调。其十五

　　洞有嘉名号白龙，不知何代隐仙踪。至今万古人更变，犹自嵌岩对老松。其十六

　　洞府仙名唤老君，神清气爽独超群。凭高俯视临沧海，守静安闲对白云。其十七

　　华盖真人上碧霄，道山从此蔚清标。至今绝壁幽岩下，尚有群仙听海潮。其十八

　　山川都属道生涯，万象森罗共一家。不是圣贤潜制御，安能天地久光华。其十九

　　可叹巍巍造物功，山河大地立虚空。八荒四海知多少，尽在含元一气中。其二十

诗文后为落款：

　　泰和戊辰三月日，棲岩洞主紫悟真，刊石野人王志心、刘志宽。

　　根据序文中记载的"棲霞长春子书"可以看出，此处诗文上石可能有丘处机亲自参与的成分。如上所述，白龙洞额题刻工程浩大，绝非短时间内可以完成，限于时间和精力，丘处机不可能全程参与刻石之事。但即便如此，主持刻石之人及相关匠人在将诗文刻石之时，也肯定参考或临摹了丘处机的笔体，以示景仰之意。又根据落款时间"泰和戊辰"（1208）可知，丘处机的诗歌作完不久就被刊刻上石了。所以我们有理由相信，白龙洞额处丘处机 20 余首诗刻是最标准的版本。

一　诗刻文本校对

　　这 20 余首诗歌在丘处机的个人文集《磻溪集》中也有收录。丘处机于金大定十四年（1174）西入磻溪隐居修炼六年，这也是其作品集《磻溪集》名称的由来。道藏本《磻溪集》前有四篇序文，分别为胡光谦撰于金世宗大定丙午年（1186），毛麾撰于大定丁未年（1187），移剌霖撰于金章宗泰和丙寅岁（1206），陈大任撰于泰和戊辰年（1208）。① 以此可

---

① 参见丘处机《磻溪集》卷一，《道藏》第二五册，文物出版社、上海书店、天津古籍出版社联合出版，1988 年版，第 808—810 页。

图 4-2-1　白龙洞额丘处机诗刻

见，在丘处机生前其《磻溪集》已经编定，但他新创作的诗词作品也不断加入其中，故《磻溪集》中也收录了泰和戊辰年（1208）及稍后创作的吟咏崂山的诗词作品。《磻溪集》除道藏本外，遗留至今的还有金刻本，收录于《北京图书馆古籍珍本丛刊》，归入《集部·金元别集》。[①] 白龙洞处的丘处机诗刻在两个版本中都有收录，[②] 但彼此之间抑或二者与崂山题刻之间，在诗歌的排序方面、个别文字上都不尽相同。后人在重新编定、刊刻《磻溪集》时，不可避免地会出现删略或失真，既然白龙洞额处的诗刻版本最为规范，那么我们可据此与文献所载互对，以正其中之误。

序文部分，"背负平川"之"负"字，在金刻本和道藏本《磻溪集》中都作"俯"，但后又注曰："或作负"；序文最后一句在金刻本和道藏本《磻溪集》皆作"因清畅道风云耳"，"清"为衍字。诗文部分，金刻本和道藏本《磻溪集》中 20 余首诗歌的排序与崂山题刻并不相同，若以崂山题刻中"其一、其二、其三……"的顺序为参照，那么金刻本和道藏本《磻溪集》的排序为：其一、其二、其三、其四、其七、其八、其六、

---

① 全称《楼霞长春子丘神仙磻溪集》，共三卷，丘处机吟咏崂山 20 余首诗收入卷一，参见北京图书馆古籍出版编辑组：《北京图书馆古籍珍本丛刊》第 91 册，书目文献出版社 1987 年版，第 17 页。另外，《续修四库全书》亦据北京图书馆藏金刻本影印，收入《集部·别集类》。

② 道藏本丘诗 20 首参见《磻溪集》卷二，《道藏》第二五册，文物出版社、上海书店、天津古籍出版社联合出版，1988 年版，第 819—820 页。

其五、其九、其十三、其十五、其十六、其十七、其十八、其十二、其十一、其十、其十四、其十九、其二十。诗刻其六"重冈复岭势崔嵬"及其九"陟彼高冈二十重"一句中的"冈"字，在金刻本和道藏本《磻溪集》中皆作"岗"；诗刻其十七中的"洞府仙名"，在金刻本和道藏本《磻溪集》皆作"洞有仙名"；诗刻其十八"道山从此蔚清标"一句中的"蔚"字在金刻本和道藏本《磻溪集》皆作"郁"；诗刻其十与金刻本《磻溪集》中的"恰似上山劳"在道藏本《磻溪集》中作"却似上山劳"；诗刻其十二中的"仙山"在金刻本和道藏本《磻溪集》中皆作"鳌山"，诗刻其十二与金刻本《磻溪集》中的"观晓日"在道藏本《磻溪集》中作"观海日"，诗刻其十二与金刻本《磻溪集》中的"待清词"在道藏本《磻溪集》中作"待青词"；诗刻其十四和道藏本《磻溪集》中的"海浮空"在金刻本《磻溪集》中作"水浮空"；诗刻其十九"山川都属"在金刻本和道藏本《磻溪集》中皆作"山川皆属"，"安能天地久光华"在金刻本和道藏本《磻溪集》中皆作"乾坤那得久光华"；诗刻其二十与金刻本《磻溪集》中的"造物功"在道藏本《磻溪集》中作"造化功"。

由上所述可见，虽然丘诗 20 余首崂山诗刻与文献本《磻溪集》在排序和个别文字上存在出入，但彼此之间的差异并非很大，而且通过对比还会发现，诗刻与文献本之间定存在渊源关系，因为从第二首诗歌开始，不管是崂山诗刻，还是文献本《磻溪集》所载，每首诗歌的文字排列基本是一致的。

二 诗刻内容分析

白龙洞诗刻是丘处机第一次专为崂山题咏的诗歌，序文部分首先交代了崂山的地理方位，并连用"洞天福地""一方胜境"等语盛赞其地理形胜之美；其次感叹于崂山因地处偏僻之地，虽含内蕴之美但很少有人知晓此山，并认为"牢山"之名不佳；再次叙及了自己到崂山的行程、缘由、作诗感怀及为崂山改名之事。丘处机此次游历崂山的行程已见前述，缘由是他做法事的昌阳及王城（今莱阳）离崂山不远，故应崂山道众之邀而至。此次到达崂山，丘处机除宏倡道法、游览崂山并赋诗 20 余首外，还将"牢山"改名为"鳌山"。改名的原因，按其自己所说是因为此前的"牢山"之名不佳，在古文献中确有"劳山""崂山""牢山"诸种不同的写法，关于"牢山"之名的记载，如《魏书》卷一〇六《地形志中》"长广郡"之"不其县"后注曰："前汉属琅邪。后汉属东莱，晋属。有牢山、鱼脊山。"①《新唐书》卷二〇四《方技传·姜抚传》载："（姜）抚内惭悸，请求药牢山，遂逃去。"②《宋史》卷四六二《方技传下》亦有甄栖真"初访道于牢山华盖先生"的记载。③此外，丘处机将崂山改名为"鳌山"亦是为了"倡道家风"，"鳌山"之"鳌"本指神话传说中海里的大龟，《山海经》中载有女娲"断鳌足以立四极"的神话，《淮南子·览里》又有海里巨鳌驮载蓬莱、方丈、瀛洲三座仙山之传说，类似的神话在《列子·汤问》中也有记载。丘处机言"鳌山"之名应衬道家风，概是与这类传说中"巨鳌驮载仙山"的意象契合，如其《飞仙》诗曰："蓬莱方丈及瀛洲，三岛神仙一处游。混合九天无罣碍，飞腾八极信周流"，④白龙洞题刻其四亦曰："三围大海一平田，下镇金鳌上接天。"另外，"鳌山"之名亦与崂山的地理形胜相契合，如明人汪有恒《游崂山记》曰："繇劈石口微东，峻起，连云排戟，雄峙沧溟，若鳌负者，牢山也"，又言名"牢"，以难入耳，"丘长春独爱其奇秀等蓬瀛，更'鳌山'，金元碑因之"⑤。今人王集钦《崂山碑碣与刻石》亦提及："与玄武洞隔洞相对东山之巅，有巨石如龟，大半山顶如龟背，龟首向北，龟尾朝向南天，匍匐在高山之巅。千百年来传说，崂山赖此龟驮载不致塌陷，元代邱长春真人有鳌负崂山之说。"⑥

　　题刻的诗文部分，整体上看是由七言绝句组诗构成的，但是开篇几句"卓荦鳌山出海隅，霏微灵秀满天衢。群峰削蜡几千仞，乱石穿空一万株"未有排序，从题刻整体布局与诗歌文字的排列上看，此部分与之下的诗刻"其一"应是不相属连的，而是一首独立完整的七言绝句。如此看来，白龙洞额丘诗题刻，准确地说应该是 21 首。开篇一首未排序，概是以此起到引领全篇的作用，从这首诗的内容上看，确实有这方面的迹

　　①　（北齐）魏收撰：《魏书》，中华书局 1974 年版，第 2531 页。

　　②　（宋）欧阳修、宋祁撰：《新唐书》，中华书局 1975 年版，第 5809 页。

　　③　参见（元）脱脱等撰《宋史》，中华书局 1977 年版，第 13517 页。

　　④　参见丘处机《磻溪集》卷一，北京图书馆古籍出版编辑组：《北京图书馆古籍珍本丛刊》第 91 册，书目文献出版社 1987 年版，第 13 页。

　　⑤　文见（明）黄宗昌《崂山志》卷八，文海出版社 1961 年版，第 92 页。

　　⑥　王集钦：《崂山碑碣与刻石》，青岛出版社 1998 年版，第 4 页。

象，如诗中首句即言"鳌山"之姿，盛赞其卓越超群，或意在提纲挈领，以下诗句中的"灵秀满天衢""群峰千仞""乱石穿空"也都是对崂山整体形貌的描述，并带有较强的讴歌与嘉赞之意，这与组诗中的其他多首诗各有侧重式的吟咏不同。另外，诗刻最后两首（其十九、其二十）的内容，由对眼前之崂山景观的抒写，升华到对整个宇宙万物的领悟，又含有总结全篇之意（详见下述）。

从丘诗 20 首题刻的内容上看，总体可划分为写景诗与阐道诗两类。具体来看，着重写景的诗刻，如其三写崂山的"浮烟""层峦""云霞"，风景如画；其六写崂山高大雄伟的山岭、翠色相间的云山、回环曲折的山路；其九写崂山高岗、叠峰，并以此衬托自己登山写诗的心境；其十四写崂山日出之时"碧波千万里""金色满山东"的壮观场景。着重阐道的诗刻，如其一写崂山道教宫观之盛，将其描述为非人间的"物外仙境"，极富道家色彩；其七形容崂山是隐有仙灵的佳山福地，亦是上天造化的安排才使其远离了人世的喧嚣；其八把崂山描述为上帝专令道众修行的人间仙迹；其十把修道之苦比作登山之难，勉励坚守意志以成道果，其中"摘蟠桃"正是修道成真的寓意；其十一作者把自己比作暂且流连于人间山水的"未了仙"，但心中向往的却是天上的"官府"，人世间的俗缘终究要舍弃；其十二作者又把自己比作"修真野客"，称所游崂山为"仙山"，并表达了在此洞天福地日日修炼直到升仙的愿望，如此便可不用在人世间做斋醮、献清词①；其十七专写崂山老君洞（今犹龙洞），称其为"洞府仙名"，又将其描述为一副"神清气爽""凭高俯视""守静安闲"的仙人姿态，此正与修道的至高境界吻合；其十八追述唐宋时期的崂山高道"华盖真人"，正是由于他的弘道才使崂山显名，且至今保持着"群仙"会聚于此修行的盛貌，作者充分肯定了他对崂山道教发展做出的这些贡献；其十九作者由崂山之景进一步联想到宇宙间的山川万象，认为一切皆属于"道"的范畴，并为"道"所支配，也唯其如此天地才会"久光华"；其二十与其十九类似，作者审视的对象从崂山上升到了"山河大地""八荒四海"，指明万物皆在道所支配的阴阳二气中循环往复。

其实，丘诗 20 首题刻更多的是将写景与阐道结合起来予以抒发性

---

① "清词"亦作"青词"，是道士举行斋醮仪式时献给天神众仙的颂词或表章，一般用红色颜料写在青藤纸上，又称"绿章"，清词多用骈俪体式，具有一定的艺术性，故又是从道教文化中衍生出的一种美文。

情的，如诗刻其四写崂山海天相接的壮美，写惊涛拍岸飞雪的景象，其间又夹杂"下镇金鳌""彩霞飞仙"的道家逸想；其五写崂山上的松岩、烟霭、怪石乱峰等景致，而"洞府深沉气象清""亘初开辟自天成"之语又含有道家的幽秘氛围；其十五主要描述了崂山主峰天柱峰（今崂山巨峰）的巍峨之貌，并用拟人化的手法把其高耸入云看作与日月星辰为伴，末句"但觉阴阳气候调"又寓含着道家阴阳协调之观念。当然，如果细致审视丘诗20首，在写景与阐道之外亦有其他方面的侧重，如诗刻其二写作者远眺崂山美景、急欲临近观赏，然多日迁延"行不到"的迫切心情；其十三写作者四更天"月犹斜"之时便登崂山观日出的感受；其十六独写崂山白龙洞的神秘，并赞其亘古不变的执着与沉静。[①]

　　诗刻落款为"泰和戊辰三月日，栖岩洞主紫悟真，刊石野人王志心、刘志宽"。泰和戊辰（1208）三月日是诗刻上石完成的时间，后面所记为主持上石之人及石匠。当代载录白龙洞诗刻的著作，如王集钦《崂山碑碣与刻石》、王瑞竹《崂山诗刻今存》等，都认为"紫悟真"后漏一"人"字，也就说整句应为"栖岩洞主紫悟真人"。按此可知，"紫悟真人"既是于崂山"栖岩洞"修行的道人，又是将丘处机20余首诗歌上石的组织者。而具体的刊石者主要是王志心和刘志宽两人操作的，二人或是于崂山修行的道士，以"野人"相称概是谦辞，抑或二人并非道人，"野人"是平民身份的代称。

第三节　上清宫与太清宫处丘处机诗词题刻

　　在崂山上清宫、太清宫两地镌刻着丘处机再次到达崂山时所作的专门题咏崂山的诗词。其中上清宫处有《青玉案》词作1首、诗刻10首，太清宫处有诗刻10首，共计21首作品，分刻于三处。

---

　　① 关于崂山白龙洞丘诗20首的详细解读，还可参考冷卫国《崂山题咏的巅峰之作——丘处机白龙洞刻石诗二十首疏解》一文，载青岛市崂山文化研究会编《崂山研究》第1辑，中国海洋大学出版社2006年版，第273—285页。

一　丘处机上清宫词刻与诗刻

丘处机的《青玉案》词刻位于上清宫东北一高约 5 米的巨石上，篇幅约两米，文字为阴刻楷书，书法与雕工皆佳，字径约 10 厘米，共竖排 14 行，由"序"和"文"两部分组成，全文为：

长春真人于大安己巳年胶西醮罢，道众邀请来游此山，上至南天门，命黄冠士奏空洞步虚毕，乃作词一首，名曰《青玉案》。

乘舟共约烟霞侣，策杖寻高步，直上孤峰尖险处。长吟法事，浩歌幽韵，响遏行云住。

凭高目断周四顾，万壑千岩下无数。匝地洪波吞岛屿，三山不见，九霄凝望，似入钧天去。

图 4-3-1　丘处机《青玉案》词刻

这首《青玉案》词刻之后，镌有"又作诗十首刻在别石"字样，"刻在别石"之诗指上清宫处丘处机吟咏崂山的另外十首诗刻。这十首诗刻位于上清宫玉皇殿西墙之外的"鳌山石"上，文字为阴刻楷书，字径约 10 厘米，共竖排 22 行，其文为：

长春真人作诗十首。

醮罢归来访道山，山深路僻海湾环。掉舡即向波涛看，化出蓬莱杳霭间。

　　群峰峭拔下临渊，绝顶孤高上倚天。沧海古今吞日月，碧山朝夕起云烟。

　　青山本是道人家，况此仙山近海涯。海阔山高无浊秽，云深地僻转清嘉。

　　怪石嵌空自化成，千奇万状不能名。断崖绝壁无人到，日夜时闻仙乐声。

　　晓日朦胧渐起云，山光惨淡不全真。直须更上山头看，似驾天风出世尘。

　　海上观山势转雄，清高突兀倚虚空。朝昏磊落生云气，变化皆由造物功。

　　重重叠叠互相遮，蔟蔟攒攒竞斗嘉。眼界清凉心地爽，神仙自古好生涯。

　　巨石森森岭上排，巅峰岌岌到无阶。三秋水冻层冰结，九夏云寒叠嶂霾。

　　五岳曾经四岳游，群山未必可相俦。只因海角天涯背，不得高名贯九州。

　　陕右名山华岳稀，江南尤物九华奇。鳌山下枕东洋海，秀出山东尽不知。

　　庚寅年十一月上石。

　　此处"长春真人作诗十首"诗刻与上清宫东北的《青玉案》词刻虽未处同一地点，但根据题刻文字所示可以肯定，组织上石者为同一批人，镌刻时间也大体相当。《青玉案》词序中言丘处机作此词时间为金大安己巳年（1209），而诗刻落款为"庚寅年十一月上石"，庚寅年即金哀宗正大七年（1230），可见刻石是在丘处机云游并题咏崂山20年后。上石时间距丘处机逝世的丁亥年（1227）较近，似有颂赞之用。

　　另外值得一提的是，"长春真人作诗十首"题刻的左下方还刻有"朝真桥，石匠张伯川、吕直卿、修善甫，至正九年"18个字，共竖排6行，阴刻楷书。有些载录崂山题刻的著作认为这是"长春真人作诗十首"题刻的落款，如王瑞竹《崂山诗刻今存》介绍此处诗刻时说，末镌"朝真

图 4-3-2　上清宫丘处机诗刻十首

桥石匠张伯川 吕直卿 修善甫刻 至正九年（公元 1349 年）"。① 王集钦《崂山碑碣与刻石》甚至据此认为："邱题此诗为大安己巳年即公元 1209 年，到上石刻诗时已是公元 1349 年，邱长春已逝世 120 多年，古人诗词保存百年多，可见道人对邱长春真人的敬重，此史实为崂山绝无仅有。"② 与之相似，青岛市史志办公室编《崂山志》也载诗末刻"至正九年石匠吕直卿、张伯川刻"，又言："金大安己巳为公元 1209 年，亦即南宋嘉定二年和金大安元年，此为邱处机题写此诗之年。元至正九年为公元 1349 年，邱处机已逝去 120 多年，此诗这时才镌刻上石。"③但是，如果仔细审视"朝真桥"等 18 字题刻，便会发现其与"长春真人作诗十首"诗刻并不协调。二者不仅在文字排列上不够整齐有序，而且字体方面也不相同，"朝真桥"等 18 字的字体明显大于诗刻文字，书法和雕工相对于诗刻来说也不够端庄细致，故整体上看二者构不成一体。另外，从内容上看，"朝真桥"等 18 字与丘诗题刻也不融洽，上清宫旁本有"朝真"和"迎仙"两桥，下临圣水泉，周志元《游崂山指南》说："两桥之上皆竹树荫翳，人自桥上过，其下水声潺潺，顿觉悠然意远。"④ 两桥虽距丘诗题刻不远，但"朝真桥"的题字与旁边的丘诗题刻却看不出丝毫的联系。据此看来，"朝真桥"等 18 字题刻或是张伯川等三位石匠专门称扬朝真桥处景观的刻记，"至正九年"是他们题刻"朝真桥"的落款时间，而丘诗

---

① 王瑞竹：《崂山诗刻今存》，中国海洋大学出版社 2013 年版，第 23 页。

② 王集钦：《崂山碑碣与刻石》，青岛出版社 1998 年版，第 60 页。

③ 青岛市史志办公室编：《崂山志》，五洲传播出版社 2003 年版，第 192 页。

④ 参见苑秀丽、刘怀荣校注《崂山志校注》，人民出版社 2015 年版，第 197 页。

题刻之后已有"庚寅年十一月上石"的落款。一处题刻不可能有两个落款时间，况且两落款的时间还相隔百余年，由此更可看出，"朝真桥"等18字题刻并非丘诗十首题刻的组成部分，二者应是独立存在的。

（一）《青玉案》词刻内容分析

上清宫所题《青玉案》一词在丘处机的《磻溪集》中没有记录，赖此题刻得以传世，故愈加显得可贵。

词刻序文称丘处机为"长春真人"，可见此序非丘处机《青玉案》自带，应是上石者所加。词序除交代了丘处机从胶西至崂山的时间、缘由、行程外，又提及《青玉案》一词的创作背景。丘处机到达崂山后，在南天门与崂山道众欢畅聚会并做法事，其间命一位姓黄的宾从演奏"空洞步虚"。"步虚"是道士在斋醮仪式上吟唱的一种曲调，其来源据南朝宋人刘敬叔《异苑》记载："陈思王（曹植）游山，忽闻空里诵经声，清远遒亮。解音者则而写之，为神仙声。道士效之，作步虚声也。"① 南朝宋道士陆修静所撰《洞玄灵宝斋说光烛戒罚灯祝愿仪》云："十方至真，三千大千已得道大圣众，及自然妙行真人，皆一日三时旋绕上宫，稽首行礼，飞虚浮空，散花烧香，手把十绝，啸咏洞章，赞九天之灵奥，尊玄文之妙重也。今道士斋时，所以巡绕高座，吟咏步虚者，正是上法玄根众圣真人，朝宴玉京时也。"② 可见道教斋醮仪式上吟咏的"步虚"是对得道大圣、妙行真人飞虚浮空之时"啸咏洞章"，亦即所谓的"神仙声"的模仿。吟咏步虚不是随意而为的，有着一定的程式规则，如陆修静《洞玄灵宝斋说光烛戒罚灯祝愿仪》又载："行道礼拜，皆当安徐雅步，审整庠序，俯仰齐同，不得参差。巡行步虚，皆执板当心。冬月不得拱心，夏月不得把扇，唯正身前向，临目内视，存见太上在高座上，注念玄真，使心形同丹，合于天典，则为飞仙之所嗟叹，三界之所轨范，鬼神之所具瞻也。不得左顾右盼，更相前却，及言语笑谑，有所呵唤，则触忤威灵，四司纠过，五帝结刑，明科所禁，可不慎哉。"③ 由此可见，除了吟诵步虚，还有所谓的"巡行步虚"，二者应是相互配合的，即有歌有舞的形式。在崂山南天门道教仪式中，黄冠士所奏的是"空洞步虚"，东晋道教文献

---

① （南朝宋）刘敬叔：《异苑》卷五，中华书局1996年版，第48页。

② （南朝宋）陆修静：《洞玄灵宝斋说光烛戒罚灯祝愿仪》，《道藏》第九册，文物出版社、上海书店、天津古籍出版社联合出版，1988年版，第824页。

③ 同上。

《洞玄灵宝玉京山步虚经》中早有大圣帝王、高仙真人在玄都玉京山七宝玄台紫微上宫"诵咏空洞歌章"的记载，此外又载有《步虚吟》十首，其中阐述了诵空洞步虚章之时"叩齿三通，咽液三过"的法则，具体为："心存日月在己面上，光芒灌鼻，日从鼻左入，月从鼻右入，入金华宫，光明出头后，焕然作九色圆象，薄入玉枕，彻照十方。随我绕经旋回而行。毕，又叩齿三通，咽液三过，存三素元君在金华官，如婴儿之状。"① 宋代鹤林道士吕太古集《道门通教必用集》卷九亦有类似的转述。以此又可看出，不管是吟诵步虚之人，还是巡行步虚的舞者，在仪式中都有着非常严格的要求和程序，目的是避免"触忤威灵，四司纠过，五帝结刑"。可想而知，道教仪式中演奏步虚是非常虔诚肃穆而又震撼人心的，具有"飞仙之所嗟叹，三界之所轨范，鬼神之所具瞻"的效果，这对修道之士无疑具有很强的感染力，从相关道人的文学作品中也可看出这一点。还是以丘处机的诗词为例，如其《度世吟》曰："调高风急韵悠扬，清绝步虚神缥缈"，《登州修真观建黄箓醮》亦言："四夜严陈香火供，九朝时听步虚环。"② 同样，黄冠士在崂山南天门吟奏步虚也感染到了丘处机，为此他特创《青玉案》一词以抒内心之情感。

　　丘处机这首《青玉案》的内容可分为两个部分。第一部分叙及与同伴一起策仗登上崂山尖险的高峰，所谓"烟霞侣"即指与自己同游的道侣；又述及在南天门举行斋醮法事，其中所言"浩歌幽韵"即应包括上面提及的步虚演奏仪式，"响遏行云住"一句又极力形容法事进行的效

---

① 《洞玄灵宝玉京山步虚经》，《道藏》第三四册，文物出版社、上海书店、天津古籍出版社联合出版，1988 年版，第 625—626 页。

② 参见丘处机《磻溪集》卷二，北京图书馆古籍出版编辑组：《北京图书馆古籍珍本丛刊》第 91 册，书目文献出版社 1987 年版，第 22、27 页。此外，丘处机还作有《步虚词》二首，其一为："旷荡修真教，飘摇出世门。先师开户牖，归马动乾坤。陋室迥幽观，高名轧帝阍。云朋霞友会，朝礼太虚尊"，其二为："宝炷成云篆，华灯簇夜光。星河初焕烂，钟磬乍悠扬。醮主承嘉会，虔心祷上苍。诸仙来顾盼，接引下虚皇。"（参见丘处机《磻溪集》卷二，北京图书馆古籍出版编辑组：《北京图书馆古籍珍本丛刊》第 91 册，书目文献出版社 1987 年版，第 23 页）所谓步虚词即是根据步虚声所填写的词，郭茂倩《乐府诗集》卷七八"杂曲歌辞"引《乐府解题》云："《步虚词》，道家曲也，备言众仙缥缈轻举之美。"（郭茂倩：《乐府诗集》，中华书局 1979 年版，第 1099 页）也就是说，步虚词本是道家专用之曲，其内容多与道家向往的神仙世界相关。可见随着道教步虚仪式影响的扩大，文人道士据此创作的步虚词越来越多，步虚词也随即演变成一种诗体。

果：吟唱响彻云霄，行云都为之驻足。第二部分主要是对崂山美景的盛赞，作者站在崂山之巅举目四看，有无数的万壑千岩，山下大海波浪吞噬着海岛；再往高处看，山峰直插云霄，仿佛进入了天帝居住的地方，所谓"天钧"指天的中央，神话传说中的天帝居处。可见丘处机这首有感而发的词，将写实与虚幻相结合，境界恢宏阔大，浓浓的情感充斥其间，具有较强的文学意味。

（二）丘诗题刻十首内容分析

整体上看，丘处机上清宫十首诗歌中，虽蕴含着一定的道家气息，但更主要的是对崂山景观的描述和赞美，并借此抒发胸臆。具体来看，诗歌前二首叙及作者自胶西醮罢后由水路到达崂山之下时的所见所感，"山深路僻海湾环""群峰峭拔下临渊，绝顶孤高上倚天""碧山朝夕起云烟"，这些诗句无不蕴含着作者对崂山景观由衷的赞美之情。从第三首到第八首，是丘处机栖身崂山之时的切身感受，从"日夜时闻仙乐声""晓日朦胧渐起云""海上观山势转雄""朝昏磊落生云气"等诗句中可明显看出，丘处机在崂山的起居已与崂山的大自然景观融为一体。他将崂山比作接近海崖的仙山，这里海阔山高、云深地僻，没有世俗的浊秽，这里有千奇万状的怪石、人迹罕至的断崖绝壁、朦胧缥缈的浮云，山、海、云相接的仙境又加上日夜时闻仙乐之声，使作者有种"似驾天风出世尘"的感觉。陶醉于眼前崂山景观的壮美、沐浴在深厚的道家文化积淀中，使作者进一步发出"变化皆由造物功"的感叹，进而想到自己在此地的生活也似"自古好生涯"的神仙一般。丘处机自知在崂山停留的时日不会太长，面对此情此景使他愈加钟爱与留恋崂山，由此甚至想到了崂山"三秋水冻层冰结，九夏云寒叠嶂霾"的情景。正是由于对崂山倾注了过多的情感，故在诗歌最后两首，丘处机为崂山不为世人所知而鸣不平，他指出"五岳"名山吸引了很多游众，陕右、江南都有世人尽知的名山，而完全可与之相媲美的崂山却因地处"海角天涯""下枕东洋"的偏僻之地，而"不得高名贯九州"，虽"秀出山东"，但世人"尽不知"，言语之间充满了惋惜之情。

二　丘处机太清宫诗刻

太清宫处的 10 首诗刻，是丘处机再次至崂山后所题 20 首诗中的另外一部分。诗刻位于太清宫三皇殿后面的山石之上，文字为阴刻楷书，字径约 10 厘米，共竖排 23 行，其文为：

> 长春真人于大安己巳年到此作诗十首。
>
> 烟岚初别上清宫，晓色依稀路径通。纔到下方人未食，坐观山海一濛鸿。
>
> 云烟惨淡雨霏微，石洞留人不放归。应是洞天相顾念，一生嗟我到来稀。
>
> 云海茫茫不见涯，潮头只见浪翻花。高峰万叠连云秀，一簇围屏是道家。
>
> 松风涧水两清幽，尽日清音夜未收。野鹤时来应不倦，闲人欲去更相留。
>
> 溪深石大更松多，郁郁苍苍道气和。不是历年樵采众，浮云蔽日满岩阿。
>
> 贯世高名共切云，游山上士独离群。仙乡贵重三茅客，仕族尊荣万石君。
>
> 西天仰视刺天高，山上仙家种碧桃。桃熟几番人换世，洞中秦女体生毛。
>
> 清歌窈袅步虚齐，月下高吟凤舞低。谈笑不干浮世事，相将直过九天西。
>
> 烟霞紫翠白云高，洞府群仙醉碧桃。鼓透碧岩雷震骇，满山禽兽尽呼号。
>
> 道力神工不可言，生成万化独超然。大山海岳知轻重，没底空浮万万年。
>
> 庚寅年十一月　上石。

诗刻前言部分称丘处机为"长春真人"，并叙及这里镌刻的十首诗是丘处机在金大安己巳年（1209）到崂山时所作。由落款可知，此处丘诗 10 首镌刻上石的时间与上清宫处的诗词刻石相同，都是庚寅年（1230）十一月。另外，题刻的字体、技法方面也十分相似，可想而知，两地石刻定为同人所为。

整体来看，太清宫处 10 首丘诗题刻相对于上清宫处来说，道家韵味浓厚。细看的话，笔者认为诗歌内容可分为三个方面。

图4-3-3　太清宫丘处机诗刻十首

前两首为写实。第一首作者叙及自己离别上清宫前往太清宫时的情景，因是在雾气蒸腾的拂晓时分离开，故曰"晓色依稀路径通"，至山脚下尚未进食早餐的间隙，作者还不忘细细欣赏山海相接的朦胧之美，其中"烟岚""濛鸿"都是形容山海之间雾气缭绕、朦胧迷离的词语。第二首作者阐明久滞上清宫的原因是"云烟惨淡雨霏微，石洞留人不放归"，既有阴雨连绵的天气原因，也有洞府留人不放归的人为因素，作者借此又饶有趣味地想到，应是上天觉察自己至此地太过稀少，故特意眷顾久留。

第三首至第五首是借景抒情，其间杂有道家气息。作者详尽描述了太清宫周围的自然景观，如山间茫茫的浮云、高耸云端的山峰、山下翻滚的浪花、郁郁苍苍的松树、时去时来的野鹤、山涧清幽的溪水等，使作者留恋不已，其中"一簇围屏是道家""尽日清音夜未收""郁郁苍苍道气和"等诗句，在表现作者道家情怀的同时，也给崂山的自然韵味加入了一丝人文气息。

最后五首则为纯粹的道家诗，作者思想似乎超越了崂山的范畴，进而跨至对人间世俗的思考，以及对仙界的向往。诗刻第六首，作者认为仙乡以"三茅客"为重，而仕族则以"万石君"为荣。所谓"三茅客"是修道成仙的代称，"三茅客"本指汉代咸阳的三茅兄弟（茅盈、茅固、茅衷），他们是道教茅山派的始祖，曾隐居句容之句曲山修道成仙，至宋代三茅兄弟被封为真人，汉代纬书《尚书帝验期》、葛洪《神仙传》、《梁书·陶弘景传》及道教相关典籍中均有记载。所谓"万石君"是高官厚禄的代指，两汉时期本以"百石""千石""万石"衡量官阶的高低和俸禄的多少，而"万石君"的典故又源自西汉人石奋，汉景帝时他和四个儿子均为两千石的官员，时人号称"万石君"，后人便以此指代高官厚禄之家族。这样看来，"仙乡"与"仕族"也分别喻示的是修道之人的清高与人间俗士的功利。诗刻第七首中"西天仰视刺天高，山上仙家种碧桃"一句似对太清宫后蟠桃峰形貌的描述，其中用"仙家种碧桃"作比拟，虚实相间、似幻犹真，面对眼前胜景作者突生人生易逝之感，发出"桃熟几番人换世"的感慨，进而转向对"洞中秦女体生毛"之仙界的向往。"秦女体生毛"亦是修道成仙的代指，旧题刘向所撰《列仙传》载："偓佺者，槐山采药父也，好食松实，形体生毛，长数寸，两目更方，能飞行逐走马"，[①] 又载："毛女者，字玉姜，在华阴山中，猎师世世见之。形体生毛，自言秦始皇宫人也，秦坏，流亡入山避难，遇道士谷春，教食松叶，遂不饥寒，身轻如飞，百七十余年。所止岩中有鼓琴声云"，[②] 这概是"洞中秦女体生毛"典故的来源。与之类似的记载还有很多，多与仙道相关，如《论衡·无形篇》提及："图仙人之形，体生毛，臂变为翼，行于云，则年增矣，千岁不死"；[③] 葛洪《抱朴子》内篇《仙药》载抱朴子曰："神农四经曰，上药令人身安命延，昇为天神，遨游上下，使役万灵，体生毛羽，行廚立至"，又言："韩终服菖蒲十三年，身生毛，日视书万言，皆诵之，冬祖不寒……赵他子服桂二十年，足下生毛，日行五百里，力举千斤"，[④] 等等。此外，明人高弘图在《崂山九游记》中自言感于明霞洞刘道姑之事而作"毛女今凌顶，强梁分去青"之诗句。[⑤] 崂山本地亦有此类仙道事迹流传："元，王嘉禄，新城人。少入崂山，遇道士，授以五禽之术，遂不食，但以石为饭，或食松柏叶，渴则饮涧水。久之，遍身生毛寸许。"[⑥] 诗刻第八首"清歌窈袅步虚齐，月下高吟凤舞低"描

---

① 王淑岷：《列仙传校笺》卷上，中华书局 2007 年版，第 11 页。

② 王淑岷：《列仙传校笺》卷下，中华书局 2007 年版，第 132 页。

③ 黄晖：《论衡校释》，中华书局 1990 年版，第 66 页。

④ 王明：《抱朴子内篇校释》，中华书局 1986 年版，第 196、208 页。

⑤ 高弘图：《崂山九游记》之文，见（明）黄宗昌《崂山志》卷八，文海出版社 1961 年，第 102 页。

⑥ 参见（清）黄肇颚《崂山续志》，山东省地图出版社 2008 年版，第 7—8 页。

绘了太清宫道教法事仪式的盛况，其中的步虚演奏已见上文，作者完全陶醉于这样的道家意趣之中，故有"谈笑不干浮世事"之想，远离世俗杂念的干扰，思绪直达九天之外，"九天"亦称"九霄""九重天"，意指天的最高处，在道教文化中用以指代仙人的住所。诗刻第九首亦是对太清宫道教法事的描述，法事于崂山"烟霞紫翠白云高"的佳景下展开，做法事的道人被比作"洞府群仙"，"鼓透碧岩雷震骇"是形容法事之隆重，以致满山的禽兽都受到惊吓而呼号。如此胜境之下，让人感触颇深，故诗刻第十首作者又联想到造化万物的无边道力，崂山这样的"大山海岳"仿佛也在道力的支配下浮游于天地之间，万万年不变，如此遐想是道家信念的延伸，诗歌境界也随之得到升华。

　　还需一提的是，有些介绍崂山题刻的书籍在述及上清宫与太清宫丘处机诗刻之时，认为上石之人将两处题刻颠倒了位置，如王集钦《崂山碑碣与刻石》说："邱长春于大安己巳年（公元1209年）到上清宫作此诗10首，描绘的景致属于上清宫，时隔22年之后（庚寅年公元1230年）太清宫道士从上清宫取来诗稿刻在太清宫三皇殿西，作为镇宫之宝"；[①] 高明见《道教海上名山——东海崂山》认为："据诗文内容来看，其镌于上清宫之十首应是为太清宫而作，而镌于太清宫之十首则是为上清宫而作"；[②] 青岛市史志办公室编《崂山志》也有相似的记载。关于此问题，曲宝光先生有所论述，他指出《崂山餐霞录》等资料记载的太清宫后十首诗是为上清宫而写的说法实为误解，"出现这种误解，实为一字之差。过去资料，都将'烟岚初别上清宫'误作'烟岚初到上清宫'。这一'别'一'到'意思全变"，他又进一步从诗歌内容中寻找证据："再从下面的诗文中，也不难看出主要是对太清宫及其周围景物的描绘，且看第三首'云海茫茫不见涯，潮头只见浪翻花。高峰万叠连云秀，一簇围屏是道家'。这当然指太清宫无疑。而下面的诗文则是追述他自上清宫沿八水河一路行来的所见、所闻、所感及对太清宫周围，特别是蟠桃峰的描绘，且看'松风涧水两清幽，尽日清音夜未收'；'溪深石大更松多，郁郁苍苍道气和'；'西天仰视刺天高，山上

①　王集钦：《崂山碑碣与刻石》，青岛出版社1998年版，第29页。
②　高明见：《道教海上名山——东海崂山》，宗教文化出版社2007年版，第42页。

仙人种碧桃'。"① 笔者赞同曲先生的见解，除其提到的《崂山餐霞录》外，周志元《崂山志》、青岛市诗词学会编《万古崂山千首诗》也记为"烟岚初到上清宫"，② 但诗刻为"初别上清宫"无疑；此外，笔者多次至太清宫一带游览，此地景观确如诗歌内容所描述的那样，周志元《游崂山指南》介绍"太清宫"时也说："三面峻山、大海当前，局势之雄旷当为二劳第一""由此延而西北，山石秀削……下面南行抵海之滨，长堤横互约半里许。怒涛冲激，直至堤下。登堤环眺，心目一旷"，如此之方位和雄旷之地势，才能与诗句"坐观山海一濛鸿""潮头只见浪翻花""高峰万叠连云秀"的描述相契合；《游崂山指南》又载："其间林木尤盛，古松修篁之属布满崖谷。登高而望，蔚然茂，黯然深。苍烟翠霭，笼罩其上，如一片绿海，一径深入，景尤幽奇。浓荫如幄，蔽亏天日"，③ 这又与"松风涧水两清幽""溪深石大更松多""郁郁苍苍道气和""烟霞紫翠白云高"等诗句的描写相一致。以此可见，上清宫与太清宫处丘诗题刻的上石位置并未颠倒。

三 上清宫、太清宫诗刻版本校对

上清宫丘处机词刻《青玉案》不见于其个人文集《磻溪集》，但上清宫与太清宫两处的诗刻十首却均有记载。在《磻溪集》中，上清宫诗刻十首紧随白龙洞丘诗二十首之后，其后便是太清宫诗刻十首。《磻溪集》所载上清宫诗歌前有序文曰："大安己巳胶西醮罢，道众相邀，再游鳌山，复留题二十首"，上清宫处《青玉案》词刻前的序文与之相仿，应对文献序文有所借鉴。金刻本《磻溪集》中咏上清宫之诗题为"上清宫十首"，咏太清宫之诗题为"太清宫十首"，道藏本《磻溪集》与之同，但二者所载"上清宫十首"诗歌与崂山题刻的排序并不相同。以上清宫处丘诗题刻自一至十的顺序为参照，那么金刻本和道藏本《磻溪集》"上清

---

① 参见曲宝光《丘处机与崂山道教文化考略》，载青岛市崂山文化研究会：《崂山研究》第 1 辑，中国海洋大学出版社 2006 年版，第 99—100 页。

② 参见周志元《崂山志》，齐鲁书社 1993 年版，第 196 页；青岛市诗词学会编：《万古崂山千首诗》，新华出版社 2002 年版，第 7 页。

③ 参见苑秀丽、刘怀荣校注《崂山志校注》，人民出版社 2015 年版，第 202 页。

宫十首"的排序为：一、二、三、四、五、八、六、十、七、九。① 太清宫处丘诗题刻排序与二文献版本所载相同。②

另外，金刻本与道藏本《磻溪集》所载丘诗在文字方面与崂山题刻也颇有出入。上文述及，两处丘诗题刻上石完成的时间距丘处机逝世只有三年，故诗刻应是最为规范的版本，应以此为准。现将诗刻与文献本校对如下。

先来看"上清宫十首"。第一首"掉舡即向波涛看"一句中的"掉舡"，在金刻本与道藏本《磻溪集》中作"棹船"。第五首"山光惨淡不全真"一句中的"惨淡"，在金刻本与道藏本《磻溪集》中作"惨澹"，其中"山光"又在道藏本《磻溪集》中作"山色"。第七首"蔟蔟攒攒竞斗嘉"一句中的"蔟蔟"，在道藏本《磻溪集》中作"簇蔟"，金刻本与诗刻同。

再来看"太清宫十首"。第二首"云烟惨淡雨霏微"一句中"惨淡"，在金刻本与道藏本《磻溪集》中作"惨澹"。第三首"一蔟围屏是道家"一句中"围屏"，在金刻本《磻溪集》中作"围帏"，道藏本与诗刻同。第四首"尽日清音夜未收"一句中"未收"，在金刻本与道藏本《磻溪集》中作"未休"。第七首"西天仰视刺天高"一句中的"西天"，在金刻本与道藏本《磻溪集》中作"西山"。第十首"道力神工不可言"一句中的"神工"，在金刻本与道藏本《磻溪集》中作"神功"。

第四节　华楼山处丘处机诗词题刻

崂山白龙洞、上清宫、太清宫处与丘处机相关的题刻，是丘处机至崂山后专门题咏崂山的诗词作品，上石时间与丘处机所处的时代相当。除此之外，丘处机还有一些与崂山没有直接关系的诗词也被后世道众镌刻于崂山之上，这类题刻主要分布于华楼山地区。

---

① 以上可参丘处机《磻溪集》卷二，《道藏》第二五册，文物出版社、上海书店、天津古籍出版社联合出版，1988 年版，第 820 页。

② 参见丘处机《磻溪集》卷二，《道藏》第二五册，文物出版社、上海书店、天津古籍出版社联合出版 1988 年版，第 820—821 页。

一　华楼宫"长春师父作"诗刻

在华楼宫老君殿后一巨石上有"长春师父作"诗刻，文字为阴刻楷书，字径约 20 厘米，共竖排 11 行，诗句部分一句一行，其文为：

> 长春师父作。
>
> 随机接物外同尘，应边无方内养神。心帝出难三界苦，洞天又想四时春。金丹大药更年玖，火觉交难逐日新。一服定朝生死海，不知谁是有缘人。
>
> 云岩子上石，匠人曲道明，大德四年二月十八日书，刘志德。

由落款可知，丘处机这首诗和华楼宫处多首题刻一样，也是由元代崂山道人云岩子刘志坚主持上石的，刊石匠人和撰书者依然是曲道明和刘志德，上石时间为元大德四年（1300）二月十八日，距丘处机去世已过 70 余年。

这首"长春师父作"诗刻在丘处机个人作品集《磻溪集》中也有记载，题为《达士》，其内容为："随机接物外同尘，应变无方内入神。心地出离三界苦，洞天游赏四时春。金丹大药经年久，火枣交梨逐日新。一服定超生死海，不知谁是有缘人。"[1]

通过与诗刻作对比可看出，二者在个别文字上存在出入：文集中"应变无方内入神"一句中"应变"在诗刻中作"应边"，"内入神"在诗刻中作"内养神"；文集中"心地出离三界苦"一句中的"心地"在诗刻中作"心帝"，"离"字在诗刻中作"难"，《崂山摩崖集萃——华楼篇》介绍丘处机这首诗刻时注曰："难：'離'也，同'离'，见于周易第 30 卦"；[2] 文集中"洞天游赏四时春"一句中的"游赏"在诗刻中作"又想"；文集中"金丹大药经年久"一句中的"经年久"在诗刻中作"更年玖"；文集中"火枣交梨逐日新"一句中的"火枣交梨"在诗刻中作"火觉交难"，《崂山摩崖集萃——华楼篇》注曰："觉，'观'也，同

---

[1]　参见丘处机《磻溪集》卷一，北京图书馆古籍出版编辑组：《北京图书馆古籍珍本丛刊》第 91 册，书目文献出版社 1987 年版，第 12 页。

[2]　青岛市崂山风景区管理局、青岛市崂山区文化新闻出版局编：《崂山摩崖集萃——华楼篇》，中国海洋大学出版社 2016 年版，第 49 页。

图 4-4-1 丘处机 "长春师父作" 诗刻

'观',见于周易第 20 卦";① 文集中 "一服定超生死海" 一句中的 "超" 字在诗刻中作 "朝"。除此之外,与崂山文化相关的著作载录此处诗刻时在文字辨识上也多有不同。如清代黄肇颚《崂山续志》记此诗刻文为:"随机接物不同尘,外应虚无内养神。心帝出离三界苦,洞天又想四时春。金丹大药更年久,宝鼎烟霞逐日新。一服定超生死海,不知谁是有缘人。大德四年二月十八日书。"② 周志元《崂山志》记此诗刻文为:"随机接物外同尘,应付无边内养神。心帝出离三界苦,洞天又想四时春。金丹大药更年现,火鼎交离逐日新。一服定超生死海,不知谁是有缘人。"③

上文述及,丘处机的《磻溪集》在其生前已经编定,后不断续充,金刻本《磻溪集》中已经载录此诗,而刘志坚将此诗上石是在丘处机逝世多年后的元代,所以二者相比还是文献《磻溪集》对此诗记载得早,也应该相对准确。

如果将有出入的文字做一对比,可明显看出,文字差异主要是同音异字或谐音字现象,如 "应边" 与 "应变"、"心帝" 与 "心地"、"又想" 与 "游赏" 等,这和前面所述刘志坚主持上石的其他诗词刻石一样,都是诗词在道众间口耳相传时出现的讹误。再如诗句中的 "火枣交梨" 一

---

① 青岛市崂山风景区管理局、青岛市崂山区文化新闻出版局编:《崂山摩崖集萃——华楼篇》,中国海洋大学出版社 2016 年版,第 48 页。

② (清) 黄肇颚:《崂山续志》,山东省地图出版社 2008 年版,第 139 页。

③ 周志元:《崂山志》,齐鲁书社 1993 年版,第 197 页。

语在诗刻中作"火覬交雖"，《崂山摩崖集萃——华楼篇》注中说"覬"字同"观"，为周易第20卦，"雖"字同"离"，为周易第30卦，如此解笔者认为也不妥，因为在道家言中确有"火枣交梨"一语。南朝梁道人陶弘景所编《真诰》卷二《运象二》记载："玉醴金浆，交梨火枣，此则腾飞之药，不比于金丹也……火枣交梨之树，已生君心中也，心中犹有荆棘相杂，是以二树不见不审。"① 可见在丹道术语中"火枣交梨"被视为金丹妙药的一种，明代王逵所撰《蠡海集》之"鬼神类"对"火枣交梨"的解释较为详尽："老氏之言交梨火枣者，盖梨乃春花秋熟，外苍内白，虽雪梨亦微苍，故曰交梨，有金木交互之义。枣味甘而色赤为阳，有阳土生物之义，故曰火枣。又梨花白实苍而味甘亦其义也。"② 由此看来，"长春师父作"诗刻中的"火覬交雖"有误，而《磻溪集》中的"火枣交梨"是准确的。另外，从整首诗歌内容上来看，《磻溪集》中的诗句更觉文通字顺。基于以上理由，笔者认为华楼宫处的"长春师父作"诗刻应以《磻溪集》所题《达士》版本为准。

　　"长春师父作"诗刻中道家旨趣深长，是一首十足的道家诗。诗歌主要阐述了丹术修炼的要旨以及对修道成仙的向往之情。"随机接物外同尘，应变无方内入神"，是指修道之人虽然身躯与尘世相接，但要做到心神凝聚，不受外界世俗的影响。"心地出离三界苦，洞天游赏四时春"，此句佛道结合，"心地""三界苦"皆化用佛教用语而来，"心地"指人的思想意念，"三界苦"又有"苦界""苦海"之称，具体指欲界、色界、无色界，③ 诗句与道家言中的"跳出三界外"意指相同，唯其如此方能于洞天游赏并见四时如春。"洞天"即道家言中的"洞天福地"，指神道所居的与天通达的名山胜地，这里更多喻示的是修道境

――――――――――――

　　① （日）吉川忠夫等编：《真诰校注》，朱越利译，中国社会科学出版社2006年版，第74页。

　　② （明）王逵：《蠡海集》，中华书局1985年版，第36页。

　　③ 《重阳立教十五论》"第十三论超三界"言："欲界、色界、无色界，此乃三界也。心忘虑念，即超欲界。心忘诸境，即超色界。不著空见，即超无色界。离此三界，神居仙圣之乡，性在玉清之境矣。"参见《道藏》第三二册，文物出版社、上海书店、天津古籍出版社联合出版，1988年版，第154页。《重阳真人金关玉锁诀》亦载："问曰：何者是三乘之法？诀曰：下乘者如新生孩儿；中乘者如小儿坐地；上乘者如小儿行走。若通此三乘，便超三界：欲界、色界、无色界，是心、性、意显具三身：清静法身、圆满报身、三昧化身。"参见《道藏》第二五册，文物出版社、上海书店、天津古籍出版社联合出版，1988年版，第802页。

界。"金丹大药经年久，火枣交梨逐日新"，这里指丹药炼成非一日之功，暗喻道术修行要持之以恒。"一服定超生死海，不知谁是有缘人"，此句表达了对修道成仙的向往和期待，"生死海"也是对佛教之语的借用，指生死轮回如大海一般无边无际，这里表明只要丹药修成服用即可超越生死、可得道成仙，但修成这样的道果并非易事，不知有几人能做到此，谁又是这样的"有缘人"，隐隐表达了对修道历程无比艰辛的感叹。

前文还提及，在华楼宫东刻石群中，与"刘师父、丘师父游上清宫，来看劳山道诗句"及"重阳师父作"二题刻紧密相连的还有一首"长春师父作"诗刻，文为："修行何处用功夫，马速猿颠须并除。劳擒劳捉生五彩，暂停暂住免三塗。哨然自在神丹漏，略放从容玉髓骸。酒色气财心不尽，德玄德妙恰如无。"但已证实这首诗歌的作者是马钰，并非丘处机，是云岩子刘志坚将此诗题刻上石时弄错了作者。

二　华楼宫碧落岩"长春真人词双双燕"题刻

上文提及，在华楼宫后碧落岩下方的巨石上有三首连刻的诗词。第一首为《离山老母作》，第二首为《丹阳真人归山操》，第三首即是《长春真人词双双燕》词刻。丘处机这首词刻共竖排12行，文字为阴刻楷书，字径约15厘米，其文为：

> 长春真人词双双燕。
> 春烟淡荡，青山媚，行云乱飘空界。花光石润，秀出洞天奇怪。户牖凭高万丈，尽耳目、临风一快。多生浩劫尘情，旷朗浑无织芥。
> 津堪爱，逍遥自在。踈枷锁，抛离孽根冤债。风隣月伴，道合水晶天籁。无限峥嵘胜景，尽赐与、山堂教卖。千圣宝珠，酬价问君谁解。
> 辛卯年十一月上石。

这首"长春真人词双双燕"题刻同前面的《丹阳真人归山操》一样，也是由云岩子刘志坚于"辛卯年十一月上石"的，即元至元二十八年（1291）。这首词刻在丘处机个人文集《磻溪集》中也有收录，题为《双双燕·春山》，① 整体上看，其中所载文字与"长春真人词双双燕"题刻区别不大，只有两个地方有异：《磻溪集》中的"堪爱"在题刻中作"津堪爱"，按照《双双燕》词牌格律要求，应以《磻溪集》所记为准，题刻中的"津"或为衍字；《磻溪集》中的"业根"在题刻中作"孽根"，二者意思虽较为接近，但"业根"与佛教语中的"业障"相似，根据全真道三教合一的理念推断，笔者认为此处还是应以《磻溪集》记载的"业根"为准。

　　另外还值得一提的是，与崂山文化相关的近现代著作载录此处题刻时，在个别文字辨识方面也有不同，但差异不是很大，差异最大的主要是断句方面，如周志元《崂山志》、王瑞竹《崂山诗刻今存》、崂山风景区管理局与崂山区文化新闻出版局编《崂山摩崖集萃——华楼篇》均载有"长春真人词双双燕"题刻，但断句方面各不相同。② 历代文人流传下来的《双双燕》词作不是很多，南宋词人史达祖有《双双燕·咏燕》："过春社了，度帘幕中间，去年尘冷。差池欲住，试入旧巢相并。还相雕梁藻井。又软语、商量不定。飘然快拂花梢，翠尾分开红影。芳径。芹泥雨润。爱贴地争飞，竞夸轻俊。红楼归晚，看足柳昏花暝。应自栖香正稳。便忘了、天涯芳信。愁损翠黛双蛾，日日画阑独凭。"南宋词人吴文英有《双双燕·小桃谢后》："小桃谢后，双双燕，飞来几家庭户。轻烟晓暝，湘水暮云遥度。帘外余寒未卷，共斜入、红楼深处。相将占得雕梁，似约韶光留住。堪举。翩翩翠羽。杨柳岸，泥香半和梅雨。落花风软，戏促乱红飞舞。多少呢喃意绪。尽日向、流莺分诉。还过短墙，谁会万千言语。"元代道人王吉昌有《双双燕·循环日月》："循环日月，春秋变荣枯，几多相缀。唐朝汉阙，楚苑秦宫兴替。爱海沦流何定，尽荡荡、无生淹滞。惊回浩劫尘情，返照推穷根蒂。明慧。通三抱一。真心运乾坤，坎离相济。氤氲结括，紫蕴素华藩卫。珠孕玄冥焕赫。显魄炼、云英蝉蜕。出入杳冥。无碍混通三际。"对比三首词可发现，史达祖的《双双燕·咏燕》与吴文英的《双双燕·小桃谢后》及王吉昌的《双双燕·循环日月》在格律方面不太相同，也就是说《双双

---

　　① 参见丘处机《磻溪集》卷三，北京图书馆古籍出版编辑组：《北京图书馆古籍珍本丛刊》第 91 册，书目文献出版社 1987 年版，第 48 页。

　　② 清人黄肇颚《崂山续志》记此词刻文为："春烟淡荡青山媚，行云乱飘空界。花光石洞，秀出洞天奇怪。户牖凭高万丈，尽耳目，临风一快。多生浩劫尘情，旷朗浑无纤芥。堪爱，逍遥自在。疏栅锁，抛离业根冤债。风邻月伴，道合水晶天籁。无限峥嵘胜景，尽赐与山堂教卖。千圣宝珠酬价，问君谁解？"（清）黄肇颚：《崂山续志》，山东省地图出版社 2008 年版，第 139 页。

燕》词牌存在变格形式。综合格律和字数来分析，"长春真人词双双燕"题刻与吴文英的《双双燕·小桃谢后》大体相当，故笔者认为断句方面亦可参照《双双燕·小桃谢后》。其实，崂山风景区管理局与崂山区文化新闻出版局编《崂山摩崖集萃——华楼篇》对此题刻的断句即与《小桃谢后》同，笔者开篇介绍此词的断句亦同于此。

丘处机题此词为《春山》，表明其内容是对春天山景的吟咏，词中确实有诸多对山景进行描述的词句，如"春烟""青山""行云""花石""峥嵘胜景"等，但字里行间又穿插着许多佛道之语，如"空界""洞天""逍遥自在""业根冤债""道合水晶天籁""山堂教卖""千圣宝珠"，可见作者是在借春天山景而阐发道家理念。当然，作者在词中也抒发了陶醉于山景的悠然心情，如"户牖凭高万丈，尽耳目、临风一快"一句即多了一些文人化的气息，此外"行云乱飘空界""无限峥嵘胜景，尽赐与、山堂教卖"这些拟人化的句法，亦给本词带来十足的文学意味。

三　华楼宫碧落岩"长春师父手卷"题刻二则

华楼宫碧落岩东壁上有两处"长春师父手卷"题刻。从碧落岩的正面不能看到这两处题刻，只能绕道碧落岩之后，再探至碧落岩东壁前才能观摩。但是，如今的碧落岩附近地形复杂，竹林密布、乱石险阻，且是一斜坡，坡下即是断崖，极其危险，所以一般游客难以见到这两处题刻。①"长春师父手卷"题刻的文字均为阴刻楷书，字径约15厘米。第一则共竖排7行，文为：

法性煌煌满太虚，微尘了了复何如。上超碧落三尘外，下出黄泉九地余。大劫任从沧海变，高空自有白云居。也知日出言辞怪，莫道风狂类接舆。

长春师父手卷二手立。王道坚上石。

第二则也是竖排7行，文为：

---

① 笔者于2018年7月中旬到此地寻访，虽艰难地穿越竹林和乱石，但终因碧落岩旁边地势险峻、竹木茂密，不得不放弃寻找。2019年1月中旬笔者再次至此地寻访，此时正值冬日，部分草木已凋零，能见度较好，一番苦力后终于见到了"长春师父手卷"题刻二则，但也因有树木、矮竹遮挡，前行之路又受阻，未能至题刻跟前细致观摩，图片亦拍摄不理想。

掘指追赐前世，低头省悟今生。今生要不做修行，犹欲轮回作争。

行如真常要妙，顿开暮骨分明，便舒宝剑煞三蓬，誳底龟虵火炳。

大德二年十二月日，云岩子上石来。①

图 4-4-2　"长春师父手卷"题刻

此处两则题刻的内容在丘处机个人文集《磻溪集》中均未有记载。从落款处可知，二者的上石之人并不相同。第一则为王道坚上石，未给出明确的上石时间；第二则为云岩子刘志坚上石，且注明上石时间为元大德二年（1298）十二月。刘志坚其人前文已经多次述及，而王道坚则是第一次出现，宋徽宗时名道张继先弟子中有名王道坚者，且编有道教重要典籍《万寿道藏》，但其生活年代在丘处机之前，不会将后人的诗词题刻上石，故两人非同一人。现当代学者载录此处石刻时都将其定为"元代题刻"，如周志元《崂山志》将王道坚上石的"长春师父手卷"题为"元华楼山黄道坚石刻"，② 其中"王道坚"误写为"黄道坚"，崂山风景区管理局与崂山区文化新闻出版局编《崂山摩崖集萃——华楼篇》也将其

---

① "长春师父手卷"题刻图片在《崂山摩崖集萃——华楼篇》一书中刊载较为清晰，详见青岛市崂山风景区管理局、青岛市崂山区文化新闻出版局编《崂山摩崖集萃——华楼篇》，中国海洋大学出版社 2016 年版，第 45—46 页。

② 周志元：《崂山志》，齐鲁书社 1993 年版，第 197 页。

归入了"元代刻石"部分。如此看来，学者眼中的王道坚应为元代道士。从此处石刻的书法、雕刻技法方面看多有相似性，两则题刻又前后相连，故王道坚或与刘志坚为同时代之人，他们抑或是共同将"长春师父手卷"组织上石的。

其实，这一论断可在崂山题刻之中找到内证，崂山华楼宫碧落岩西壁还有一则《八不砂大王题记》，内容是益都路八不砂大王颁赐给华楼宫刘大师的护教令旨，其中有"益都路胶州即墨县牢山，有俺的上华楼宫住持底刘大师"之语，落款为："元贞三年正月廿三日，南口有时分写来，八月廿日王道坚上石。"① 可见，护教令旨颁发的时间为元贞三年（1297）正月廿三日，后由王道坚于八月廿日将其题刻上石。而元贞三年（1297）正值刘志坚（1240—1305）于华楼山修持并将全真先辈的大量诗词及修炼要诀题刻上石之时，故题记中的"刘大师"应指刘志坚，由此看来，王道坚正是与刘志坚同时代的崂山道人。

近现代学者在转录第一则"长春师父手卷"题刻时于文字辨识上有不当之处，以周志元《崂山志》为例来看，如题刻中的"微尘了了"在《崂山志》中作"微尘扰扰"；其他又如"三尘外"作"一尘外"，"下出黄泉"作"下入黄泉"，"沧海变"作"沧海遍"，"高空"作"空山"，"风狂"作"疯狂"。其中有些为谐音字现象，或是转录时出现的差错。其他载录"长春师父手卷"题刻的著作也有不同程度的文字错误，如"煌煌"写作"惶惶"，"三尘外"写作"三尘处"，"接舆"写作"接与"等。②

这则"长春师父手卷"实为一首七言律诗，诗歌内容概可分为前后两部分，主要表达了修道持法和逍遥自在的观念。诗中所言"法性煌煌满太虚"即指道法广大、充斥于整个宇宙间，"太虚"指代宇宙空间范畴，如唐代陆龟蒙《江湖散人歌》传中曰："天地大者也，在太虚中一物耳。""微尘了了"与"法性煌煌"形成鲜明对比，言微不足道的尘间俗事不能对自己的道法构成影响。"上超碧落三尘外，下出黄泉九地余"一

---

① 详见王瑞竹《崂山题刻今存》，中国海洋大学出版社 2016 年版，第 103 页；本书第五章第一节亦有述及。

② 清人黄肇颚《崂山续志》记此则诗刻文为："法性煌煌满太虚，微尘了了意何如？上通碧落三辰外，下出黄泉九地余。大劫任从沧海变，高空惟有白云居。也知日□言辞怪，莫道风狂类接舆。"（清）黄肇颚：《崂山续志》，山东省地图出版社 2008 年版，第 139 页。

句亦是对道法广大之貌的形容，"碧落三尘"言指上天之极限，"黄泉九地"有对佛家语的借鉴，此指超越生死轮回，类似诗句有白居易《长恨歌》："上穷碧落下黄泉，两处茫茫皆不见。""大劫任从沧海变，高空自有白云居"一句主要描述了于人世变迁中保持自在无拘的心态，北宋张君房所编《云笈七签》卷二《劫运》载："天地改易，谓之大劫。大劫交则天地翻覆，河海涌决，人沦山没，金玉化消，六合冥一"，又言："大劫终则九天数尽，六天运穷。"[1] 面对如此沧桑巨变诗人以悠然居于高空的白云自比，借此表现出天道之高远及人心之逍遥。"也知日出言辞怪，莫道风狂类接舆"一句与上一句表达的理念相似，其中"风狂类接舆"借用了春秋时期楚国隐士"接舆"的典故，接舆因不满时政而佯狂避世，又称"楚狂接舆"。据《论语·微子》记载，孔子适楚，楚狂接舆游其门曰："凤兮凤兮，何德之衰？往者不可谏，来者犹可追。已而，已而！今之从政者殆而！"这即是流传广泛而久远的《楚狂接舆歌》，接舆其人其事在《庄子·逍遥游》《庄子·人间世》中亦有记载，"长春师父手卷"诗刻用此典故主要抒发了一种闲适自在的心境，亦流露出对仙人仙界的向往之情。

第二则云岩子刘志坚上石的"长春师父手卷"在近现代与崂山文化相关的著作中也有所收录，但在文字和断句方面存在些许差异。周志元《崂山志》将其题为"元华楼山云岩子石刻"，文为："屈指追锡前世名头，省悟今生。今生要不做修行，犹恐轮回作争行。如真常满如期开，墓骨分明，便器宝剑铸向炉底龟天火。"[2] 青岛市史志办公室编《崂山志》载录此题刻时未加标点，文为："掘指追赐前世怯头省悟今生今生不做修行犹欲轮回作争行如真常要妙顿开暮骨分明便舒宝剑杀三篷，谎底龟蛇火炳。"[3] 王瑞竹《崂山诗刻今存》载录此题刻为："掘指追赐前世，侠头省悟今生。今生要不做修行，犹欲轮回作争。行如真常要妙，顿开暮骨分明。便舒宝剑杀三篷，谎（底）龟蛇火炳。"[4] 崂山风景区管理局与崂山区文化新闻出版局编《崂山摩崖集萃——华楼篇》载录此题刻为："掘指追赐前世佲，头省悟今生。今生要不做修行，犹欲轮回作争行。如真常

① （宋）张君房辑：《云笈七签》，齐鲁书社 1988 年版，第 7 页。

② 周志元：《崂山志》，齐鲁书社 1993 年版，第 197 页。

③ 青岛市史志办公室编：《崂山志》，五洲传播出版社 2003 年版，第 212 页。

④ 王瑞竹：《崂山诗刻今存》，中国海洋大学出版社 2013 年版，第 79 页。

要妙，顿开暮骨分明。便舒宝剑煞三蓬，唬底龟蛇火炳。"① 可见，以上所载均有不同之处，其原因主要是诗句中存在一些生僻字，且内容亦较为晦涩。

其实，这则"长春师父手卷"虽然在丘处机个人文集《磻溪集》中未有收录，但在明人张丑所编的《清河书画舫》中却有记载，为方便论述兹列如下：

> 丘处机，字通密，号长春，登州栖霞县人。诏赠长春演道主教真人。行草宗黄山谷。《书史会要》。丘长春词 屈指追思前世，低头省悟今生。今生若不做修行，又与轮回作争。幸遇真常要妙，点头暮故昏盲。便挥宝剑杀三彭，嚇得龟蛇火进。《西江月》。长春子花押丘。〇丘仙翁事实，详具陶南村《辍耕录》中。所书《西江月》，盖出仙翁手笔，词语有指迷深意，尤可宝也。后学张丑敬观恭题。真迹。②

张丑先是简单叙述了丘处机的生平，接着便载录其词《西江月》，词的内容与崂山"长春师父手卷"基本相同，后又说明此词为真迹，是丘处机的手笔，且是自己亲眼所见并作题跋的。

唐圭璋所编《全金元词》据张丑《清河书画舫》也转录了这首丘处机的《西江月》，但文字上稍有不同："屈指追思前世，低头省悟令望。今生若不做修行，又与轮回作争。幸遇真常要妙，点头莫故昏蒙。便挥宝剑杀三朋。誂得龟蛇火遁"，其后又注曰："《清河书画舫》卷六引《书史会要》。案影印洪武九年刊本元陶宗仪《书史会要》无此词，不知《清河书画舫》何据。"③ 关于唐圭璋先生的疑惑，谭勤在《〈全金元词〉丘处机〈西江月〉词辨误》一文中认为："丘处机小传与《书史会要》'邱处机'条丝毫不差，其为张丑据《书史会要》辑录可无疑，而《西江月词》则据真迹过录，题辞亦表明他见过真迹"，为证明此观点可靠，他还引用了明遗民顾复所著《平生壮观》卷四"丘处机"条中的文字作佐证："《西江月》，一首，白纸大字，每行三字，款'长春子'。'立立'字上

---

① 青岛市崂山风景区管理局、青岛市崂山区文化新闻出版局编：《崂山摩崖集萃——华楼篇》，中国海洋大学出版社 2016 年版，第 46—47 页。

② （明）张丑：《清河书画舫》，上海古籍出版社 2011 年版，第 305 页。

③ 唐圭璋编：《全金元词》，中华书局 1979 年版，第 479 页。

有一大印，纸坚朱脱，文不能辨。予仲弟紫硼、犹子玩尘，皆邱龙门法嗣也。……词藏我家，紫硼持赠同门道侣黄虚堂矣。……"又言："其后录文与《清河书画舫》所载毫厘不爽"，以此知"张丑当在顾复之弟顾紫硼将《西江月》词真迹赠黄虚堂后得见原本，并题跋其上"，谭勤又进一步说"张丑与顾复皆明末书画收藏大家，以鉴赏书画名世，且《平生壮观》尚未刊行，张丑自无缘得见，而两人对《西江月》词记载竟不约而同，其所见《西江月》词为真迹可无疑"①。根据谭勤的这一论述已明确可知，张丑《清河书画舫》中丘处机生平简介部分是依据陶宗仪《书史会要》辑录的，而丘处机的《西江月》词则是据真迹载入的，唐圭璋先生误将二者混为一谈，故其以《书史会要》复核丘处机这首《西江月》词自然也查无实据。

　　也许正因学者所见丘处机这首《西江月》为"白纸大字，每行三字"的真迹，所以崂山道人在将其题刻上石时才命名为"长春师父手卷"。既然张丑《清河书画舫》所录丘处机《西江月》为其亲眼所见的真迹，那么录文版本亦应最为规范，将其与崂山题刻"长春师父手卷"作对比可明显看出，"长春师父手卷"中的刻字错误之处甚多，兹列如下：

　　"屈指追思"误作"掘指追赐"；"低头"之"低"字，因雕刻字形如"伭"，故相关著作转载时误写为"伭""怯"或"侠"，皆由字形接近导致差误；"若不"误作"要不"；"又与"误作为"犹欲"；"幸遇"误作为"行如"；"点头暮故昏盲"一句误作"顿开暮骨分明"；"便挥"误作"便舒"；"杀三彭"误作"煞三蓬"；"嚇得龟蛇火进"一句误作"諕底龟虵火炳"。

　　观览这些文字差异不难看出，多为谐音字现象，这是云岩子刘志坚上石诗词中所犯的一贯错误，皆是因诗词在道众间主要以口头方式传播而造成的。这些文字错误无疑给后人对此词的理解带来难度，故现当代学者对其转录时也不可避免地于文字辨识和断句方面出现分歧。

　　唐圭璋《全金元词》虽是据张丑《清河书画舫》转录的丘处机此词，但个别文字上也出现了互异现象，如"省悟今生"作"省悟令望"；"暮故昏盲"作"莫故昏蒙"；"杀三彭"作"杀三朋"；"嚇得"作"諕

---

　　① 参见谭勤《〈全金元词〉丘处机〈西江月〉词辨误》，《汉语史学报》第十四辑，上海教育出版社 2014 年版，第 252 页。

得"；"火迸"作"火遁"。关于此，谭勤认为应以张丑《清河书画舫》所录丘处机真迹为准，并以"三彭""令望""火迸"三词为例作了辩说，为便于读者更加详尽地认识和理解此词，我们可将谭勤的考辨刊录如下：

《全金元词》录作"三朋"，真迹作"三彭"，当以"三彭"为是。"三彭"即三尸，彭为三尸之姓，据《宣室志》卷一可知："契虚因问撑子曰：'吾向者谒见真君，真君问我三彭之讐，我不能对。'撑子曰：'夫彭者，三尸之姓，常居人身中，伺察其罪，每至庚申日，籍于上帝。故凡学仙者，当先绝其三尸，如是则神仙可得，不然，虽苦其心，无补也。'"《云笈七签》卷八一《三尸中经》亦云："上尸名彭倨，在人头中……中尸名彭质，在人腹中……下尸名彭矫，在人足中。"知彭倨、彭质、彭矫即"三彭"。然为何"绝其三尸"方能成仙呢？盖道家认为"三尸"将人之过失诉于司命道人，以致减人性命，如《抱朴子内篇·微旨》所云："又言身中有三尸，三尸之为物，虽无形而实魄灵鬼神之属也。欲使人早死，此尸当得作鬼，自放纵游行，享人祭酹，是以每到庚申之日，辄上天白司命，道人所为过失。……大者夺纪。纪者，三百日也。小者夺算，算者，三日也。"而修道之人皆追求长生，故莫不以"除三彭"、"灭三彭"、"杀三彭"、"诛三彭"、"伐三彭"为己任，如《王重阳集》卷一〇《赠范才甫》："成交易，正好行，丹田界上杀三彭。"同卷《问内事》："南北冲和同一体，东西交媾灭三彭。"《笥谷诗钞》卷一七《西爽阁读道藏》："然后《阴符》及《内景》，战且学仙诛三彭。"《茅山志》卷一五僧觉恩《伤中砥》："共我偶然成百岁，知君久已伐三彭。"除"三尸"则长生有望，《道枢》卷二八云："如此行之而不辍，则可以除三尸、获长生矣。"绝"三彭"则"神仙可得"（前引《宣室志》语）、"真人"可成，如《列仙传》卷下云："卿除腹中三尸，有真人之业可度也。"丘处机欲得长生、成"真人之业"，自当"挥剑杀三彭"，方是道家本色，"杀三朋"则不知所云也。又如"省悟令望"当作"省悟今生"，"省悟今生"与"追思前世"为对，"令望"意谓好名声，然以丘处机之胸襟修为，绝非耿耿不忘虚名之辈，故其词每多富贵浮云之气，名利粪土之概，如《沁园春·

示众》："叹利名千古，争驰虎豹，丘原一旦，总伴狐狸。"《瑶台月·劝酒》："浮名浮利，叹今古、悠悠颠倒人泥。"皆足明其心志，可知"省悟令望"殊违词人本心。"今生"、"令望"形近而讹。望字行书为 （元赵孟頫《赤壁赋》），与"生"字形体极近。

"火遁"当作"火逬"。"逬"为庚韵，与"争"、"蒙"、"彭"韵协，而"遁"为恩韵，与"争"等韵不协。"逬"有"逃散"之义，故"逬亡"、"波逬"、"流逬"等词皆指"急速逃散"，"火逬"与此义同。此外如"昏蒙"当作"昏盲"等，不一一缕述。①

　　谭勤的考证细致入微，见地深刻。故崂山碧落岩处云岩子刘志坚上石的"长春师父手卷"题刻，应以明人张丑《清河书画舫》中载录的丘处机《西江月》版本为准。

　　关于丘处机这首《西江月》所阐发的旨意，张丑已提及"词语有指迷深意"，故"尤可宝也"。当然这里的"指迷深意"是指道教法理而言的，联系谭勤对词中用语的考证与解释可知，"指迷深意"具体指代道家修行及其追求的长生、成真之术，也就是对于学仙之人而言，精心修行至为重要，若不如此便避免不了"与轮回作争"，亦即修炼无果、成仙无望，只能和常人一样生死轮回，而修道成真的关键则是斩杀身中"减人性命"的三尸。这些"深意"是道家追思前世、省悟今生后的深沉思考，词中的"真常要妙"亦指真实常在而又精深微妙的道家法理，《老子》有言："不贵其师，不爱其资，虽智大迷，是谓要妙"，修道之人"幸遇"此理便会以"杀三彭"为己任，因为这是通向成仙之道的必由之路。"嚇得龟蛇火逬"一句把挥剑杀三彭的快感表现得淋漓尽致，同时也体现了丘处机精诚修道的乐趣和对修道成仙的无比憧憬。

四　华楼山响石处"长春师父作"题刻

　　在华楼山之北，崂山水库之南有一响石村，村名因水库边巨石"响石"而来，沿华楼山阴古路可到达。响石由几块高大的岩石组成，其中

---

① 参见谭勤《〈全金元词〉丘处机〈西江月〉词辨误》，《汉语史学报》第十四辑，上海教育出版社 2014 年版，第 253 页。

左侧一块岩石上亦有一"长春师父作"诗刻，文字为阴刻楷书，字径约20厘米，共竖排8行，其文为：

> 长春师父作。
>
> 修行恰似上山劳，脚脚难移步步高。若是无心生退怠，直去天上摘蟠桃。
>
> 大德四年三月日，曲道明刊，刘志德，张志通，云岩子上石。门孙□常子薛悟真书。①

图 4-4-3　响石"长春师父作"诗刻

观这则"长春师父作"题刻的内容可知，其为白龙洞额处丘处机20余首诗刻中的第十首，至元代被云岩子刘志坚等崂山道人单独转刻到了响石处。但将二者进行对比还会发现，诗文中个别文字存在出入："长春师父作"中的"修行""若是无心""直去"在白龙洞额处分别作"修真""若不志心""直趋"。前文已经述及，白龙洞额处的丘诗题刻落款时间为"泰和戊辰"（1208），是丘处机作完诗歌后不久即被刊刻上石的，应是最规范的版本。而此处"长春师父作"诗刻落款时间则是元大德四年

---

① 题刻末句已模糊不清，学者在文字辨识上也有所不同，如青岛市史志办公室编《崂山志》作："明孙了岩子薛悟真书"（青岛市史志办公室编：《崂山志》，五洲传播出版社2003年版，第214页），王瑞竹《崂山诗刻今存》作："门孙□常子薛悟真书"（王瑞竹：《崂山诗刻今存》，中国海洋大学出版社2013年版，第128页），笔者认同后者。

（1300），可见二者相差近百年，故应以白龙洞额处的丘诗题刻版本为准。

由落款可知，除云岩子刘志坚之外，曲道明、刘志德、张志通、薛悟真也参与了这则"长春师父作"诗刻的上石之事。关于刘志坚、曲道明、刘志德、张志通四人我们并不陌生，前文皆有所述，而薛悟真则是第一次出现。根据落款可知，薛悟真是刘志坚等崂山道人的门孙，辈分较低，号"□常子"，他承担了此处"长春师父作"题刻的撰书工作。

还需一提的是，据清人黄肇颚《崂山续志》记载，位于崂山芙蓉峰西麓的神清宫中有长春子题句："修真恰似上山劳，脚脚难移步步高。若不志心生退息，只取天上摘蟠桃。延祐六年二月长春子题。"①可见白龙洞丘诗题刻第十首再次被转刻，转刻时间为延祐六年（1319），比云岩子刘志坚等人转刻此诗至响石的时间又晚了近20年。除此之外，周志元《崂山志》又载："（天柱山）在鹤山北。峰势峭耸，形如华表，上有邱长春镌诗一绝云：'天柱巍峨北建标，上穿云雾入青霄。不知日月星辰谢，但觉阴阳气候调。'"②其中所引诗歌为白龙洞丘诗题刻第十五首，亦应是后人转刻至天柱山的。

五　华楼山北黄石洞"丘真人清天歌"题刻

在华楼山之北的华阴北山有黄石洞遗址，位于王乔崮与崂山水库之间。③黄石洞处题刻甚多，青岛市史志办公室编《崂山志》说："黄石洞在华楼山北，元代建有黄石宫，洞在宫旁，石壁色黄。洞内石壁上刻石甚多，密集之程度，在崂山摩崖刻石中首屈一指，刻石有隶书，有楷书，笔锋遒劲，诗、词、文合计共15篇，最长者可达1000余字，短者只有三字，由于年代久远，已被石花青苔所封，漫漶不清，难以辨识，最早者有元代大德年间刻石，最晚者为明代万历六年刻石。洞上有大明乙未张德昌上石之邱处机《青天歌》一章，字已模糊不清。"④

笔者在2018年4月曾两赴黄石洞一带考察，因网络地图标示有误，

---

① （清）黄肇颚：《崂山续志》，山东省地图出版社2008年版，第296页。

② 周志元：《崂山志》，齐鲁书社1993年版，第22页。

③ 严格来说，黄石洞遗址所在地非属于华楼山景区，其所在山体名为华阴北山，因其与华楼山距离较近（中间只有一水库相隔），为方便论述，故将这一部分内容归入"华楼山处丘处机诗词题刻"中来论述。

④ 青岛市史志办公室编：《崂山志》，五洲传播出版社2003年版，第211页。

又赶上封山防火期，故询及当地村民并经巡山人员通融后，才最终寻见黄石洞遗址，实属不易。如今的黄石洞遗址较为隐蔽，通向遗址的山路已被山村之后的防火大道隔断，需沿路边石崖攀岩而上寻得小路前行，前行途中遇陡崖还要攀藤而上，之后的小路皆为密竹掩盖，拨开竹丛才能看清小路的痕迹。黄石洞遗址处的题刻及赑屃等文物也多为草木和竹丛所掩，部分已不易寻得。

黄石洞概分左中右三处洞穴，"丘真人清天歌"石刻位于中洞处，篇幅较大，文字为阴刻楷书，共竖排16行。虽其中部分字迹已漫漶不清，但好在《清天歌》在丘处机个人文集《磻溪集》中也有记载，我们可以此为参照对石刻大体辨认如下：

丘真人清天歌。

清天莫起浮云障，云起清天遮万象。万象森罗镇百邪，光明不显邪魔王。

我初开廓天地清，万户千门歌太平。有时一片黑云起，九窍百骸俱不宁。

是以长教慧风烈，三界十方飘荡彻。云散虚空体自真，自然现出家家月。

月下方堪把笛吹，一声响亮震华夷。惊起东方玉童子，倒骑白鹿如星驰。

逡巡别转一般乐，也非笙兮也非角。三尺云璈十二徽，历劫年中混元斫。

玉韵琅琅绝郑音，轻清偏贯达人心。我从一得鬼神辅，入地上天超古今。

纵横自在无拘束，心不贪荣身不辱。闲唱壶中白雪歌，静调世外阳春曲。

吾家此曲皆自然，管无孔兮琴无绦。得来惊觉浮生梦，昼夜清音满洞天。

大明乙未四月日上石，昭信校尉前水陆寨巡检张德昌上石。

以上丘处机《清天歌》是以金刻本《磻溪集》为底本进行校对的，

图 4-4-4　黄石洞"丘真人清天歌"题刻

金刻本《磻溪集》题为"清天歌八首"。① 道藏本《磻溪集》中有少许文字与此不同，如"清天"写作"青天"，"偏贯"写作"遍贯"。与崂山文化相关的现当代著作收录此处题刻时在文字辨识方面也存在差异，除"清天"作"青天"、"偏贯"作"遍贯"外，又如"镇百邪"作"镇魔邪"、"万户"作"万门"、"九窍"作"九覈"或"九垓"、"飘荡彻"作"飘荡沏"，"方堪"作"方起"、"别转"作"别传"、"十二徽"作"十二徵"，"玉韵"作"玉音"、"我从"作"我欲"、"超古今"作"起古今""白雪歌"作"白云歌"、"此曲"作"所曲"。这些差异或是张德昌上石时产生的，或是文献转录时出现的误写。也可能是现当代学者于实地辨识时出现的差误，如"九窍"之"窍"的繁体字"竅"形如"覈"字，故被误作"九覈"。其他又如"飘荡彻"之"彻"作"沏"，"别转"之"转"作"传"，"十二徽"之"徽"作"徵"，"超古今"之"超"作"起"，"白雪歌"之"雪"作"雲"等，亦皆因形同而误。

　　由落款可知，丘处机这首《清天歌》的上石时间是大明乙未年四月，大明乙未年在明代有四：1415 年、1475 年、1535 年、1595 年，暂不能确指。上石之人是张德昌，"昭信校尉""水陆寨巡检"是其职官称号，《明史》卷七二《职官志一》载： "凡武官六品，其勋十有二……散阶

---

　　① 参见丘处机《磻溪集》卷二，北京图书馆古籍出版编辑组：《北京图书馆古籍珍本丛刊》第 91 册，书目文献出版社 1987 年版，第 21 页。

三十……正六品，初授昭信校尉，升授承信校尉。"①　《明史》卷七五《职官志四》"巡检司"条又载："巡检、副巡检（俱从九品），主缉捕盗贼，盘诘奸伪。凡在外各府州县关津要害处俱设，俾率徭役弓兵警备不虞。初，洪武二年，以广西地接瑶、僮，始于关隘冲要之处设巡检司，以警奸盗，后遂增置各处。十三年二月特赐敕谕之，寻改为杂职。"②　可见张德昌是武官出身，但官职并不高。

除此之外，在黄石洞中洞东石壁的"玉液岩"题字右侧还有张德昌上石的另一处题刻，其文也漫漶不清："……禄大夫山阳节度使……国夫人孙妙善冯道。庚寅年立。修武校尉即墨县水陆兼巡检奉全真弟子张德昌同妻李真善上石。"此处题刻提到张德昌的官职除"即墨县水陆巡检"外，又为"修武校尉"。修武校尉与"丘真人清天歌"石刻落款处的"昭信校尉"不同，检索史料可知，"修武校尉"之职始设于金代时从八品，元代沿用此官后升为从七品，明代未设此官名，至清代后又重设。

既然"修武校尉"之职在明代未有设立，那么张德昌为何却拥此官职呢？一个合理的推断是，张德昌可能为元末明初人，他在元代末年或是任职修武校尉，进入明代后又被任命为昭信校尉，由从七品官职到正六品，也符合官阶提升次序。另外，黄石洞处由张德昌上石的题刻时间应较为接近，将两题刻的落款进行对比会发现，"丘真人清天歌"石刻中言张德昌官职为"前水陆寨巡检"，而"玉液岩"题字右侧题刻则言张德昌官职为"水陆兼巡检"。提及同一官职，一个有"前"字，一个没有，这说明张德昌将"丘真人清天歌"上石时已经不再兼任水陆寨巡检之职，也说明此石刻上石时间晚于"玉液岩"题字右侧题刻上石的时间。"玉液岩"题字右侧题刻落款时间为"庚寅年"，"丘真人清天歌"落款时间为"乙未年"，二者相差五年，如果张德昌为元末明初人这一推断可靠的话，那么"玉液岩"题字右侧题刻的"庚寅年"最可能的是1410年，"丘真人清天歌"上石的"乙未年"最可能的是1415年，此时正值明朝永乐年间。由此看来，"玉液岩"题字右侧题刻言张德昌为"修武校尉"，也只是沿用前代官职的习惯性称谓。张德昌的身份除是朝廷官员外，由"玉液岩"题字右侧题刻落款文字还可知，他晚年又是崂山上一位虔敬的全

---

① （清）张廷玉等撰：《明史》，中华书局1974年版，第1751页。

② 同上书，第1852页。

真道人。

丘处机这首《清天歌》在后世道众间流传广泛，且受到修道者的高度重视，元代名道王玠（字道渊，号混然子）作有《青天歌注释》，明代名道陆西星（字长庚，号潜虚子）又作有《青天歌测疏》，认为其间蕴含着丰富的道术修行的要旨，可为修行之人指点迷津。为方便大家理解这首作品，兹将王玠与陆西星的注解转录如下。

王道渊《清天歌注释》：

序文：

夫青天歌者，真人丘长春之所作也。是歌演音三十二句，乃按《度人经》三十二天运化之道也。余每诵其音，喜其文简而理直，实修真之捷径，入道之梯阶。前十二句，乃明修性之本体；中十二句，为复命之工夫；末后八句，形容性命混融、脱胎神化之妙也。愚见世人只作闲文歌唱舞蹈，终不知其中九和十合之理，今故强为注释，以俟后之来者。鄙见浅陋，然初学者其庶几有所感悟焉。混然子序。

青天歌注释：

青天莫起浮云障，大道本无为。云起青天遮万象。有为皆是错。

青天者，指人性而言也。浮云者，指人杂念而言也。此二句是修行人一个提纲。大凡平日，二六时中，心要清净，意要湛然，不可起一毫私念，间隔真性，自然如青天无云障也。若苟有心君，不能为主，对境触物，随念所迁，其出弥远，是云起而遮万象也。

万象森罗镇百邪，性静情逸。光明不显邪魔旺。心动神疲。

此谓一性正位，百邪自归，则身中天地，万气一气也，万神一神也。自然心君泰定而镇百邪也。若忿不能惩，欲不能窒，放情不返，被魔所摄，是吾光明不显而邪魔旺矣。

我初开廓天地清，克己复礼，万户千门歌太平。天下归仁。

此言得道之士，勘破生身本来无个甚么，只恁么清静存真常如赤子，性自空而命自固，则通身四大、八万四千毫孔，血气周流，无处不畅。《易·坤卦》云："黄中通理，正位居体，畅于四肢，美在其中矣。"岂不是天地清而万户平也欤。

有时一片黑云起，忿不惩，欲不窒。九窍百骸俱不宁。水火不济。

此言人有恶念动处，即如黑云之起。当此时，急要知觉，便好回光返照，养其良心可也。若无禁戒，随眼耳鼻舌四门所漏，被形所役者，性天则黑云锁闭，苦海则淫欲波翻，是以一身九窍百骸俱不宁也。《道德经》云："开其门，济其事，终身不救。"禅家所谓"不怕恶念生，只怕知觉迟"。孟子又曰："失其鸡犬而知求，放其心而不知求，哀哉！"学者可不戒欤！

是以长教慧风烈，神一出，便收来。三界十方飘荡澈。洗心涤虑。

此一节警戒学人，心常要在腔子里，一动一静，在乎刚洁，不可与万缘作对。若遇诸色相，须是决烈其志，慎勿动念。尹喜真人曰："凡物之来，吾则应之以性，而不对之以心。"《金刚经》亦曰："不应住色生心，不应住声香味触法生心，应无所住而生其心，如是降伏其心。"孔子故曰："君子素其位而行，不愿乎其外。"此所以教人，心君若能主正，智慧自然圆通，则身中三宝归体，十方肃清，无有障碍也。

云散虚空体自真，一真常存。自然现出家家月。通身是道。

此承上云。既得三界十方荡澈，自然一念不生，则吾真性常存，其妙通身，星月俱现光明，此乃内景坐忘之道也。如《度人经》云："诸天复位"，又如颜子屡空是也。

月下方堪把笛吹，癸生须急采。一声响亮振华夷。回风混合。

此以下乃言修命工夫。月下者，言身中冬至子时，一阳动处癸生时也。当此时，急下手采之，便以神呼气，气归窍，内吹其音，外闭其门，调和律吕，混合百神。此乃吹吾身中无孔之笛，发一声响亮而振动华夷也。非遇真师，口诀不可知也。

惊起东方玉童子，水府求玄。倒骑白鹿如星驰。取坎去填离。

惊起者，熏蒸也，从下而上也。东方者，甲木生火于寅位也。玉童子者，流意飞神也。倒骑者，逆转也。白鹿者，炼精化为白炁也。总而言之，凡作丹入室之时，性君主内，流意沉下水府，需蒸存中根，侯阳火渐炽，举动上头关掞，从寅至巳，流戊土，督进阳火，迫逐金精，直透三关，上入南宫，补离中之阴，是成乾象，则要如星驰之速。

逡巡别转一般乐，出有入无。也非笙兮也非角。无象之象。

逡巡者，杜渐也，从上而下也。引转一般乐者，此言六阳会乾，阳无终极之理，一阴生于五阳之下，继此以往，则当杜渐。自午至亥，以己土退阴符，从金阙下鹊桥华池，滂滂沛沛，入重楼绛宫，直送至坤宫土釜而止。产个明珠似月之圆，非笙非角之可比也。

三尺云璈十二徽，三花聚鼎。历劫年中混元斫。五炁朝元。

此承上云别转一般乐之意于此，故云。三尺云璈者，乃言三般大药归鼎，妙合凝真，一息工夫即夺回一年十二月造化。丹经所谓簇年归月，簇月归日，簇日归时，一时之中只用二候，运行周天符火，采药入室，以行内事，混融煅炼，结成圣胎，乃曰历劫年中混元斫也。《度人经》云："中理五炁混合，百神十转，回灵万炁，齐仙了真。"□子故曰："大药三般精气神，天然子母互相亲。回风混合归真体，煅炼工夫日日新"是也。

玉韵琅琅绝郑音，天无浮翳。轻清徧贯达人心。四气朗清。

此承上云混元斫之义于此，故云。玉韵琅琅者，乃得其真火煅炼之功，脱去其旧染之污，是得神和而气和，如舜韶之纯翕，从此绝其郑声之淫，觉吾身中土皆作碧玉，无有异色，自然徧贯达于人心也。《度人经》云"金真朗郁，流响云营，玉音摄气，灵风聚烟"是也。若非真传实践工夫，知如是妙乎？

我从一得鬼神辅，魔无干犯。入地上天超古今。应化由我。

此言丹道圆成，变化自在，则宇宙在乎我，万化归乎身。到此地位，阴阳由我运，五行由我役，风雨由我召，雷霆由我呼。是以现大身，徧微尘，藏小身，载须弥。于是鬼神莫测，其机自得，束首侍卫，入其地，上其天，超古今，总在我，应化无穷也。

纵横自在无拘束，不被形缚。心不贪荣身不辱。内外俱忘。

此承上云超古今之义于斯，故云。纵横自在者，乃言唯道为身，不随世变，倒用横拈，变化由我，岂有拘束也。富贵荣华，到此时尽底掀翻，岂心再有贪荣而身有辱也？此个活路，若非大丈夫决烈手段，焉能致此？

闲唱壶中白雪歌，道大中虚。静调世外阳春曲。超出三界。

此言闲唱者，自得其真乐也。则吾身别有壶天景致，常有漫天白雪之飞，清清朗朗，了无纤尘可入。《庄子》所谓"虚室生白，神明自来"。尹真人亦曰："一息冥情而登大道。"此所以九和十合，一气纯阳而超三界之外，岂非歌阳春之曲乎？

我家此曲皆自然，形神俱妙。管无孔兮琴无弦。与道合真。

此言九转丹成，脱胎神化，是自然之道，体同虚空，非形象之可睹。元始天尊故曰："视不见我，听不得闻，离种种边，名为妙道。"岂管真有孔而琴有弦耶？这些消息可以默会，古人所谓道本无形，我亦非我，铁壁银山，蓦直透过，学人于此转得一语，则参学事毕，有何疑哉？

得来惊觉浮生梦，虚空粉碎。昼夜清音满洞天。独露金真。

此一节总结一篇首尾之妙。所谓得来者，得来真道，永证金刚不坏之身，觉悟浮生一切有为之法如梦幻耳。是得今日升无上妙道，身中昼夜常有仙乐之音满洞天也。此又警示后之学者，纵得功名盖世，文章过人，不得真传至道，到头总是虚浮不着实也。若只管贪迷不醒，流入浮生梦寐，轮回无期，何能出于生死？除是决烈丈夫信得及、参得透、割得断，一悟回头，直超无色之界，向吾大道而修，内则存神养气，外则混俗同尘。此乃在世出世，即与仙佛并驾，岂虚语哉？①

陆西星《邱长春真人青天歌测疏》：

青天莫起浮云障，云起青天遮万象。万象森罗镇百邪，光明不显邪魔旺。

我初开廓天地清，万户千门歌太平。有时一片黑云起，九窍百骸俱不宁。

是以常教慧风烈，三界十方飘荡彻。云散虚空体自真，自然现出家家月。

夫青天湛湛，万象森罗，忽起浮云，重重遮障，阳衰阴盛，魔鬼逼人。喻彼性体真空，岂容私意？瞥然念起，翳彼太虚，则五官失职

---

① 王玠此篇《青天歌注释》详见《道藏》第二册，文物出版社、上海书店、天津古籍出版社联合出版，1988年版，第890—893页。

而光明不显，六贼来侵而邪魔转盛。是以学道初关，先须炼己。炼己者，克己也，克去己私，私欲净尽，本体湛然，乃见真性。"我初开廓"，用功之始，能使天君泰然，清宁自若，百体从令，共乐大平。功夫少间，私意复萌，九窍之邪，投间煽乱。是以常秉慧剑，扫荡诸邪，务使一念不生，万缘顿息，孤轮独拥，朗照千门，则如风卷残云，云消月出，家家户户普照圆光也。然家家有月，皆一月之所摄，正如人身窍窍光明，总归真性，念起则壅蔽聪明，欲净则神光透露。

月下方堪把笛吹，一声响亮振华夷。惊起东方玉童子，倒骑白鹿如星驰。

如上炼性纯熟，方许临炉，故有月下吹笛之说。笛，无孔笛也。华夷者，以喻内外。一声响亮，循文似指笛声，寓意实言雷动。当此雷动之时，内宾外主，一时交会，故振动华夷，《参同》所谓"人民惊骇"是也。东方玉童，以喻己汞。倒骑白鹿，以喻虎铅。白鹿即白虎之义，又鹿五百岁始变白，亦精炁之全者。倒骑者，逆转而上之称。如星驰，言速也。玉童骑鹿，厥义安指？盖虎铅既至，必须己汞迎之，然后宾迎主入，西过东家，一时半刻之间，星驰电走，径上昆山，降入中宫，而还丹始就。故此以下，遂言温养自然之用。

逡巡别转一般乐，也非笙兮也非角。三尺云璈十二徽，历劫年中混元斫。

玉韵琅琅绝郑音，轻清遍贯达人心。我从一得鬼神辅，入地上天超古今。

夫采药归来，虎龙战罢，乾坤宁谧，罢功守城，偃武修文，搬运符火，一味养以中和，故别转所用之乐，非笙非角而取云璈。云璈者，古琴名，圣人用之以养中和之德者也。盖笛音嗷噪，武炼者象之；琴韵中和，文修者尚之。用各不同，故云"别转"。三尺以象三田，十二徽以准年月。历以年劫，贵久道也。斫以混元，无穷凿也。音绝郑卫，无淫邪也。且玉韵琅琅，使人奏之而神气爽清，闻之而心耳俱畅，是乐也，岂实有哉！不过以喻吾身中和之妙而已。从此以后，则鬼神钦仰，辅翼成功，入地升天，超今绝古矣。

纵横自在无拘束，心不贪荣身不辱。闲唱壶中白雪歌，静调世外阳春曲。

大丹圆就，药化神升，自在纵横，从心所欲，歌白雪、鼓阳春，乐且湑哉！仙家之日月也。阳春白雪，乃师旷所拟钧天之乐，今世亦有传者。但此言壶中白雪、世外阳春，似亦身中造化，以为歌曲，殆寓言耳。

我家此曲皆自然，管无孔兮琴无弦。得来惊觉浮生梦，昼夜清音满洞天。

歌中所言琴笛歌曲，皆是寓言。仙翁恐人取相而求，故复终篇道破，言我家此曲乃罔象之象、希声之声，谓管无孔，谓琴无弦，所谓无情作用，无情听受者，迥与世俗之乐，仙凡不同。且阎浮之世，浊梦昏沉，洞天之中，清音遍满，故尘梦非此乐而不醒，此乐非梦醒而不得，岂不痛寐遐思，令人忻恋哉！

（星按）《群仙要语》清和尹真人云："长春师父言：觑那几个师家，福慧相貌，皆胜自己，遂发心下三年志，要炼心如寒灰。下了十年志，心上越整理不下。自知福小，再加志，着一对麻鞋，系了却解，解了却系，每夜走至十七八遭，不教昏了性子。后习至五十日不动心，真性常明，便似个水晶塔子。或一日却倒了，更起念，师父啼哭，自知福浅，不能了道，经天魔及五帝大魔飞石打折三根胁肢，亦不动心。后至圣贤提挈，闻空中言：你二月十五日得道。则至十一日早便通天彻地，观见天地山河如同手掌。"真人此歌，要亦自家履历公案，篇首数句，模写殆尽，其言"一得鬼神辅"，乃圣贤提挈也。真人云："修行全在志，若无志，圣贤如何提挈？只勿令念起，乃志也。"至哉言乎！敬录于后，以自策励云。隆庆辛未五月十有二日。①

以上是古代道人从道术修炼的角度对丘处机《清天歌》做出的详细注解。除此之外，现当代学人也有对《清天歌》进行全面解读者，关于此可参看吴信勤《邱祖一首〈青天歌〉，得来惊觉浮生梦》等文。②

------

① 陆西星此篇《邱长春真人青天歌测疏》详见《藏外道书》第五册，巴蜀书社 1992 年版，第 357—358 页。

② 吴信勤：《邱祖一首〈青天歌〉，得来惊觉浮生梦》一文，详参"腾讯道学"网（http：//dao.qq.com/a/20170913/030076.htm），2017 年 9 月 13 日。

第五节　丘处机对崂山题刻等文化发展的影响

　　虽然丘处机到访崂山多是应崂山道众所邀，其游崂期间又作有多首赞颂崂山胜景的诗词作品，但丘处机此行绝非单纯地游目骋怀，除此之外他还担负着传道布教、弘扬道法的职责，这在其部分诗歌及相关题字中有着充分的反映。所以，丘处机驻足崂山，不仅丰富了崂山道教文化的底蕴，而且其从事的一系列活动也会对当时和后世崂山全真教的发展起到很大的推动作用。

　　由于这些贡献，丘处机赢得了崂山道众的极大尊崇，故当其仙逝之后，崂山道众在崂山上修建了丘处机墓，以表哀悼和追念。周志元《崂山名胜介绍》说："在（上清）宫南还有丘长春墓，根据元史记载，长春的坟墓，是在北京白云观，相传他还有七十二个墓，都是葬衣冠之处，这里大约也是他葬衣冠之处。"[1] 丘处机此墓在"文化大革命"时期被掘开，里面有一青石凿成的石棺，形制如同木棺但稍大，长六尺有余，深、宽各约四尺，出土时里面有半棺清水，上浮有手杖，犹如今天弯把的伞柄。[2] 以此可见，崂山丘处机墓虽为衣冠冢，但崂山道士对此颇为用心，此中又可看出丘处机对崂山道教影响之大及崂山道众对其敬重之深。

　　丘处机于金泰和三年（1203）继任全真教第五任掌教，他本人受邀到访崂山及其题咏崂山的诗词备受重视，也与其全真教掌教的身份和声望息息相关。而丘处机又热爱于名胜古迹或道教胜地处吟诗与题字，故其游崂后不久，其专门吟咏崂山的诗歌便被崂山道众组织镌刻于白龙洞额，且丘处机抑或亲自参与了上石之事。这样的行为，无疑具有很大的标杆性，所以当丘处机逝世后，其再次游历崂山时所作的诗词也被镌刻到了上清宫和太清宫处，以示颂赞。实际上，丘处机崂山题刻的这种示范作用，一直延续到其仙逝之后，这在后世历代崂山道众间有着明确的反映。如金末元初全真道士李道谦又将元太祖敕封丘处机的护教圣旨和颁给丘处机的金虎

① 周志元：《崂山名胜介绍》，山东人民出版社1959年版，第53页。
② 据说，石棺被掘出之时，棺盖被一断为二，棺体被林场取走当作水槽使用。详见青岛市崂山区志编纂委员会编《崂山区志》，方志出版社2008年版，第745页。

符文镌刻成碑，置于崂山太清宫中。① 又如元代崂山道人云岩子刘志坚，为显崂山道教之隆，他不仅继续将丘处机的诗词作品镌刻上石，而且题刻对象的范畴进一步扩大至丘处机之外的众多道人身上，题刻内容也在诗词的基础上增添了修炼丹诀、道家养生、名道事迹等，从而极大地丰富了崂山题刻文化的内容。不仅如此，刘志坚的弟子仍然仿照前代题刻之事，将刘志坚本人所作的诗歌及其他道人赠予刘志坚的诗词也镌刻到了崂山之上；刘志坚离世后，其弟子又在其墓前题刻留记。② 自此以后，题刻山石似乎成了崂山道众的常事，以至于明代嘉靖年间崂山道士孙玄清有《孙真人紫阳诗》题刻，③ 明代末年武官兼道士身份的张德昌将自己的修道事迹及丘处机《清天歌》镌刻上石，清代初年崂山道众又将《孙真人紫阳疏》题刻上石，等等。

其实，丘处机游历崂山及其所留题刻的影响，并非仅仅限于崂山道众方面，对文人墨客同样影响至深。例如，明代诗人兼画家的陈沂，他游览崂山时有《鳌山记》一篇，其中言及遇真庵"后有洞，洞旁巨石巉道人丘长春大书'鹤山洞'，余亦勒同游岁月"④。可见，陈沂不仅上承丘处机将"牢山"改为"鳌山"之事而将此文命名为《鳌山记》，而且他身临崂山游览得见丘处机题字后又兴致突来，随即仿效丘处机，将自己与友朋的此次游崂之行亦镌刻于石，以流传千古。陈沂在《鳌山记》文中还具体提到自己"题石门曰'寅宾岩'，大书一诗"，于丘处机"明霞洞"题字旁"勒诗一章"，书《如梦令》词于丘处机"镌诗十绝"之右，于巨峰茅庵处题刻"面壁洞""灵鹫庵"并"纪同玉甫来游事及侍从之名"，寻翠屏岩"梯而大书之"，从王乔崮至凌烟崮"题同游岁月"，"循金液泉、夕阳涧、石门山至清风岭小饮，题名于岭之石间"，且还提到"石工数辈，分处供事"。可见陈沂受丘处机影响而镌作诗词、游记及相

---

① 碑文可参王集钦《崂山碑碣与刻石》，青岛出版社 1998 年版，第 26—27 页；王瑞竹《崂山题刻今存》，中国海洋大学出版社 2016 年版，第 12—13 页。

② 刘志坚遗蜕处，位于华楼山凌烟崮之南的石洞，洞上镌有"灵烟坚崮""永丘之坟"题字，洞额岩石上刻有"元真人刘志坚遗蜕处"字样，洞旁石上又镌刻四列字："云岩子。刘志坚。永丘门。三阳洞。"华楼遗址西南石上又有"师父云岩子脚观"题字。

③ 参见王瑞竹《崂山诗刻今存》，中国海洋大学出版社 2013 年版，第 201 页。

④ 文见（明）黄宗昌《崂山志》卷八，文海出版社 1961 年版，第 75 页。

关题字数量极多，这些题刻分布于崂山各处，至今仍然可见。① 与陈沂相似，游览崂山且留下题刻的历代文士还有多人，如明代的邹善、周如砥、周鲁、蓝田、杨方升、范士髦，清代的崔应阶、韩梦周、高凤翰、刘澄甫、王守阳、康有为，乃至近现代文人庄建文、陆福廷、郁达夫、郭沫若、臧克家等，都将自己的诗文作品镌刻到了崂山之上。当代学人如贺敬之、黄苗子、王集钦、孙守信等也在崂山上留下了诗文题刻，且范围还在进一步扩大之中。不仅如此，历代其他类型的题字、题记、石柱题联、界碑等，更是遍布于崂山各地，近代时期甚至出现了拉丁文碑和德文题刻。② 这些，无疑越发扩大了崂山题刻文化的影响力，使崂山文化的整体含量也变得更加充裕。

　　由上看来，丘处机及相关题刻对崂山题刻文化发展的影响和贡献是显而易见的。另外，丘处机将"牢山"改名为"鳌山"后，此名沿用广泛而久远。明人汪有恒《游崂山记》云："丘长春独爱其奇秀等蓬瀛，更'鳌山'，金元碑因之。"③ 上面已述及陈沂有《鳌山记》之文，其他又如清代王葆崇有《鳌山采访录》，上清宫处山石有名"鳌山石"者，崂山附近地名亦有"鳌山卫"者，且后人在崂山上相继题刻"鳌山""鳌山上清宫""伏鳌""鳌首金龟"等与之相关的字词。

　　除以上所述外，丘处机莅临崂山的影响还延伸至文人文学方面。金元之后，文人雅士游览崂山之时，对丘处机多有关注和瞻仰，或赞其道家素

---

① 鹤山遇真庵遗址处有陈沂题文曰："嘉靖癸巳秋九月二十四日，石亭陈沂同北泉蓝田来。"翠屏岩后石壁上镌有陈沂游记："嘉靖癸巳九月，前侍讲陈沂、前御史蓝田同游诸峰，分五日至此，兴复不浅，侍御弟困亦在。"狮子峰寅宾洞处不仅留存有陈沂的"寅宾洞"题字，且有题诗一首："潮湧仙山下，楼台俯视深。赤阑横海色，碧瓦下峰阴。片石千年迹，孤云万里心。举杯清啸发，振叶欲空林。"另外，明霞洞和通往巨峰的路旁，也分别镌刻有陈沂诗刻。狮子峰口内又有陈沂游记曰："嘉靖癸巳秋九月二十五日同北泉蓝田观日出于峰上，其弟困亦在，石亭陈沂。"上清宫丘诗十首题刻后镌有陈沂题词："路出海涯山曲，怪石乱峰嘉木。深处有仙居，结向断崖幽谷，知足，知足，受此一般清福。嘉靖癸巳九月廿六日，同蓝田同来，词曰如梦令，陈沂书。"巨峰南侧慈光洞处有陈沂游记题刻，文为："嘉靖癸巳九月，翰林侍讲陈沂、御史蓝田同来，千户周鲁，典史刘豪，承差赵云凤侍行。石工林文。"相关图片可参王集钦《崂山碑碣与刻石》，青岛出版社 1998 年版，第 64、109、111、150、157 页；王瑞竹《崂山题刻今存》，中国海洋大学出版社 2016 年版，第 62、119、149、150、163 页；王瑞竹《崂山诗刻今存》，中国海洋大学出版社 2013 年版，第 37、134、142、192 页。

② 参见王瑞竹《崂山诗刻今存》，中国海洋大学出版社 2013 年版，第 92、157 页。

③ 文见（明）黄宗昌《崂山志》卷八，文海出版社 1961 年版，第 92 页。

养与风范，或称其诗文题刻之美，并在文学创作中以其人其事为典。拿诗歌来说，如明代即墨文士蓝田《登华楼》诗曰："长春高举烟霞外，使君远出风尘皆。当时人已号飞仙，只今惟有残碑在。"① 蓝田又作有《太清宫次丘长春韵》诗。② 近人周志元还特选上清宫丘诗题刻十首中的两首编入《游劳指南》附录"名胜题咏"部分，题为《劳山导引择绿石刻》。③ 拿游记来看，明人邹善《游崂山记》中提及"至上苑，寻丘长春炼药处"之事，又载其放歌曰："到此浑如尘外人，不须炼药问长春。"④ 明人高出《崂山记》言曰："劳自东华、安期生之属，以递宋元马、丘诸真，世有仙踪"，⑤ 其中的"马、丘"，分别指马钰和丘处机。拿碑记来看，元代承务郎朱羿撰《元延祐四年重地建上清宫碑》载："长春邱真人寓是，爱其青峰突兀，翠巘峻嶒，宛若鳌负蓬瀛，丹书刻石曰'鳌山'。"⑥ 清代即墨进士黄鸿中撰《清康熙五十六年重修百福庵碑》云："二崂居墨水之阳，旧多仙迹，如邱长春徐复阳辈，皆得道此也。"⑦ 再拿史志散文来看，历代为崂山修志者，无一不提及丘处机在崂山的活动。如明代黄宗昌《崂山志》卷五"仙释"部分对丘处机有专门的介绍和评价，其中提到丘处机将劳山改名鳌山之事，并盛赞其"有古直臣之风"。⑧ 清代即墨文人黄肇颚《崂山续志》（后改名《崂山艺文志》）介绍"华楼""白龙洞""上清宫"等崂山胜迹之时，皆详细载录了丘处机的诗词题刻。周志元《崂山志》卷四《人物志》"仙道"部分专门述及丘处机事迹，⑨ 卷六"金石志"又辑有丘处机在崂山上的各类题刻。蓝水《崂山古今谈》（后在《崂山古今谈》的基础上重新修定为《崂山志》）除在"人物"部分专门介绍丘处机其人外，又在"艺文"部分选录了丘处机吟咏崂山的诗歌和与之相关的碑刻，又在"劳山百咏"部分作有七律《邱处机》对其

---

① 诗见周志元《游劳指南》附录"名胜题咏"部分，苑秀丽、刘怀荣校注：《崂山志校注》，人民出版社2015年版，第250页。

② 诗见（清）黄肇颚《崂山续志》，山东省地图出版社2008年版，第274页。

③ 参见苑秀丽、刘怀荣校注《崂山志校注》，人民出版社2015年版，第268页。

④ 文见（明）黄宗昌《崂山志》卷八，文海出版社1961年版，第79、81页。

⑤ 同上书，第86页。

⑥ 参见周志元《崂山志》，齐鲁书社1993年版，第212页。

⑦ 参见青岛市史志办公室编《崂山志》，五洲传播出版社2003年版，第445页。

⑧ 参见（明）黄宗昌《崂山志》，文海出版社1961年版，第49—50页。

⑨ 参见周志元《崂山志》，齐鲁书社1993年版，第163页。

予以歌赞。当代青岛市史志办公室编《崂山志》第三章第九节"刻石"部分也辑有丘处机的崂山题刻，第八章第四节"名道"部分对丘处机的崂山事迹亦有详细的介绍。① 另外，任颖卮《崂山道教史》、赵伟《崂山道教与佛教研究》等相关著作，在叙及金元时期崂山道教的发展史时，无不对丘处机的游崂事迹和诗词题刻做出详细的论述。

　　综上所述可见，丘处机崂山之行对崂山道教发展意义重大，从而为崂山道教文化谱写出新的篇章，与其相关的诗词题刻又对崂山题刻文化起到引领作用，且这种作用一直持续到丘处机仙逝之后，其影响甚至蔓延于文人文学层面。明人陶允嘉《游崂山记》云"（崂山）得祖龙而始名，得太白而始显，得丘处机而始大显"。② 此言不虚，如今崂山多处可以寻得丘处机的踪迹。可以说，丘处机对崂山道教文化、题刻文化、文学艺术，乃至整个山东半岛地域文化发展的贡献，都是显而易见的。

---

① 参见青岛市史志办公室编《崂山志》，五洲传播出版社 2003 年版，第 315 页。
② 文见（明）黄宗昌《崂山志》卷八，文海出版社 1961 年版，第 91 页。

第五章

道教碑刻与庙记

　　除了自然山石与摩崖上的题刻之外，一些人为建造的碑刻或宫观庙记之类的题刻，也分布于崂山各地。周志元《崂山志》载录崂山历代碑碣50则，青岛市史志办公室编《崂山志》载录53则，年代范围自隋代至近代皆有，内容涉及宫观庙宇重建、道教盛典大事、道教名人生平、宫观名胜介绍等。这些碑刻有的由游崂文士所作，如即墨祭酒周如砥撰文的《明万历重建蔚竹庵碑》、胶西进士赵任撰文的《明万历重建太清宫碑》；有的由崂山佛道撰制，如憨山和尚撰文的《明万历十二年重修巨峰顶白云庵玉皇殿碑》、如幻道人撰文的《明万历十三年重修神清宫碑》；有的是在官府的扶持下而建，如《明万历二十八年颁道藏敕谕碑》《清乾隆四十八年莱府护持庙林碑》。它们或传续着崂山历史文化的深蕴，或记载着崂山宫观庙宇的兴衰浮尘，或讴颂着历代各方人士与崂山的交际遇合，或见证着崂山道教历史的持久悠长。其中有些碑刻已经湮灭无存，只能从古文献的记载中获知一二，有些已经漫漶不可读，有些则相对完好地保存到了今天。本章专就与崂山道教或道人密切相关的碑刻及庙记做出分析和探讨，而历代文人士大夫撰写的宫观碑之类则不在本文的考述之列。

第一节　元代崂山道教庙记与碑刻

　　已知的元代崂山碑碣有十余通，多数由当时的文士所撰，如承务郎朱罜撰有《元延祐四年重地建上清宫碑》、学士张起岩撰有《元泰定二年聚仙宫碑》、学士赵世延撰有《元泰定三年云岩子道行碑》。其中个别碑刻已经亡佚，如《元大德十年重修凝真观碑》《元延祐重修童真宫碑》《元至正二十年重修鹤山遇真庵碑》等；又有与佛教相关的碑刻，如《元泰定三年重修法海寺碑》。元代崂山碑刻大部分为当时文人士大夫所作的宫观碑，本节将在这些宫观碑之外，选取与崂山道教相关且至今可考的几则碑碣予以探讨。

一　元太祖敕谕碑刻

"元太祖敕谕刻石"共二则，位于崂山太清宫三皇殿。太清宫又称下清宫，地处崂山南麓老君峰下。明代黄宗昌《崂山志》记载，下清宫在天门峰北海滨，"三面高山，巨海当前，地势大矣"①。周志元《崂山志》也载："（太清宫）在青山村南三里，俗呼下宫。三面峻山，大海当前，局势之雄，当为二崂第一。"② 太清宫为崂山道教之祖庭，也是崂山规模最大的道院，被称为全真道"天下第二丛林"，仅次于北京白云观。民国时期太清宫监院周宗颐所编《太清宫志》说："劳山太清宫，系于西汉建元元年辛丑，张公讳廉夫所创始也。"③ 嗣后唐代道士李哲元增修道庵，宋代道人刘若拙奉敕创建太清宫，此后历代又有多次重修工作。青岛市史志办公室编《崂山志》说："太清宫占地 3 万余平方米，建筑面积 2500 余平方米。以三官殿、三清殿、三皇殿为主殿，以附属设施关岳祠、东西客堂、坤道院等构成的房舍共 150 余间。"④

如今崂山太清宫及其周边地区，历代遗留下来的碑碣刻石种类和数量都很多。在太清宫三皇殿前廊处，有东西相对的两墙壁，墙壁上各镶嵌着一块大理石制的碑刻。碑刻高约 60 厘米，宽约 100 厘米，阴刻楷书字体，记载的是元太祖成吉思汗敕封丘处机的护教圣旨和颁给丘处机的金虎符牌文。

（一）敕谕碑文的基本内容

东侧墙壁碑刻内容直录成吉思汗敕谕丘处机的护教文圣旨，共竖排17 行，文为：

> 钦差近侍刘仲禄奉成吉思皇帝圣旨，道与诸处官员每：丘神仙应

---

① （明）黄宗昌：《崂山志》卷三，文海出版社 1961 年版，第 40、41 页。

② 周志元：《崂山志》，齐鲁书社 1993 年版，第 87 页。

③ 周宗颐：《太清宫志》卷一，见高明见《道家海上名山——东海崂山》附录，宗教文化出版社 2007 年版，第 232 页。

④ 青岛市史志办公室编：《崂山志》，五洲传播出版社 2003 年版，第 106 页。

有底修行底院舍等，系逐日念诵经文、告天底人每，与皇帝祝寿万万岁者，所据大小差发税赋都休教著者，据丘神仙底应系出家门人等，随处院舍都教免了差发税赋者，其外诈推出家、影占差发底人每，告到官司治罪断按主者；奉到如此，不得违错，须至给付照用。

右付，神仙门下收执。照使所据神仙应系出家门下精严住持院子底人等，并免差发税赋。准此。

御

癸未羊儿年三月 日。

宝

这道圣旨是成吉思汗的近侍之臣刘仲禄奉命颁赐的，且有御印加盖，以此可见成吉思汗对丘处机的重视。圣旨中尊称丘处机为"丘神仙"，并且郑重宣告：与丘处机相关的所有修行院舍，是每日念诵经文、劝诫天下众人，并为皇帝祈福的场所，官府的大小差役和赋税不得将其计入差科簿，凡是丘处机门人弟子的道舍，地方官署也都要免除差役和赋税，那些假冒出家道人以避赋税和差役的人，一旦被告至官府，定会从严治罪；各地方官员在接到此圣旨后，不得违背旨意，要颁发给道观执照以做凭证。最后指出，此圣旨由丘处机门下收藏保管，并且再次强调，丘处机门下道观中那些精心修持、严守教义的人，凭借执照皆可免除差役和赋税。[1] 后示颁布圣旨的时间为癸未羊儿年（农历癸未年为羊年）三月，即成吉思汗十八年（1223）。

西侧墙壁碑刻记载的是成吉思汗颁给丘处机的圣旨和金虎符牌文，共竖排19行，文为：

宣差阿里鲜面奉。

成吉思皇帝圣旨：丘神仙奏知来底公事是也，瞰好，我前时已有圣旨文字与你来，教你天下应有底出家善人都管著者，好底歹底，丘神仙你就便理会，只你识者。奉到如此。癸未年九月廿四日。

西域化胡归顺，回至燕京，皇帝感劳，即赐金虎符牌曰：真人到

---

① 碑刻末"出家门下"几字，在陕西鄠屋重阳万寿宫同内容的诏书碑刻中，及李志常《长春真人西游记》中，皆写作"出家门人"。佟柱臣认为应"以万寿宫诏书碑与《长春真人西游记》为是"。参见佟柱臣《成吉思皇帝赐丘处机圣旨石刻考》，《文物》1986年第5期。

图 5-1-1　成吉思汗敕谕护教文圣旨

处如朕亲临；丘神仙至汉地，凡朕所有之城池，其欲居者居之；掌管
天下道门事务，以听神仙处置，他人勿得干预；宫观差役尽行蠲免；
所在官司，常切卫护。

　　　　天乐道人李道谦书。

　　这则碑刻分为明显的两部分，前半部分是成吉思汗颁给丘处机的圣
旨，使者阿里鲜当面受命于成吉思汗并颁给丘处机。圣旨文很简略，成吉
思汗首先回应道，丘处机所奏之事很好（以此可知，此圣旨下发前，丘
处机向成吉思汗奏报过公事），之后强调说，先前已有圣旨给你（即上述
"护教文圣旨"），让你掌管天下所有的出家道人，不管是好的还是坏的，
都可随机理会，因为只有你最懂道家之事。圣旨落款时间为癸未年九月廿
四日，在上述"护教文圣旨"后约六个月。
　　碑刻的后半部分是成吉思汗颁赐给丘处机的金虎符牌文。① 金虎符即
作有虎头形的金制牌符，是至高地位和权力的象征。宋代孟珙撰《蒙鞑
备录·官制》载："所配金牌，第一等贵臣带两虎相向，曰虎斗金牌，用
汉字曰：天赐成吉思皇帝圣旨，当便宜行事。其次素金牌，曰：天赐成吉

---

　　①　佟柱臣认为："此段当非圣旨本文，而为李道谦所补述者。"参见佟柱臣《成吉思皇帝
赐丘处机圣旨石刻考》，《文物》1986 年第 5 期。

图 5-1-2　成吉思汗颁与丘处机的圣旨和金虎符牌文

思皇帝圣旨疾。又其次乃银牌，文与前同。"[1] 牌文开篇首先交代敕赐金虎符牌的原因：丘处机自西域化胡归至燕京后，皇帝心中感念，故颁金虎符牌以表慰劳。敕文首句阐明，丘处机真人所到之处如皇帝亲临，可见当时丘处机在成吉思汗的心目中有着很高的地位；其后宣示到，丘处机到达汉地之后，皇帝的所有城池可随意居住，天下所有的道教事物都由丘处机掌管和处理，其他人不得干涉，所属丘处机宫观的差役全部免除，且要求地方官府要做好丘处机的护卫工作。

碑文末署"天乐道人李道谦书"，李道谦（1219—1296）字公和，汴梁人，为金末元初全真教道士，是丘处机的再传弟子，师从全真道祖庭重阳宫主持洞真真人于善庆（后改名于志道），至元十四年（1277）皇子安西王命其主领陕西、西蜀四川及重阳万寿宫道门事务，元成宗元贞元年（1295）赐号为"玄明文靖天乐真人"。[2]《鳌山重阳万寿宫令旨碑》载："以尔李道谦，道行素著，文学该通，深明三箓之法科，确守一纯之净戒。"[3] 李道谦不仅文化素养较高，撰有《楼观说经台记》《终南山祖庭

---

①　（清）曹元忠：《蒙鞑备录校注》，《续修四库全书》"史部·杂史类"第 423 册，上海古籍出版社 2002 年版，第 527 页。关于元代金牌的形制及相关文献研究，可参看李晓菲《新发现元代金牌及元代牌符文献研究》，《西南民族学院学报》2002 年第 12 期。

②　关于李道谦生平事迹，可参（清）陈铭珪《长春道教源流考》卷六《邱长春再传以下弟子纪略》，聚德堂丛书本，1929 年版。

③　参见陈垣《道家金石略》，文物出版社 1988 年版，第 619 页。

仙真内传》《七真年谱》《甘水仙源录》等道教典籍，而且擅长书法，除此处"元太祖敕谕碑"为其撰书外，终南山《重阳子王真人全真教祖碑》、郿县《老君庵诗刻》① 等也由他所书，王世贞《弇州山人稿》称《全真教祖碑》曰："元道流李道谦书之。遒伟有法，洵不虚也。"② 这样看来，崂山太清宫三皇殿"元太祖敕谕碑"已于元代刻成，是较为古老的道教文献。

（二）敕谕文产生的时代背景

统观上述两通敕谕碑可明显看出，其影射的主要是丘处机万里西行会见成吉思汗的那段历史。这段史事在正史中也有记载，据《元史》卷二〇二《释老传·丘处机传》载："金、宋之季，俱遣使来召（丘处机），不赴。岁己卯，太祖自乃蛮命近臣札八儿、刘仲禄持诏求之。处机一日忽语其徒，使促装，曰：'天使来召我，我当往。'翌日，二人者至，处机乃与弟子十有八人同往见焉。明年，宿留山北，先驰表谢，拳拳以止杀为劝。又明年，趣使再至，乃发抚州，经数十国，为地万有余里。盖蹀血战场，避寇叛域，绝粮沙漠，自昆峏历四载而始达雪山。常马行深雪中，马上举策试之，未及积雪之半。既见，太祖大悦，赐食、设庐帐甚饬。太祖时方西征，日事攻战，处机每言欲一天下者，必在乎不嗜杀人。及问为治之方，则对以敬天爱民为本。问长生久视之道，则告以清心寡欲为要。太祖深契其言，曰：'天锡仙翁，以寤朕志。'命左右书之，且以训诸子焉。于是锡之虎符，副以玺书，不斥其名，惟曰'神仙'……时国兵践蹂中原，河南、北尤甚，民罹俘戮，无所逃命。处机还燕，使其徒持牒招求于战伐之余，由是为人奴者得复为良，与滨死而得更生者，毋虑二三万人。中州人至今称道之。"③ 这里提到，当时金、宋、蒙古都派遣了使者延请丘处机，但丘处机唯独赴成吉思汗之召。成吉思汗派了近侍之臣刘仲禄、札八儿召请丘处机，丘处机与十八弟子历经四年之苦，翻过雪山才见到成吉思汗，会见后丘处机深得成吉思汗信任和敬重，对丘处机提出的止杀、爱民、寡欲等建议，成吉思汗完全接受，还令左右使臣记录丘处机的话语以教其子，在颁给丘处机的虎符和玺书中称其为"神仙"以示敬意，丘

---

① 二碑可参见陈垣《道家金石略》，文物出版社 1988 年版，第 450—454、654 页。

② 参见王原祁等纂辑，孙霞整理《佩文斋书画谱》第三册，文物出版社 2013 年版，第1592 页。

③ （明）宋濂等撰：《元史》，中华书局 1976 年版，第 4524—4525 页。

处机从西域返归燕京后，又凭借成吉思汗颁赐的牒牌解救多人于战火之中。

　　丘处机西行之时，与其随行的弟子李志常（1193—1296）作有《长春真人西游记》，其中对丘处机与成吉思汗相见的始末记载更详。其中提到成吉思汗邀请丘处机时说："成吉思皇帝遣侍臣刘仲禄悬虎头金牌，其文曰：'如朕亲行，便宜行事。'及蒙古人二十辈，传旨敦请"，[①] 并且录有刘仲禄与丘处机的对话，从中可知刘仲禄一行是在乙卯年（1219）五月于乃满国的兀里朵行宫接到成吉思汗的圣旨，[②] 后历经威宁（今内蒙古凉城附近）、德兴（今河北涿鹿）、居庸（今北京居庸关）、燕京（今北京西南）、中山（今河北定州）、真定（今河北正定）、益都（今山东青州）、潍州（今山东潍坊）等地后，得到丘处机之徒尹志平的引荐，最终于十二月抵达东莱见到丘处机，并传达成吉思汗的旨意。庚辰年（1220）正月十八日，丘处机挑选了19名弟子随蒙古使者北行，[③] 经维阳（今山东潍县）、青社（今山东青州）、长山（今山东淄博西北）、邹平（今山东邹平县）、济阳（今山东济阳）、将陵（今河北景县）、滹沱河（在今河北南部）、卢沟（今北京卢沟桥一带）后到达燕京。四月十五日丘处机于燕京天长观作斋醮后，北出居庸关，五月至德兴度夏，八月至宣德州（今河北宣化），住朝元观、龙阳观。辛巳年（1221）二月八日启程西行，经翠屏口（今河北万泉县）、野狐岭（今河北张家口西北）、抚州（今内蒙古兴和县）、盖里泊（太仆寺旗东克勒湖）、大沙陀（今浑善达克沙地）、鱼儿泊（今内蒙古达来诺尔）、沙河（今海拉尔河），四月初到达斡辰大王驻地。四月十七日向西北行进，经陆局河（今呼伦湖）、契丹故城、长松岭（今蒙古国杭爱山一带），七月抵达阿不罕山（今乌里雅苏台西南）。八月八日向西行，经金山（今阿尔泰山）、阴山（博格达山），到达鳖思马大城（今新疆吉木萨尔北）。九月二日出发，经轮台（今新疆轮

---

① （元）李志常：《长春真人西游记》，河北人民出版社2001年版，第6页。

② "乃满国"即《元史·丘处机传》中的"乃蛮"，又译为"奈曼""耐满"等，是漠北西部突厥语族部落，先后依附辽国、西辽、金朝，后为蒙古所灭。"兀里朵"又作"斡耳朵""窝里多"等，意为宫帐，此处指乃满国部族的旧宫。

③ 《长春真人西游记》言丘处机选19名弟子随行有误，应为18名，分别为：赵道坚、宋道安、夏志诚、宋德方、孟志温、何志坚、潘德冲、尹志平、王志明、于志可、鞠志圆、杨志静、綦志清、张志素、孙志坚、郑志修、张志远、李志常。

台县)、昌巴剌城(今新疆昌吉县),九月二十七日至阿里马城(今新疆霍城县)。数天后,西行过答剌速没辇(今伊犁河)、大石林牙城(在今吉尔吉斯斯坦),十月底到达塞蓝城(在今哈萨克斯坦)。十一月初西南行,过霍阐没辇(今锡尔河),十八日至邪米思干大城(今乌兹别克斯坦撒马尔罕)居住过冬。壬午年(1222)三月十五日出发,经碣石城(在今乌兹别克斯坦)、铁门关(在今乌兹别克斯坦)、阿姆没辇(今阿姆河),终于在四月五日抵达成吉思汗巴鲁湾行宫。一路之上,除宣使刘仲禄陪行外,至阿不罕山后又有宣差田镇海护送。

丘处机与成吉思汗相会后,正逢战事又起,故约定的论道日期延后,改至十月,丘处机暂回邪米思干大城居住。十月十五日、十九日、二十三日,成吉思汗三次召见丘处机论道;十一月,成吉思汗班师东归,东行路上丘处机又不时地向成吉思汗讲论道法或进行劝谏,均得到采纳和赞赏。癸未年(1223)初,在随军东归的路上,丘处机三次向成吉思汗请求先归,最终得到允许。丘处机一行的返程相对较快,从癸未年(1223)三月十日启程,经塞蓝城、阿里马城、阴山、天池海(今新疆赛里木湖)、金山、阿不罕山(田镇海城),又穿越天山、沙漠抵达渔阳关(今呼和浩特西北阴山山脉)和丰州(今呼和浩特东)。七月三日至下水(呼和浩特南黄水河),七月九日至云中(今山西大同),八月向东渡过杨河(大同以东泽河),历白登(今山西阳高县)、天城(今山西天镇县)、怀安(今河北怀安县),再渡过浑河(今桑干河)后到达宣德,住朝元观。甲申年(1224)二月离开宣德,过居庸关,最终抵达燕京,住天长观。

又据《长春真人西游记》记载,癸未年(1223)三月,丘处机向成吉思汗请求先行东归之时,"成吉思汗问通事阿里鲜曰:'汉地神仙弟子多少?'对曰:'甚众。神仙来时,德兴府龙阳观中尝见官司催督差发。'上谓曰:'应于门下人悉令蠲免。'仍赐圣旨文字一通,且用御宝"。[1] 由此不难看出,成吉思汗颁赐丘处机的这一圣旨,便是崂山太清宫三皇殿东墙壁碑刻中的护教文圣旨。之所以颁发这一圣旨,是因为成吉思汗咨询通事阿里鲜时得知,德兴府龙阳观曾有官府催促差役之事发生,为避免这样的事件再次发生,成吉思汗即颁旨免除丘处机门下道观的差役和赋税。碑刻护教文圣旨的落款时间为"癸未羊儿年三月",与丘处机辞行成吉思汗

---

① (元)李志常:《长春真人西游记》,河北人民出版社 2001 年版,第 87 页。

的时间也吻合，这说明正是在丘处机辞行之际，成吉思汗命近侍之臣刘仲禄颁赐给他了这道圣旨。这道圣旨在《长春真人西游记》附录中亦有记载，其内容与崂山太清宫三皇殿碑刻中的护教文圣旨完全相同。

崂山太清宫三皇殿西墙壁碑刻中的另一圣旨，其落款时间为"癸未年九月廿四日"，距上一护教圣旨六个月，此时丘处机正值东归路上，暂居于宣德州朝元观，① 圣旨由宣差阿里鲜受命颁赐，据《长春真人西游记》记载，丘处机返行之时，成吉思汗"命阿里鲜为宣差，以蒙古带（按：或作'蒙古打'）、喝剌八海副之，护师东还"②。阿里鲜颁赐的这道圣旨在《长春真人西游记》附录中同样有记载，其内容与崂山太清宫三皇殿碑刻圣旨也完全相同。而太清宫三皇殿西墙壁碑刻后半部分的金虎符牌文是何时颁赐的呢？又据《长春真人西游记》记载，丁亥年（1227）五月二十五日，"道人王志明至自秦州，传旨：'改北宫仙岛为万安宫，长春观为长春宫，诏天下出家善人皆隶焉。且赐以金虎牌，道家事一仰神仙处置。'"③ 从中可知，在丁亥年（1227）五月，丘处机居于燕京天长观时，有道人王志明自秦州传来成吉思汗的圣旨，④ 除命改安置道侣的北宫仙岛为万安宫、改丘处机住所长春观为长春宫外，又赐金虎牌给丘处机，并言"道家事一仰神仙处置"，此与太清宫三皇殿金虎符牌文中的"掌管天下道门事务，以听神仙处置，他人勿得干预"之语正好符合，故二者所指相同。由此可知，太清宫三皇殿西墙壁碑刻中的金虎符牌文，敕赐于丁亥年（1227）五月，正值丘处机逝世前夕。

崂山太清宫三皇殿"元太祖敕谕碑"由李道谦亲笔撰写，而他所撰的《七真年谱》对丘处机与成吉思汗相会之事也有记载。其中言及："癸未，长春真人年七十六。是岁三月七日得旨东还，赐号神仙，俾掌管天下

---

① 其实丘处机在西行和返归的路上，与成吉思汗互信不断。如丘处机行至燕京后，想"待驾回朝谒"，并力图劝止刘仲禄"选处女偕行"，故进表陈情（表章全文可参陶宗仪《南村辍耕录》卷十《丘真人》），后成吉思汗亦回复诏书加以说明（诏书可参见《长春真人西游记》附录）。又如丘处机返行抵达宣德时，元帅贾昌传来成吉思汗问候丘处机的圣旨。详见（元）李志常《长春真人西游记》，河北人民出版社2001年版，第12、21、102页。

② （元）李志常：《长春真人西游记》，河北人民出版社2001年版，第87页。

③ （元）李志常：《长春真人西游记》，河北人民出版社2001年版，第121页。另外，耶律楚材《西游录》记载："道徒以驰驿故，告给牌符。王道人者驱从数十人，悬牌驰骋于诸州，欲通管僧尼。"详见（元）耶律楚材《西游录》，中华书局1981年版，第15页。

④ 秦州即今甘肃天水，当时成吉思汗驻秦州清水县牛头河，并在此地养病。

道门，大小事务一听神仙处置，他人无得干预，宫观差役尽行蠲免，所在官司常切卫护。六月抵丰州，八月至宣德州。"① 可见《七真年谱》中提到的成吉思汗命丘处机掌管天下道教等事与"元太祖敕谕碑"所记基本相同，二者可互证。另外，丘处机西行见成吉思汗之事，在耶律楚材《玄风庆会录》《西游录》及元人陈时可撰《长春真人本行碑》② 等文献资料中也有详载，均可参阅。

（三）敕谕碑文中的蒙古使者及相关史事考述

召请丘处机的蒙古使者中，最重要的无疑是刘仲禄，他是成吉思汗的近侍之臣，一路陪同丘处机西行，癸未年（1223）三月的护教文圣旨也是他奉命颁赐给丘处机的。关于刘仲禄其人，在元人释祥迈《大元至元辨伪录》卷三有载："刘温字仲禄者，以作鸣镝，幸于太祖。首信僻说，阿意甘言，以医药进于上。言邱公行年三百余岁，有保养长生之术，乃奏举之。"③ 耶律楚材《西游录》也载："昔刘姓而温名者，以医术进。渠谓丘公行年三百，有保养长生之秘术，乃奏举之。"④ 由此可见，刘仲禄本名刘温，此人不仅医术高明，而且擅作鸣镝，故得到成吉思汗的宠信。刘仲禄奏举丘处机"年三百余岁，有保养长生之术"，成吉思汗之所以召见丘处机，即听信了刘仲禄此说。另外，王国维认为，刘仲禄即《元史·河渠志》中的"刘冲禄"，⑤ 其中载及元太宗七年（1235）岁乙未八月敕："近刘冲禄言：'率水工二百余人，已依期筑闭卢沟河元破牙梳口，若不修堤固护，恐不时涨水冲坏，或贪利之人盗决溉灌，请令禁之。'刘冲禄可就主领，毋致冲塌盗决。犯者以违制论，徒二年，决杖七十。如遇修筑时，所用丁夫器具，应差处调发之。其旧有水手人夫内，五十人差官存留不妨。已委管领，常切巡视体究，岁一交番，所司有不应副者罪之。"⑥

① （元）李道谦：《七真年谱》，《道藏》第三册，文物出版社、上海书店、天津古籍出版社联合出版，1988 年版，第 386 页。

② 此碑可参见陈垣《道家金石略》，文物出版社 1988 年版，第 456—458 页。

③ （元）释祥迈：《大元至元辨伪录》，北京图书馆古籍出版社编辑组：《北京图书馆古籍珍本丛刊》第 77 册，书目文献出版社 1990 年版，第 508 页。

④ （元）耶律楚材：《西游录》，中华书局 1981 年版，第 14 页。

⑤ 详见王国维《长春真人西游记校注》，广文书局 1972 年版，第 3 页。

⑥ 详见（明）宋濂等撰《元史》卷六四《河渠志一》"卢沟河"条，中华书局 1976 年版，第 1593 页。

又据《长春真人西游记》记载，当时刘仲禄"及蒙古人二十辈传旨敦请"丘处机，这二十人的具体情形不可详知。但上引《元史·丘处机传》却有"太祖自乃蛮命近臣札八儿、刘仲禄持诏求之"之语，也就是说，成吉思汗当时派遣的使者中还有札八儿。札八儿是成吉思汗身边的一员武将，据《元史》卷一二〇《札八儿火者传》载："札八儿火者，赛夷人。赛夷，西域部之族长也，因以为氏。火者，其官称也。札八儿长身美髯，方瞳广颡，雄勇善骑射……札八儿每战，被重甲舞槊，陷阵驰突如飞……有丘真人者，有道之士也，隐居昆嵛山中。太祖闻其名，命札八儿往聘之。丘语札八儿曰：'我尝识公。'札八儿曰：'我亦尝见真人。'他日偶坐，问札八儿曰：'公欲极一身贵显乎？欲子孙蕃衍乎？'札八儿曰：'百岁之后，富贵何在？子孙无恙，以承宗祀足矣。'丘曰：'闻命矣。'后果如所愿云，卒年一百一十八。"① 可见，札八儿虽是西域武将出身，但其与丘处机颇有道缘，二人相见后均有似曾相识之感，且札八儿之志亦契合于丘处机的心念。《长春真人西游记》中也有"札八儿"其人的记载：甲申年（1224）季夏望日（六月十五日），宣差相公札八传旨说："自神仙去，朕未尝一日忘神仙。神仙无忘朕。朕所有之地爱愿处即住。门人恒为朕诵经祝寿则嘉。"② 又载行省及宣差札八相公"以北宫园池并其近地数十顷为献"，③ 请丘处机作修建道院之用。这里提到的"札八相公"，应该就是《元史》中的"札八儿"。但是，值得注意的是，聘请丘处机的诏书中并没有提到札八儿，只有刘仲禄，崂山太清宫"元太祖敕谕碑"及其他相关文献资料所记同样如此。《长春真人西游记》虽然载有札八儿传旨之事，但都发生在丘处机西行返归燕京之后。因此，王国维认为"《元史》盖误"，④ 姚从吾《元丘处机年谱》后记也认为"（札八儿）实在没有偕同刘仲禄前往征聘邱公"，并言："劄八或札八儿是当日中都的显宦，与长春真人素有往来；但无与刘仲禄同往山东征召邱公之事。征召之事，即曾与闻，也是从旁协助的性质。元史邱公传与札八儿火者传致

---

①　（明）宋濂等撰：《元史》，中华书局 1976 年版，第 2960—2961 页。

②　（元）李志常：《长春真人西游记》，河北人民出版社 2001 年版，第 106 页。

③　同上。

④　王国维：《长春真人西游记校注》，广文书局 1972 年版，第 108—109 页。

误的原因，也许就是把协助当作合作了。"①

　　太清宫三皇殿西侧墙壁碑刻中的圣旨是宣差阿里鲜传达的，时间在丘处机东归至宣德州之时。阿里鲜也是丘处机西行和返归路上与之相随的重要人物。根据《长春真人西游记》的相关记载可知，丘处机西行到宣德州时，阿里鲜从斡辰大王处受命来请丘处机；② 阿里鲜在回答成吉思汗的问题时有"神仙来时，德兴府龙阳观中，尝见官司催督差发"③ 之语，可见阿里鲜还曾去过德兴府龙阳观接见丘处机西行；丘处机一行到达斡辰大王驻地时，斡辰大王又命阿里鲜，丘处机进谏完毕成吉思汗东归之时，还要陪护从其驻地经过；④ 丘处机在邪米思干大城驻留时，阿里鲜往返于成吉思汗行宫给丘处机和护行的刘仲禄、田镇海二人传旨，丘处机还问及阿里鲜翻过雪山面见成吉思汗的具体情形；⑤ 抵达成吉思汗行宫后，成吉思汗又命阿里鲜与刘仲禄、田镇海二人在外廷负责记录丘处机的论道之语；⑥ 丘处机返居邪米思干大城后，也是差遣阿里鲜赴成吉思汗行宫呈送章表以商讨论道日期的；⑦ 丘处机与成吉思汗正式论道之时，阿里鲜和太师耶律阿海入宫帐陪侍；⑧ 丘处机辞归之时，成吉思汗又是向阿里鲜打听丘处机在汉地传道的情形，并命其为宣差护持丘处机东还；⑨ 阿里鲜护送丘处机一行至云中后，与丘处机之徒尹志平暂时离开，赴山东宣读成吉思汗的诏令以招降纳叛；⑩ 丘处机返归燕京后，有使者喝剌从成吉思汗行宫带来圣旨问候丘处机，并叮嘱阿里鲜好好护持丘处机。⑪ 由此看来，阿里鲜不仅是丘处机西行路上的传信使臣，而且是丘处机返程路上的贴身护卫，甚至当丘处机定居燕京之后，他依然负有保卫的职责和使命。

---

　　① 　姚从吾对此有详细考定，详见姚从吾《东北史论丛》，正中书局 1976 年版，第 246、269—271 页。

　　② 　参见（元）李志常《长春真人西游记》，河北人民出版社 2001 年版，第 21 页。

　　③ 　同上书，第 87 页。

　　④ 　同上书，第 28 页。

　　⑤ 　同上书，第 66 页。

　　⑥ 　同上书，第 70 页。

　　⑦ 　同上书，第 80 页。

　　⑧ 　同上书，第 82 页。

　　⑨ 　同上书，第 87 页。

　　⑩ 　同上书，第 99 页。

　　⑪ 　同上书，第 105 页。

关于阿里鲜的其他身份，在相关文献资料中也有少许记载和讨论。如《长春真人西游记》中有"上问通事阿里鲜"之语，[①]"通事"指口头翻译，可见阿里鲜还身兼翻译官之职。《长春真人西游记》又自注"阿里鲜"曰"河西也"，[②]而姚从吾《元丘处机年谱》却言："命河西人阿里鲜为宣差，护师东归"[③]，王国维《长春真人西游记校注》同样作"河西人也"，以此看来，阿里鲜的籍贯或为河西地区。此外，王国维又认为"阿里鲜"即《金史·宣宗纪》中的"乙里只"和《元朝秘史》续集二中的"阿剌浅"，而且提到屠敬山所撰《蒙兀儿史记》根据《元史·札八儿火者传》和《元史·丘处机传》中"并有命札八儿聘丘处机事，遂以阿里鲜与札八儿为一人"，对此结论，王国维给予了否定。[④]另外，民国时期崂山太清宫监院周宗颐所编《太清宫志》卷一"七真降临太清宫事迹记"又载："迨后上诏太师阿里鲜，护送东归，赐金虎符文牒等"，[⑤]这里提及阿里鲜身份为太师，此说恐不确。因为在金元时期，太师的身份很尊贵、职权很大，《金史》卷五五《百官志一》载："太师、太傅、太保各一员，皆正一品"，[⑥]《元史》卷八五《百官志一》亦载："三公，太师、太傅、太保各一员，正一品，银印。"[⑦]如此重要而尊显的身份，定不会被作为使者去专门护送丘处机的，况且《长春真人西游记》中有"师与太师阿海、阿里鲜入帐坐"之语，[⑧]可证当时太师为耶律阿海，而非阿里鲜。

（四）敕谕碑的碑法及语言特色

为表示对丘处机的敬重，成吉思汗称其为"丘神仙"。据《长春真人西游记》记载，关于对丘处机的称谓，在成吉思汗君臣间有所讨论，且翻译人员咨询过丘处机本人的意见，丘处机以"先生"之称回对，又载：

---

① 参见（元）李志常《长春真人西游记》，河北人民出版社 2001 年版，第 87 页。

② （元）李志常：《长春真人西游记》，河北人民出版社 2001 年版，第 87 页。

③ 参见姚从吾《东北史论丛》，正中书局 1976 年版，第 244 页。

④ 王国维的详细考证，请参王国维《长春真人西游记校注》，广文书局 1972 年版，第 19—21 页。

⑤ 周宗颐：《太清宫志》卷一，见高明见《道教海上名山——东海崂山》附录，宗教文化出版社 2007 年版，第 234 页。

⑥ （元）脱脱等撰：《金史》，中华书局 1975 年版，第 1217 页。

⑦ （明）宋濂等撰：《元史》，中华书局 1976 年版，第 2120 页。

⑧ 参见（元）李志常《长春真人西游记》，河北人民出版社 2001 年版，第 82 页。

"上问镇海曰：'真人当何号？'镇海奏曰：'有人尊之曰师父者、真人者、神仙者。'上曰：'自今以往，可呼神仙。'"① 不仅在日常交流中，成吉思汗称丘处机为"丘神仙"，在下达的圣旨中同样如此。大概是崂山太清宫敕谕碑的刻石者为凸显这一机缘，并表达对丘处机的敬意，每当碑文中提到"丘神仙"和"成吉思汗皇帝"时都重新起行，且比他行之字皆高一格。当然，这里也可能涉及古代公文撰写格式中的抬头制度，碑文中共四次提到"丘神仙"，前两次作"平抬"，第三次作"空抬"，第四次则没有抬写，可见碑文对抬写文字的处理不够严密。②

　　另外，碑刻圣旨文的语言具有鲜明的时代特色，全篇皆为蒙语汉话，其中个别文字翻译上有方言和口语的成分，与汉语语法亦有不符之处，故学者在此文的断句方面也颇有差异。举例来看，圣旨文中的"每"字为现代汉语中的"们"字，"底"字为现代汉语中的"的"字，故"官员每"即"官员们"，"应有底修行底院舍"即"应有的修行的院舍"，"告天底人每"即"告天的人们"，"据丘神仙底"即"据丘神仙的"，"影占差发底人每"即"影占差发的人们"，"精严住持院子底人"即"精严住持院子的人"，"奏知来底"即"奏知来的"，"天下应有底"即"天下应有的"，"好底歹底"即"好的歹的"，等等。其他又如，"道与"即"宣布"之意，"所据"即"有所"之意，"治罪断按"即"严格按罪惩处"之意。关于"断按主"，佟柱臣据《黑鞑事略》言："或甲之奴盗乙之物，或盗乙之奴物，皆没甲与奴之妻子、畜户，而杀其奴及甲，谓之断按主。"③ 此外，还有一些用语具有明显的口语色彩，如"休教著者"指不要登记，"都教免了"即"都加以免除"，"㬠好"即"很好"，"与你来"指"给你"，"都管著者"即"都管着"，"只你识者"指"只有你才懂得"，等等。蒙语汉话的奇特风格主要体现在碑刻中的两则圣旨文中，而金虎符牌文中的语言书面化的程度相对较高。除了崂山太清宫这则碑刻圣旨外，在崂山华楼宫碧落岩处还有一处类似的题刻，王瑞竹《崂山题刻今存》将其题为《八不砂大王题记》，其文为：

---

① （元）李志常：《长春真人西游记》，河北人民出版社 2001 年版，第 70 页。
② 关于古代公文的抬写规范及对崂山太清宫"敕谕碑"抬头格式的分析，可参见刘明、王铭《元初崂山太清宫圣旨石刻研究》，《青岛大学师范学院学报》2006 年第 5 期。
③ 佟柱臣：《成吉思皇帝赐丘处机圣旨石刻考》，《文物》1986 年第 5 期。

　　皇帝福荫里，八不砂大王令旨：益都路胶州即墨县牢山，有俺的上华楼宫住持底刘大师，与俺每念经、告天祈福，与皇帝、诸王祝延诗底。圣寿者住持底先生每，云游先生每，这刘大师言语休得别了者，厅从教道者，但属本宫田产、水土、山林，诸人无得倚气力侵夺者，往来使臣诸色人每，休得骚扰，安下者常川护持院子。令旨与了也，俺底言语休得别了，别了底人每札撒里，不怕那甚磨。

　　元贞三年正月廿三日，南口有时分写来，八月廿日王道坚上石。①

图 5-1-3　八不砂大王题记

　　这是益都路八不砂（或译作八不沙、巴布沙）大王专门颁赐给崂山华楼宫的护教令旨，颁发时间为元贞三年（1297）正月廿三日，八月廿日崂山道士王道坚将其题刻上石。八不砂为蒙古宗亲，大德十一年（1307）封齐王，《元史·诸王表》有载。令旨文中的"刘大师"指元代崂山道士云岩子刘志坚。这篇白话令旨文中夹杂着一些蒙语词汇，风格上与崂山太清宫碑刻圣旨文相同。其实，在崂山碑碣刻石之外，其他各地元代圣旨碑的风格也同样如此，如《纯阳万寿宫圣旨碑》文为：

　　长生天气力里大福荫护助里皇帝圣旨：

---

　　①　王瑞竹：《崂山题刻今存》，中国海洋大学出版社 2016 年版，第 103 页。

　　管军每根底、军人每根底，城子里达鲁花赤、官人每根底，往来的使臣每根底宣谕的圣旨：成吉思皇帝、哈罕皇帝圣旨里：和尚、也里可温、先生、答失蛮，不拣甚么差发休著者，告天祈福与者么道。这河中府有的玄都广道冲和真人起盖来的纯阳万寿宫、九峰上官、河渎灵源官里有的提点文志通、白志纯、朱志完为头儿先生每根底，执把着行的圣旨与了也。属这的每宫观里房子里，使臣休安下者，铺马只应休当者，商税地税休与者，水土、园林、碾磨，不拣什么他的休侵夺者。更这先生每倚着有圣旨，没体例的勾当休做者，做呵，他每不怕那什么？圣旨俺的。

　　牛儿年二月十七日，太都有时分写来。

　　泰定四年十月日　提点段道祥立石

　　古孝义石匠王政卿刊　条阳徐道安书①

　　除此之外，又如元代《亳州太清宫圣旨碑》《鳌屋重阳万寿宫圣旨令旨碑》《万寿宫令旨碑》《长春宫晓喻碑》《玉泉寺圣旨碑》《万寿宫披云真人令旨碑》《太清宗圣宫圣旨碑》《天坛王屋山圣旨碑》《霍岳庙令旨碑》《紫微宫圣旨碑》《奉元路大重阳万寿宫圣旨碑》② 及文献中保存的大量元代圣旨文，都具有这种蒙语汉话的口语色彩。

　　整体上看，这些白话令旨文的文辞显得不雅而艰涩，不过它们却代表着蒙元时期公牍文的特色和风貌，具有极高的史料价值。今人刘明认为，元代圣旨中的汉话白话文之所以出现这种"疙疙瘩瘩、似通非通"的现象，其原因不外乎有三点："（1）力求通俗，以扩大在民间的影响。（2）作为少数民族，对汉文化（特别是民间口语）掌握欠精确。（3）汉语言演化的特定阶段使然。"③

　　（五）敕谕碑刻的沿革与现状

　　关于"元太祖敕谕碑"的来历，周宗颐《太清宫志》卷一《三皇殿

---

　　①　参见陈垣《道家金石略》，文物出版社 1988 年版，第 781—782 页。

　　②　上述碑刻可参见陈垣《道家金石略》，文物出版社 1988 年版，第 542、592、624、630—631、684—685、711—712、715、733、743 页。元代此类碑刻，可参蔡美彪《元代白话碑集录》，科学出版社 1955 年版。

　　③　刘明、王铭：《元初崂山太清宫圣旨石刻研究》，《青岛大学师范学院学报》2006 年第5 期。

廊檐石壁间镌刻圣谕之纪事》言："元太祖成吉思汗癸未九月二十四日，
颁发圣谕，褒奖邱长春真人，着勒石于劳山太清宫，以彰厥功。"① 此说
恐怕不确，因为丘处机虽几次到访崂山，但停留时间均不长，他应成吉思
汗之召时栖身莱州，从西域返归后又定居燕京天长观，这些均看不出丘处
机在当时与崂山及太清宫有着密切的关系，故成吉思汗没有理由令将此圣
谕"着勒石于劳山太清宫"。王集钦《崂山碑碣与刻石》述及"元太祖敕
谕碑"时说："是隋山派创始人刘处玄（邱处机的师兄）受元世祖召见，
回崂山后传抄，刘处玄飞升后由其徒弟天乐道人刘道谦抄刻成碑。"② 此
说明显有误，因为刘处玄（1147—1203）在丘处机受成吉思汗召见之前
已经仙逝，而且与元世祖（1215—1294）更不是一个时代的人，所以他
不可能受到元世祖的召见。③ 其中所言"天乐道人刘道谦抄刻成碑"应是
据碑文落款而来，其中"刘道谦"应为"李道谦"之误。

　　至于李道谦是否到过崂山太清宫并撰写了"元太祖敕谕碑"，因史料
乏载我们不得而知。不过凭借丘处机在蒙元时期的影响力，尤其是其仙逝
之后，各地道众将成吉思汗赐予丘处机的护教圣旨传抄以彰显其功，还是
很有可能的。这点能得到流传至今的实物碑的证明，比如陕西盩厔重阳万
寿宫中有碑刻四载，共含八则圣旨碑，其中第二载右方的碑刻与崂山太清
宫三皇殿东侧墙壁碑刻中的圣旨文相同，即刘仲禄奉成吉思汗之命颁给丘
处机的护教文圣旨；而第二载中部的碑刻与崂山太清宫三皇殿西侧墙壁碑
刻中的圣旨文相同，即宣差阿里鲜奉成吉思汗之命颁给丘处机的圣旨。④
另外，蔡美彪先生说，刘仲禄奉命颁赐给丘处机的护教文圣旨"又见于
山东潍县玉清宫碑"，并言："玉清宫碑所刻至'奉到如此'句为止，无
此下各句。"⑤ 其实，并不仅仅是这两则圣旨文在当时广泛传刻，与丘处
机相关的其他令旨文也相继被镌刻成碑，如盩厔重阳万寿宫中的第一载右

　　① 周宗颐：《太清宫志》卷一，载高明见《道家海上名山——东海崂山》附录，宗教文化
出版社 2007 年版，第 235 页。
　　② 王集钦：《崂山碑碣与刻石》，青岛出版社 1998 年版，第 26 页。
　　③ 孙守信、王玉华编著的《青岛崂山》也有类似的说法："此碑刻于元代，是隋山派创始
人刘处玄受到元世祖召见回崂山后传抄，刘处玄飞升后徒弟们抄刻成碑"（孙守信、王玉华编
著：《青岛崂山》，青岛出版社 1997 年版，第 45 页），亦误。
　　④ 详见陈垣《道家金石略》，文物出版社 1988 年版，第 445—447 页。
　　⑤ 蔡美彪：《元代白话碑集录》，科学出版社 1955 年版，第 1 页。另外，此碑全文亦载于
陈垣《道家金石略》，文物出版社 1988 年版，第 447 页。

方的碑刻是乙卯年（1219）五月成吉思汗遣刘仲禄赴山东敦请丘处机的诏书，第一载左方的碑刻是成吉思汗答复丘处机西行路上陈情表章的敕谕文。而成吉思汗敦请丘处机的诏书，又见于山东栖霞太虚宫碑刻（此碑刻于元代，原镶嵌于太虚宫丘祖殿的墙壁上，现收藏于烟台博物馆），还见于河南内乡县石堂山普济宫碑刻（此碑由邓州石堂山石匠李进忠镌刻于元武宗至大二年）。这些皆是至今仍然可见的碑刻，可想而知，在此之外应该还有一些类似的碑刻已经湮灭无存或有待发现。

由上可以看出，镌刻与丘处机相关的诏令文，在元代道教宫观风靡一时。鳌屾重阳万寿宫四载碑刻由古燕道士石志坚撰书，落款时间为辛亥（1251）七月初九日，此与李道谦（1219—1296）生活的年代大体相当。这样看来，李道谦作为文化素养深厚且又擅长书法的全真道士，其撰作与全真道祖丘处机相关的圣旨文，也是顺应时代潮流的行为。而崂山太清宫又是丘处机曾经亲身莅临和传道的场所，宫中道众对他的崇敬之感及归向之心无疑会更加深重，在这种情况下，即便没有李道谦亲身至崂山撰作圣旨文，崂山道众也会处心积虑地从别处抄回其撰作的圣旨文加以临摹，最终镌刻成碑。另外，自从丘处机到访崂山后，崂山道众间便有了镌刻丘处机相关作品上石的风尚。比如崂山白龙洞额的丘诗题刻，是丘处机游崂后不久被崂山道众刊刻上石的；而上清宫和太清宫处的丘诗题刻则镌刻于丘处机仙逝后不久，似有纪念与颂赞之意。又，崂山北麓鹤山东北有遇真庵遗址，庵东南石崖上镌有"鹤山遇真庵"五字，落款为"至正二十年八月十五日长春真人立"，元至正二十年（1360）距丘处机仙逝 30 余年，故此题刻应该是后人据丘处机手迹镌刻上石的。[①] 另外，蓝水《崂山古今谈》又提到："（上清宫）西有大石，元至元九年刻邱长春七绝诗十首"，[②] 至元九年（1272）上距丘处机仙逝有 40 余年，是时间更晚的丘诗题刻。总之，在元代各地道观盛行镌刻丘处机相关诏令文的背景下，又受崂山道众题刻丘处机作品上石传统的影响，崂山太清宫"元太祖敕谕碑"也应时产生了。

但是，元代之后崂山太清宫逐渐没落，尤其到了明代万历年间，太清宫"倾圮甚，羽流窜亡，一二香火守废基"，[③] 最终崂山道士将太清宫之

---

① 关于丘处机的诗词题刻介绍，请参见本书第四章。

② 蓝水：《崂山古今谈》，崂山县县志办公室编，1985 年版，第 25 页。

③ （明）黄宗昌：《崂山志》卷五"仙释·憨山传"，文海出版社 1961 年版，第 53 页。

地卖给了憨山和尚，并建起昌盛一时的海印寺。后终发生了崂山历史上著名的"佛道之争"事件（详见下文），崂山道士胜诉后，太清宫在朝廷的支持下得以重建。赵伟在《崂山道教与佛教研究》中说："耿义兰与太清宫道士毁掉海印寺，重建太清宫，道士贾性全重修三官庙，改名三官殿，后又于其西续建三清殿、三皇殿。三皇殿檐下东壁嵌元太祖赐丘长春癸未敕谕，西壁嵌金虎牌及金虎符文石刻。"① 这样看来，"元太祖敕谕碑"正是明万历年间太清宫重建之时被镶嵌到三皇殿墙壁中的，并一直保存到了今天。

"元太祖敕谕碑"能完好地保存到今天，实属不易。王集钦《崂山碑碣与刻石》谈及"元太祖敕谕碑"时说："在'文化大革命'破四旧中，山中碑刻多被毁掉，唯此碑有人在上面用红油漆写了：毛主席万岁！在西碑上写了：中国共产党万岁！破四旧的人无人敢砸，因而被保留了下来。"② 青岛市史志办公室编《崂山志》也有相似的说法："'文化大革命'中，崂山所有庙宇的碑碣全部被毁，唯此两方刻石被人用红油漆各书'万岁'其上，无人敢砸，幸免于难，为当今崂山庙宇碑碣中劫余之最古者。"③

二　华楼山玉皇洞碑刻

华楼山地处崂山西北部，上有道教宫观华楼宫。周志元说，元代尚书王思诚曾品华楼山为十四景，曰："清风岭、王乔崮、聚仙台、翠屏岩、迎仙岘、高架崮、玉皇洞、凌烟崮、玉女盆、虎啸峰、碧落岩、南天门、松风口、夕阳涧，各付题咏。"④ 其中的玉皇洞，位于华楼宫后山的翠屏岩下，王思诚题玉皇洞诗曰："白石龛中白玉仙，洞门日日锁云烟。道人自爱寻幽胜，凿破云根几百年。"⑤ 可见玉皇洞处早有道教遗迹存在。清人黄肇颚《崂山续志》言及"玉皇洞"曰："洞在翠屏岩下，内供诸天神

---

① 赵伟：《崂山道教与佛教研究》，人民出版社2015年版，第151页。

② 王集钦：《崂山碑碣与刻石》，青岛出版社1998年版，第26页。

③ 青岛市史志办公室编：《崂山志》，五洲传播出版社2003年版，第187页。

④ 参见周志元《游劳山指南》，苑秀丽、刘怀荣校注：《崂山志校注》，人民出版社2015年版，第228页。

⑤ 诗见（清）黄肇颚《崂山续志》，山东省地图出版社2008年版，第152页；周志元《崂山志》，齐鲁书社1993年版，第52页。

石像五。前列至大间，达鲁花赤造像题名石碑。玉皇殿旧在洞前。"① 又据青岛市史志办公室编《崂山志》记载，玉皇洞旁曾有《元至大二年华楼玉皇洞碑》，其文为：

> 莱州府助缘功德主、忠翊校尉、莱州达鲁花赤多识德谋尔，娘子失里罕同男，前莱阳县达鲁花赤孛蓝奚，弟那怀、保义副尉、前胶水县达鲁花赤乃满德，娘子塔夫孛鲁罕，会首张妙善，男王秉道、妻冷守真、杨德甫、嫂董守真，男杨显卿，耿德真，妻刘妙坚，姜德清，妻□妙真，本县助缘会首王秉道，完成玉帝坐像五尊，乞保各门永佑，平安吉祥者。
> 时至大二年三月吉日。缘化道士姜志平立，石匠提领孙世昌。②

此碑即应是黄肇颚《崂山续志》中提及的元至大年间的"达鲁花赤造像题名石碑"。碑文的内容很简略，主要记载了馈赠"玉帝坐像"者的姓名。这些人当中，既有地方官员及其家人，也有民间组织协会的会首及其会员。地方官员主要有：莱州达鲁花赤多识德谋尔；前莱阳县达鲁花赤孛蓝奚；前胶水县达鲁花赤乃满德。

其中所言"达鲁花赤"为元代官员称谓，初设于元太祖铁木真时期，《元史·太祖纪》载："皇子术赤、察合台、窝阔台及八剌之兵来会，遂定西域诸城，置达鲁花赤监治之。"③ 由此可知，达鲁花赤对地方政府负有监察之责。这一官职在蒙元时期较为通行，根据《元史·百官志》记载可知，在元代各级地方政府中均设有"达鲁花赤"一职，掌管着各地的民政与军政大权，后来元代中央各部门也多设有"达鲁花赤"之职。《中国古代官制》释"达鲁花赤"说："即'达鲁噶齐'。蒙古语长官之意。元时汉人不能任此官，多数行政机关及各路总管府均设置'达鲁花赤'，主要由蒙古人充任，以掌印办事，把握实权。"④ 达鲁花赤一般由蒙

---

① （清）黄肇颚：《崂山续志》，山东省地图出版社 2008 年版，第 152 页。

② 青岛市史志办公室编：《崂山志》，五洲传播出版社 2003 年版，第 434—435 页。

③ （明）宋濂等撰：《元史》，中华书局 1976 年版，第 22 页。另外，"达鲁花赤"后改成"达噜噶齐"，如《明史》附录三《明史考证捃逸》谈到《明史》人地名之改译时说，官名"达鲁花赤"改"达噜噶齐"。

④ 柏铮主编：《中国古代官制》，北京大学出版社 1989 年版，第 370 页。

古人担任，但《元史·世祖纪三》载："罢诸路女直、契丹、汉人为达鲁花赤者，回回、畏兀、乃蛮、唐兀人仍旧"，亦有"议罢汉人之为达鲁花赤者"之语，[①] 可见达鲁花赤也一度由女直、契丹、汉人担任。

碑文中的多识德谋尔为莱州府达鲁花赤，他还身兼"忠翊校尉"之职，《元史·百官志七》记载，"忠翊校尉"为武散官三十四阶之一；碑文中还称其为"助缘功德主"，即崂山道教的护持者和捐助者，他与娘子失里罕同男共同参与了此次捐赠"玉帝坐像"的活动。孛蓝奚为前莱阳县达鲁花赤，他的兄弟那怀、保义两人也是此次捐赠活动的参加者，其中保义的官职为"副尉"，据《元史·百官志七》记载，"保义副尉，进义副尉"也都为武散官三十四阶之一。前胶水县达鲁花赤乃满德与娘子塔夫孛鲁罕，也参与了这次捐赠活动。

可见，为崂山道观捐赠"玉帝坐像"之人主要是崂山附近地方官署的最高行政长官。除了这些政府官员外，崂山地方组织协会的会首张妙善及众多会员（包括会员的妻、嫂等家人）也是这次捐赠活动的参与者，这些人的姓名在碑文中都有列及：王秉道、冷守真、杨德甫、董守真、杨显卿、耿德真、刘妙坚、姜德清、□妙真，此外又有即墨县助缘会首王秉道，共计 18 人。他们共资助完成五尊"玉帝坐像"的制造，并献给崂山道观以"乞保各门永佑，平安吉祥"。

碑文中涉及男子配偶身份时有称"娘子"者，有称"妻"者，通过对比会发现，称"娘子"的皆为蒙古官员之家。出现这种情况概与元代之后"娘子"称谓使用渐趋广泛的社会习俗有关，陶宗仪《南村辍耕录》卷一四《妇女曰娘》云："娘字，俗书也。古无之，当作孃……今乃通为妇女之称。故子谓母曰娘，而世谓稳婆曰老娘，女巫曰师娘。都下及江南谓男觋亦曰师娘，娼妇曰花娘，达旦又谓草娘，苗人谓妻曰夫娘，南方谓妇人之无行者亦曰夫娘，谓妇人之卑贱者曰某娘，曰几娘，鄙之曰婆娘"，又言："都下自庶人妻以及大官之国夫人，皆曰娘子，未尝有称夫人、郡君等封赠者。"[②]

由碑文落款可知，此碑立于元武宗至大二年（1309）三月，崂山道士姜志平主持立碑，在石匠孙世昌的带领下最终完成镌刻。关于姜志平其

---

① 参见（明）宋濂等撰《元史》，中华书局 1976 年版，第 118、216 页。
② （元）陶宗仪：《南村辍耕录》，中华书局 1959 年版，第 174—175 页。

人，在崂山题刻资料中有记载，上文述及崂山华楼宫后碧落岩之西的一块巨石上，有元代道士云岩子刘志坚上石的"道教门人名录"题刻，其中刻有"大德九年，云岩子上石，门人贰百三十个，都提点姜志平……"字样（详见第一章第二节），以此可知，姜志平是刘志坚的门人，在崂山道教任都提点之职。刘志坚于大德九年（1305）逝世，其生前酷爱题刻行为，在崂山上留下了许多刻石，在他逝世四年后，门人姜志平组织镌刻了这则"华楼山玉皇洞碑刻"。

这则碑刻在与崂山相关的文史资料中记载不多，实物碑也已不存。①不过，黄肇颚《崂山续志》卷十《丛谈》"金石类"中记载了此碑的形制："华楼宫玉皇洞石碑，纵横方阔约尺余，厚二寸许。首行镌：'莱州府助缘功德主。'次三行：'忠翊校尉，莱州达鲁花赤多识德谋分、娘子失里罕、男前莱阳县达鲁花赤孛蓝奚、弟那怀。'四行：'保义副尉前胶水县达鲁花赤乃满德、娘子塔夫孛鲁罕。'五六行：'会首张妙善，男张秉道、妻冷守真、杨德甫、嫂董守真、男杨显卿、耿德真、妻刘妙坚、姜德清、妻妙真。'七行：'本县助缘会首王秉道等完成。'八行：'玉帝圣像五尊，乞保各门，永佑平安吉祥者。'九行：'时至大二年三月吉日，缘化道士姜志平立。'首行、八行顶格。次、三、四、七行，各低一格。五、六、九行，各低三格。首行下空数格，镌'石匠提领孙世昌'。九行下稍左，镌：'王仁产。'"②其中个别文字和断句与上引青岛市史志办公室编《崂山志》载文存在差异，但不影响观摩此碑形貌。又据青岛市史志办公室编《崂山志》记载："（翠屏岩）下有一形如卵壳的圆洞，名'玉皇洞'，高深各 2 米，洞壁光滑，洞内原供奉石雕玉皇像一尊，为元朝达鲁花赤监造"，又说："洞前有一块草地，相传是玉皇殿旧址。从翠屏岩北上，岩石上有 4 小洞，洞中都曾有塑像，名'七真洞''三阳洞'。"③上面还提到元代尚书王思诚曾为华楼山十四景"各付题咏"，其中所题玉皇洞诗中有"白石龛中白玉仙"一句，与此结合来看，莱州达鲁花赤多识德谋尔等人捐赠的"玉帝坐像"也应该是白色石玉打制而成的，并装于白石龛中置玉皇殿供奉。

---

① 笔者于 2018 年 2 月始，前后五次至华楼山一带考察，7 月中旬在华楼宫后沈鸿烈别墅院内逢看宅老人，从其处打听得知，碑刻皆于"文化大革命"时被毁。

② （清）黄肇颚：《崂山续志》，山东省地图出版社 2008 年版，第 394 页。

③ 青岛市史志办公室编：《崂山志》，五洲传播出版社 2003 年版，第 133 页。

三　华楼宫云岩子道行碑

华楼山是西入崂山的主要道路，明人黄宗昌《崂山志》载："（华楼山）胜地多，拔其最者八，皆天成者也……毕登，有石似楼，是以名之"，又载："华楼宫，在王乔崮下，元太定二年建。"① 隋唐时期，该山即有玄元殿建成。至元代，崂山道士云岩子刘志坚又在此山碧落岩下结庐修行，且留下了诸多道教名人诗词和道家修行语录刻石，此外"从元代以来，华楼山就成为来崂山的达观文士必到之处，现在华楼景区仍然是崂山的题词刻石保存数量最多的地方"②。刘志坚离世之后，门人于其结庐处修建了华楼宫，并为其立有"云岩子道行碑"。据载，此碑由元代大学士、光禄大夫赵世延撰文，"元泰定二年（1325 年）创建华楼宫时，遂将这座《云岩子道行碑》立于宫内院中，碑文今仍存，其中记述刘志坚之事迹甚详"③。

笔者于 2018 年 7 月中旬亲至华楼宫及其附近考察，在沈鸿烈别墅院内逢一看宅老人，与其交谈中得知，华楼宫内的碑刻都在"文化大革命"时被毁，他还指引我看到了三块残存的碑块，位于翠屏岩前方的树下，但上面的文字也已模糊不清。不过，在与崂山文化相关的史志资料中，如黄肇颚《崂山续志》、周志元《崂山志》、青岛市史志办公室编《崂山志》，对"云岩子道行碑"全文均有载录，一般题为《元泰定三年云岩子道行碑》，④ 碑文内容为：

　　老氏以清静无为为宗尚矣。汉文帝行其言，仁寿天下。后世符祝醮祭之法立，五千言之旨遂晦。凌迟至于金季，重阳王祖师出倡全真之学，而老子谷神不死，守雌抱一之道，得邱刘谭马为之疏附先后，

---

① （明）黄宗昌：《崂山志》，文海出版社 1961 年版，第 26、42 页。

② 青岛市史志办公室编：《崂山志》，五洲传播出版社 2003 年版，第 131 页。

③ 青岛市史志办公室编：《崂山志》，五洲传播出版社 2003 年版，第 316 页。值得一提的是，诸多相关文献记载华楼宫创建于元泰定二年（1325），但上文述及华楼宫碧落岩处的《八不砂大王题记》中有"（牢山）有俺的上华楼宫住持底刘大师"一语，题记落款时间为"元贞三年"，由此可见，华楼宫在元贞三年（1297）之前或已创建。

④ 周志元《崂山志》误写为《元泰定二年云岩子道行碑》，详见周志元《崂山志》，齐鲁书社 1993 年版，第 214—215 页；黄肇颚《崂山续志》将此碑题名为《有元故崇真利物 明道真人道行碑》，详见（清）黄肇颚《崂山续志》，山东省地图出版社 2008 年版，第 152 页。

其教始盛。云岩刘尊师，实邱真人所出第三传也。师讳志坚，世为博州人。弱冠西事永昌王，掌鹰房，倜傥负才气，有干材，不甘落人后。凡王邸将命四方，多所任使，故有刘使臣之称。岁逾壮，归里舍，尝梦一髯翁曰："奚为不速去？"又梦至一境，山水幽深，心悟身幻世浮，锐然弃家入道。就东平仙天观郭尊师，往摄衣席下，执礼甚卑，服劳维谨。郭师盼之曰："闻汝善养鹰，学道亦不异是。锻去生犷野性，屏去一切尘念，久之调服，自然入道。"言下有省，乃祓性除情，减膳祛睡，志一而笃行之。东平密迩博州，亲友沓至，劝挽归俗。郭曰："我固知汝心坚确不移，奈处此不宜。"遂辞去，历邹、滕、沂、莒之郊，寻访云朋，讲明心要。东至即墨之鳌山，私喜机会在是矣！即山麓南阿石窟立志，虎狼旁午，人皆危之，曰："独不惧乎？"师曰："与物无竞，何忧何惧？"岁余，徒入奥洞，洞殊险深，非人所居，顾有大树，始面洞背树趺坐。稍倦，则稍倚树，自谓真尔怖死也耶。复移身面树背洞，夜深昏极，忽坠涧下，竟无所损。日一粝饭，盐醢不置。身衣鹿皮，野兽杂处。雅不识书，言出理会。直述："三十二上抛家计，纵横自在无拘系。来到鳌山下死功，十年得个真气力。"迁自崖巅，心地逾明，手饲禽鸟，如猫狃食。今清虚庵是其处也。最后结茅上华楼，今碧落万寿宫是也。尝曰："纯阳师之二童来补功行。"翌明，果二少年至，一钱姓、一徐姓，师曰："来自何方？欲往何所？"二子再拜曰："某等杭产也。遐仰真风，愿备洒扫，请问道妙。"居无何，皆有发明。师自此后，薪水舂爨百需自为。或曲为代劳，师辄叱去，必身亲之。约二十年，行之不息。尝作颂曰："先生有志不须愁，牢牵意马锁猿猴。白牛常立金栏里，免了轮回贩骨头。"师退藏坐忘，凡行必践其实。静定既久，天光内映，或前知休咎，或神游四方。若此者不可殚记。洞祁真人闻之，特赐云岩，玄逸张真人署为教门宗主。大德甲辰，今上渊潜高师粹行，制赐崇真利物明道真人，仍大护其山门。一日语众曰："尔曹勉之，善自劝修，驹隙迅速，吾将逝矣。当有声大震，有鹿来迎，是其证也。"门人请末后。师曰："师真秘语，具载方策，曾未一窥。我平时以诚实行真实事，尚何言哉！"俾具沐浴，栉发更衣，端坐至午夜，月朗风清，果声震鹿至，悠然而逝。宛容如生，其庶几尸解者欤！师生庚子岁五月十三日，终于大德乙巳四月十七日子时，春秋六十有六。门人葬于凌烟崮。若吏若民不期而来会葬者众。今户部侍郎王仲怿，时以事过山下，拉守宰诘朝同候师。俄一道者云："师羽化前诸官来访，惜不及会见，各宜珍重。"皆惋叹，就执绋送葬而返。辽王追悼下教，俾树碑巉铭，以昭来世。窃观师少负迈往之气，驰骋四方，一旦幡然，遁世高蹈，志刚节苦，胁不沾席者逾三十年，必求底于有成而后已。岂非仁者有勇，知者行尽者乎！泰定改元之秋，门人黄道盈稽首来请曰："吾师云岩殁久矣，未有铭，必待知师之道者而铭之，敢请。"辞以不能。道盈请益勤，不得而辞，遂按状叙以其事。为之铭曰："道本无为，清静是则。明而诚之，复归无极。玄圣垂恻，示兹典常。其就能弘，曰维重阳。重阳六子，长春耀世，觉此来裔。三传挺秀，厥有云岩。山居涧饮，坐究行参。守静执虚，辟阖玄牝。绵绵不息，□默与胎。历稔三十，鹿裘棕帔，终始靡逾，邈企高风，凄其天籁。云飞碧落，月明寒濑。渤海渺渺，鳌峰峨峨。我铭砾石，永久不磨。"泰定三年，岁次丙寅正月十二日。特赐金冠金襴紫服葆玄崇素圆明真静大师天佑道人混成子，前益都路道门提点，本宫宗门提点黄道盈。[1]

这篇碑文较长，创作方式上采用了自汉代以来"文人碑"的标准体例，即前序后铭的形式：序用散体，侧重于叙事；铭为韵文，侧重于抒情。碑文序文部分所占篇幅较大，主要追述云岩子刘志坚一生的事迹，内容详尽而丰富，大致可分为六个部分。

第一，开篇远述道家思想之源流和全真道的兴起。首先追述了道家始祖老子的创道之功，并举例说汉文帝奉行道家清静无为理念，以至于有"仁寿天下"之善果。其次述及后世徒众邪饰道家之说，将道家之旨逐渐衍化为符祝、醮祭之法，以致《老子》（"五千言"即指《老子》）原本精深玄妙的思想也变得晦暗不清。历史发展到金代，王重阳与他的弟子丘处机、刘处玄、谭处端、马钰等人延续老子之道，道家旨趣遂明，全真道亦随之走向兴盛。

第二，简述刘志坚修道之前的生平与事迹。碑文敬称刘志坚为"云

---

① 各史志资料间所记《云岩子道行碑》的文字稍有出入，这里以周志元《崂山志》所载为底本，详见周志元《崂山志》，齐鲁书社1993年版，第214—217页。

岩刘尊师"，言其是丘处机的三传弟子，籍贯为博州（今山东聊城市东北）。二十岁左右时，刘志坚供职于永昌王府，永昌王名只必帖木儿，是元太宗窝阔台之孙。只必帖木儿本驻守永昌，并在永昌建起新城，其父阔端坐镇凉州，据《元史·地理志三》载："至元十五年，以永昌王宫殿所在，立永昌路，降西凉府为州隶焉"，①《元史·陈祐传》也载："西凉隶永昌王府。"② 正是由于朝廷赐只必帖木儿的宫殿为永昌府，故他也被称为"永昌王"。由此看来，元代永昌王府远在西凉（今甘肃武威）之地，故碑文言刘志坚"西事永昌王"。他在永昌王府掌管着鹰房（即宫廷饲养猎鹰之地），文中言其才干突出，且有不甘落后之品性，故王廷外交事务多交予他办理，因此获得"刘使臣"之称。后叙及刘志坚年龄渐长后归家，梦到一年老多须者对他说："为何不快速离去？"又梦到自己身至山水清幽之境，遂有了人生如梦、世事如幻之感。这两个梦境最终促使刘志坚下定决心入道修行。

第三，叙述刘志坚在东平拜师修道之事。刘志坚决定弃家入道后，首先来到的是东平仙天观，并拜一郭姓道长为师。明人黄宗昌《崂山志》叙刘志坚事迹时曰："师事东平郭至空。"③ 也就是说，碑文中的"郭尊师"即"郭至空"。刘志坚在郭师面前过于严肃恭敬，"执礼甚卑，服劳维谨"，与修道之法不相符合，因此郭师对其不满并劝导他说，修道之法与其擅长的养鹰之法类似，只要去除原本狂野的本性，屏去一切杂念，并做到持之以恒，便会自然入道。刘志坚听从了师父的教导，从此改变了自己原有的情性，并严格要求自己，减少摄食与睡眠，全心全意地从事道教修行。但是，东平之地离刘志坚的家乡博州较近，故多有亲友来此对其探望，并劝其不要出家修道。东平之地有此干扰，已不适合刘志坚在此修行，郭师又知刘志坚的修道决心坚定不移，故劝其寻找更加合宜的修道之地。

第四，详述刘志坚在崂山道教胜地艰苦修行的经过及相关事迹。刘志坚从东平辞行之后，历经邹县、滕县、沂水、莒县，一路寻朋问友，讲明自己决意修道的心念。最终来到了即墨县的鳌山（即崂山），刘志坚对此道家胜地喜爱至极，认为这里是自己修道成真的理想之地。于是寻得山南

---

① （明）宋濂等撰：《元史》，中华书局 1976 年版，第 1450 页。

② 同上书，第 3940 页。

③ （明）黄宗昌：《崂山志》，文海出版社 1961 年版，第 51 页。

之地的一处洞窟进行修行，但此处有虎狼之患，时人都认为是极其危险的地方，并对刘志坚说："你难道不惧怕吗？"刘志坚用修道之理回应说："我能做到与物无争，有什么忧虑和惧怕的呢？"在洞窟修行了一年多后，刘志坚又转至另一深洞处，此洞陡峭艰险，不适合居住，因此刘志坚在此地"面洞背树"跌坐修行，有了倦意便倚树稍憩。后来他认为如此修行不够专心，故调整位置"面树背洞"修行。但一次修行至深夜时发生了意外，刘志坚忽然坠落到了山洞之下，但令人称奇的是，其身竟无损伤。碑文又述及刘志坚在崂山修道之时坚守清贫朴素，吃不加任何调味的粗糙饭食，身穿兽皮做的简单衣饰，住在山间与野兽杂处的地方；又提及刘志坚虽然不甚识字，但善于言语理会，并引用他所作的一首诗歌阐明其在崂山的修道之志。之后，刘志坚又迁移到山顶的清虚庵修行，且道术渐明，可以与禽鸟自然相处；最终刘志坚选择了华楼山结庐修行，其结庐之地即后来华楼山碧落岩处的万寿宫，青岛市史志办公室编《崂山志》载："（华楼宫）又名万寿宫。"① 关于刘志坚先前修行的"清虚庵"之地，青岛市史志办公室编《崂山志》又载："（清虚庵）位于城阳区夏庄街道办事处瓦房村北。"② 但是，在崂山华阴北山的黄石洞（又名黄石宫）处有"清虚庵"题字，"位于黄石洞西山体崖壁上，楷书，竖排，阴刻，字径约40厘米"，③ 且黄石洞距离华楼宫很近，"在华楼迤北十里许山之巅"，④ 所以"清虚庵"或应在现在的黄石洞之处。碑文又述及刘志坚于崂山修行之时的奇异之事——他曾说："先师吕纯阳（吕洞宾）的两个学童将来崂山补充功行。"第二天，果然有钱姓和徐姓的两个少年来到崂山，刘志坚询问后得知，二少年来自遥远的杭州之地，慕崂山修真之风而来，并愿在此地研习道家精义。两个少年在崂山居住不久，都有不错的修道成果。有了这两个少年之后，刘志坚的砍柴、挑水、做饭等日常事务依然亲自为之，少年想代其劳作，均被呵斥而去。如此生活了二十年，也不改变初衷，文中又引用了他所作的另一首诗歌以证其修道之志。刘志坚如此守静专一、全心求道的结果便是领悟到修道的至高境界，并达到修道成真的善果，故碑文言其"或前知休咎，或神游四方"。洞明真人祁志诚

---

① 青岛市史志办公室编：《崂山志》，五洲传播出版社2003年版，第226页。

② 同上。

③ 王瑞竹：《崂山题刻今存》，中国海洋大学出版社2016年版，第133页。

④ （明）黄宗昌：《崂山志》，文海出版社1961年版，第42页。

（全真教掌教）听说了刘志坚在崂山艰苦修行的事迹之后，特赐其"云岩子"道号，并有"玄逸张真人"者拜其为教门宗主。至大德甲辰（1304）年，皇帝闻其名，敕赐刘志坚"崇真利物明道真人"，仍让其掌管崂山道教。

第五，描述刘志坚仙逝时的情景与仙逝后的影响。碑文先叙及刘志坚逝世前夕的情形，他劝勉徒众要勤奋修行，并言自己将逝，逝去之时当有雷震发生并有仙鹿来迎的征兆。因此门人向其请示善后事宜，刘志坚告诫他们说，一切处事准则都隐含在日常诚恳行事之中了，用心揣摩领会即可，无须再多言。刘志坚逝世当天，先是做好了沐浴、梳发、更衣的准备，后端坐至午夜时分，在本是月朗风清的夜晚突发雷震，且有仙鹿到来，与其逝前预测的天象正相符合，刘志坚遂悠然而逝。逝后仪容和顺，宛如生前，或是刘志坚已得道仙去。之后，碑文回顾了刘志坚的生卒年代，生于庚子年（1240）五月十三日，逝于大德乙巳年（1305）四月十七日子时，享年66岁。刘志坚逝世之后，门人将其安葬于华楼山凌烟崮，其墓遗址至今仍存，遗址处有"元真人刘志坚遗蜕处"题刻。后碑文述及刘志坚仙逝后影响很大，吏民前来会葬者甚多，并特意提及户部侍郎王仲怿因事过崂山，本想与地方官员在平明候见刘志坚，但突从一道士处得知其已仙逝，二人皆感愍惜，只得为其送葬后返回；又提到，其后辽王追悼刘志坚，并为其立碑扬名，以警示后人。据《元史·诸王表》记载，辽王脱脱，延祐三年（1316）封。①

第六，碑文作者直接评述刘志坚其人并叙及作此碑的缘由。作者认为刘志坚自少年之时便超脱凡俗，决意隐遁修道之后，又志节坚定、苦守节操，以至于勤苦修行三十余年，定要修成正果方可罢休，并引用前人之语"仁者有勇、知者行尽"对其称赞。② 后作者叙及撰此碑文的起因是，泰定元年（1324）刘志坚的门人黄道盈至京都拜请作者说，其师云岩子刘志坚已经仙逝很久了，但一直没有碑铭传颂其道，故想请作者代撰碑文。起初作者感觉难以完成，遂有推辞之举，但在黄道盈的再三恳求下，作者不得再回绝，故按黄道盈对其师事迹的叙述，撰作了这篇《云岩子道行碑》。

---

① 参见（明）宋濂等撰《元史》，中华书局1976年版，第2740页。
② 《论语·宪问》载孔子语曰："仁者必有勇，勇者不必有仁"；唐代魏徵《谏太宗十思疏》中有"智者尽其谋，勇者竭其力，仁者播其惠，信者效其忠"之语。

序文之后是铭文，采用整齐四言的诗歌体，与序文叙事顺序大体相当，先叙道家原本，再叙全真道之兴，后续云岩子刘志坚一生事迹，字里行间对其勤苦修道之行歌颂有加。碑文落款时间为泰定三年（1326）正月十二日。碑文末还附带叙述了朝廷对刘志坚门人黄道盈的赏赐，特赐"金冠金襕紫服"一套，又赐"葆玄崇素圆明真静大师"之称，从中还可得知，黄道盈道号混成子，又称天佑道人，曾任益都路道门提点之职。①

整体来看，这篇《云岩子道行碑》声情并茂，在平淡的叙述之中，又增添了刘志坚与时人的对话、刘志坚的梦境描写、刘志坚所作的诗歌等要素，此外还直接引用时人之言入碑文，或在行文中插入时人时事以衬托碑主之德。这些在丰富碑文内容的同时，也使得碑文更加亲切感人，同时碑文的文学色彩也变得更加凸显。

关于碑文作者赵世延（1260—1336），根据《元史》卷一八〇《赵世延传》的记载可知：赵世延字子敬，先祖为雍古族人，居云中北边，其祖父按竺迩，因年幼丧父，故由外祖父抚养，"讹为赵家，故姓赵"；后按竺迩因跟从元太祖征伐有功被授予"大元帅"，镇守蜀地，从此家居成都；赵世延天资聪敏，喜欢读书，对儒家之学颇有研究，20岁左右时得到元世祖的召见，得以入枢密院御史台学习官政；至元二十一年（1284），24岁的他被授予承事郎及提刑按察司判官之职，至元二十六年（1289）又擢升监察御史，并弹劾丞相桑哥不法，至元二十九年（1292）转迁奉议大夫，出任江南湖北道肃政廉访司事，在地方敦促儒学，设立义仓，撤毁淫祠，多有作为；元贞元年（1295）授江南行御史台都事；大德三年（1299）调任中台都事，稍后改任中书左司都事，大德六年（1302）任江南行台治书侍御史，大德十年（1306）授安西路总管，处理政事合宜，并向朝廷请求赈济陕地灾民；至大元年（1308）任绍兴路总管，后改四川肃政廉访使，至大四年（1311）升中奉大夫、陕西行台侍御史，任上建议奏朝廷对边患改用羁縻之策；皇庆二年（1313）授江浙行省参知政事，不久被授予侍御史；延祐元年（1314）授中书参知政事，20个月后迁御史中丞，延祐三年（1316）劾奏权臣太师、右丞相帖木迭儿，不久升翰林学士承旨，延祐五年（1318），升光禄大夫、昭文馆学士，后任四川省平章政事，并于重庆路屯田垦荒；元仁宗驾崩后，帖木迭

---

① 关于黄道盈的生平事迹，详见本书第一章第三节。

儿又复相位，赵世延遭到报复，直到帖木迭儿死去才得以解脱；泰定元年（1324）赵世延从金陵受召还朝，被授予集贤大学士，第二年又出任江南行台御史中丞，泰定四年（1327）复为御史中丞，又迁中书右丞，泰定五年（1328）仍加翰林学士承旨、光禄大夫，后又加同知枢密院事；天历二年（1329）正月授予江南行台御史中丞，三月改任集贤大学士，六月又加任奎章阁大学士，八月授中书平章政事；至顺元年（1330）与虞集等纂修《皇朝经世大典》，四月封鲁国公，至顺二年（1331）改封凉国公；（后）至元元年（1335）仍授奎章阁大学士、翰林学士承旨、中书平章政事、鲁国公；（后）至元二年（1336）五月，至成都，十一月卒，享年77岁；至正二年（1342）赠世忠执法佐运翊亮功臣、太保、金紫光禄大夫、上柱国，追封鲁国公，谥号文忠。

　　根据上述赵世延一生的履历可知，黄道盈请求赵世延撰碑的时间，正逢其从金陵受诏还朝并被授予集贤大学士之时。这样看来，作为崂山华楼宫宗门提点的黄道盈，是不远千里专至京都恳请名臣赵世延为其师刘志坚撰作碑铭的。《元史》本传赞赵世延一生功绩曰："（赵）世延历事凡九朝，扬历省台五十余年，负经济之资，而将之以忠义，守之以清介，饰之以文学，凡军国利病，生民休戚，知无不言，而于儒者名教，尤拳拳焉。为文章，波澜浩瀚，一根于理。尝较定律令，汇次《风宪宏纲》，行于世。"① 赵世延不仅是一代名臣，而且身负忠义、清介之品行，又有文学成就显明于世，也许正是这些因素的合力，才促使黄道盈下定决心一定要请动赵世延为师作碑，如此才会尽显师名，同时也会倍感尊荣。

第二节　明代崂山道教碑刻

　　史志资料记载的明代崂山碑刻大概有20余例，其中部分已经亡佚，如《明天顺元年重修灵峰庵碑》《明天顺八年重修华楼宫碑》《明万历八年重修塘子观碑》等；有些已经漫漶不可读，如《明万历十六年新建海

① （明）宋濂等撰：《元史》卷一八〇《赵世延传》，中华书局1976年版，第4166—4167页。

印寺碑》。碑刻内容留存至今的大概有十余例，绝大部分为宫观碑，作者多是与崂山亲密的文人士大夫，如鳌山卫举人王九成撰有《明嘉靖丙寅重修太平宫碑》、即墨举人杨盐撰有《明万历二十年重修大崂观碑》、莱阳进士左之宜撰有《明天启二年重修太清宫碑》等。除宫观碑外，其他类型的碑刻也有，如山东巡抚赵体明所立的《明海上名山第一碑》、山东巡抚刘谨等人同立的《明万历二十八年颁道藏敕谕碑》、胶西进士赵任撰作的《明万历癸卯新立太清宫形胜地至碑》等。另外，明代崂山碑刻中也有少数是与佛教相关的，如即墨进士蓝章撰有《明成化丁未重修慧炬院佛殿碑》、憨山和尚撰有《明万历十二年重修巨峰顶白云庵玉皇殿碑》。本节将选取与明代崂山道人或崂山道教密切相关的几则碑刻予以介绍。

一　重修神清宫碑

　　神清宫位于崂山西麓北宅镇大崂村南山，始建于宋代，明人黄宗昌《崂山志》"附宫观建置"中已载有神清宫。清人黄肇颚《崂山续志》言"神清宫"曰："宫居芙蓉峰前。峭壁危崖，奇伟秀丽，殿阁参差，松篁掩映，无尘氛气，修真之善地也。"① 周志元《崂山志》说："（神清宫）在芙蓉峰西麓，创建于宋，元、明两代迭经重修，至清康熙中又加修葺。中祀三清，后为玉皇阁，东厢为精舍，西为救苦殿。事变中，经日人焚毁，已大非畴昔。其地林木蓊蔚，洞壑深幻，危石古松，重压殿宇，白日寒生，斜阳最宜。东山有大玉顶，有石窟玲珑，并有池经年不涸，为养鱼池。宫之内外有长春洞、自然碑、摘星台、会仙台诸胜，游其中者，冷然神清。名与实符，诚不虚矣"，文后周志元还列举了孙笃先等八位文人专门讴赞神清宫的诗歌。② 如此看来，"林木蓊蔚，洞壑深幻"的神清宫之地，确为修道之人觅求的理想场所，故经历代道众的潜心经营，有"重压殿宇""石窟玲珑"之貌，且神清宫内外留下了长春洞、自然碑、摘星台、会仙台等诸多道教胜迹。

　　除了道教胜迹之外，历代在重新营建神清宫之时，还作有相应的碑刻以示纪念。如明代重修神清宫时留有《明万历十三年重修神清宫碑》，清代重修神清宫时留有《清康熙三十一年重修神清宫碑》。《明万历十三年

---

① （清）黄肇颚：《崂山续志》，山东省地图出版社 2008 年版，第 296 页。
② 参见周志元《崂山志》，齐鲁书社 1993 年版，第 93—94 页。

重修神清宫碑》由如幻道人撰文，① 碑文内容为：

> 自古道术称黄老，以清净无为教人，谷神内守，以养天年而不中道夭阏，此其本也。后世诬以为长生。其德高慕遐思，必曰海外十洲三岛之间，有神人在焉。藉今一见而尘埃可脱，即有识之士，莫不愿往。是以仙踪遍满山东之阳，而崂山尤萃。惟二崂称巨丽，三面环海，群峰插天，朱宫丹室，递布其间。当万山之中，曰神清宫。宫创于元延祐间，为长春子栖真之所。真人已往，其迹丘虚。我明嘉靖间，住持姜全志募众重新构殿三楹，貌三清、太上、帝释之像，安居堂室，颇为周备。凡历十三余祀，至万历乙酉始告落成，征余为记。予因喟然而应之曰："噫！道之在宥天地，惟广漠、惟清净，而无始后，随而无终，得是道者以长生。嗟夫！人者昧之，泊泊沉欲，邈然而不知返。其神不清，虽生何生。宜乎至人之观朝菌之晦朔，蟪蛄之春秋也。兹宫之建，窈渺幽深，宜其居者，安以凝神，静以舒情，超然遗世，而入不死不生，即自而登广漠之庭。叹夫高慕者荡志，遐思者放情，又何弱水之可隔，羽翼之可生哉。夫如是，使夫施者作者，推一尘而与山徽共光，一滴而与沧海同波，功德何穷。"遂书以纪其事，俾后之人，有以鉴焉。②

　　碑文开篇没有直接述及神清宫重修之事，而是立意高远、思想深邃，首先从宏观入手，谈及道人修行理念和修道体悟的问题。作者认为道术修行贵在坚守清净无为之念，且要持之以恒，不要中途舍弃，如此方可延年益寿，但后世之人将此诬罔为长生之术，并言海外有神人存在，与神人相见便可脱离尘俗、得道成仙。也正是由于这个原因，历代有识之士都抱有至山东寻仙的想法，而与海相接的崂山便成为他们的首选之地。接着作者便述及崂山"三面环海"的地理优势，"群峰插天"的自然景观，"朱宫丹室"的道教胜迹，而道教胜迹中最可称道者便是神清宫。据作者追述，

---

　　① 关于如幻道人的生平事迹，史志资料缺乏记载，故不详。
　　② 此处所引碑文内容是周志元《崂山志》（齐鲁书社 1993 年版，第 220 页）所载版本，各文献所记此碑的文本在个别文字上存在出入，如清人黄肇颚《崂山续志》卷八亦载有此碑，碑文后还记有此碑的落款："明万历十三年冬十月上朔之吉如幻道人□山□□撰"。详见（清）黄肇颚《崂山续志》，山东省地图出版社 2008 年版，第 297 页。

神清宫创始于元仁宗延祐年间（1314—1320），丘处机曾于此栖身修行，①
随着历史的发展，此宫也逐渐废弃；到了明代嘉靖年间，住持姜全志开始
募集道众重新修葺神清宫的三座殿室，② 殿中所祀对象除道教的"三清太
上"之外，还有佛教护法神"帝释之像"，由此可看出当时三教合一思想
的印记；姜全志住持与道众经过十三年的努力，至明神宗万历乙酉年，即
万历十三年（1585）才最终将神清宫修建完毕，同时延请如幻道人撰记
以存此盛事。

　　碑文最后写到如幻道人应允了撰碑之事，他在碑文中用直录的方式叙
述了自己对道术修行的体悟和看法，对神清宫修道之士的殷切期望，以及
撰作此碑记的目的。对于修道本身来说，如幻道人认为大道包罗万象，无
始无终，唯有端正理念，做到清静、守一，方能悟彻长生之道；但多数之
人对此不能理解，更不能持有正确的修道观念，盲目追攀而不知反省，倘
若沉沦于此，这样的修道人生便没有任何意义了，而那些道德修养高且真
正超脱世俗的"至人"视这样的人寿命短暂、缺乏远见，也就不用感到
奇怪了。对于新建的神清宫而言，如幻道人认为这对于修道之人来说是难
得的幽深静谧之处，在此可以凝神聚气，静心修炼，最终超然尘外、得道
成真；并恳切地呼吁在此修道的广大人士，要涤去忧虑、纵情快意、净化
心灵，如此修道成真的梦想便不会再遥远，如果是这样，那些为修建神清
宫而付出心血的人也不会枉费心机，他们可与修道成真的人"山徽共光"
"沧海同波"，其功德也终会昭示无穷。如幻道人在碑文末指出，撰作此
碑的目的就是借神清宫重修之事阐发修道要旨，以便为后世之人提供
借鉴。

　　仔细揣摩碑文还可以看出，如幻道人在行文中还运用了不少佛道之典。

---

　　①　此处记载疑有误，因为元延祐年间（1314—1320）丘处机（1148—1227）早已仙逝，不
可能在神清宫栖身修行。另外，黄肇颚《崂山续志》载有清代泉石老人撰文的《重修神清宫碑
记》，其中记载："考庙由来：盖自元延祐间丘长春邱子创建之后，历元、明以迄于今，重修者屡
矣。"（黄肇颚：《崂山续志》，山东省地图出版社 2008 年版，第 297 页）周志元《崂山志》卷六
《金石志》所记与此相同（参见周志元《崂山志》，齐鲁书社 1993 年版，第 226 页）。但青岛市
史志办公室编《崂山志》载及泉石老人这篇《清康熙三十一年重修神清宫碑》时却言："考庙由
来，盖自宋延祐间"，并作考释说："据《重修神清宫碑记》载，该宫建于宋代延祐年间，查宋
代无此年号而有元祐，可能为传抄之误"，故认为神清宫"创建于宋代元祐年间（1086—1094
年）"（详见青岛市史志办公室编《崂山志》，五洲传播出版社 2003 年版，第 225、444 页）。

　　②　关于住持姜全志的生平事迹，史志资料缺乏记载，故不详。

如"朝菌之晦朔，蟪蛄之春秋"，语出《庄子·逍遥游》，文面意思是朝生暮死的菌类不知道月初和月底（一个月的时光），生命只有一个季度的蟪蛄不知道春秋（一年的时光），意指生命短暂者或目光短浅者。而"不死不生"之语，则来自佛教经典《入楞伽经》，其卷八有言："如来藏世间，不生不死，不来不去，常恒清凉不变。"又"高慕者荡志，遐思者放情"一句，其中用词皆可在史志典籍中找到影子，如《旧唐书·隐逸传序》云："皇甫谧、陶渊明慢世逃名，放情肆志，逍遥泉石。无意于出处之间，又其善也。"① 具体来看，拿"荡志"一词来说，屈原《九章·思美人》曰："吾将荡志而愉乐兮，遵江夏以娱忧"，指释放情怀、涤净思虑；在拿"放情"一词来看，晋郭璞《游仙诗》有"放情凌霄外，嚼药挹飞泉"一句，指开阔心胸，任凭感情自然流露。再如"弱水之可隔"之语，在《尚书·禹贡》《山海经·大荒西经》《史记·大宛列传》《汉书·地理志》《后汉书·西域传》等史志资料中均有"弱水"的记载，旧题汉人东方朔所撰的《海内十洲记》言："凤麟洲在西海之中央，地方一千五百里。洲四面有弱水绕之，鸿毛不浮，不可越也。"② 鸿毛不浮、不可逾越的弱水，后来便被文人视作"艰险、遥远"的代名词，如苏轼《金山妙高台》诗曰："我欲乘飞车，东访赤松子。蓬莱不可到，弱水三万里。"张孝祥《水龙吟·望九华山》词亦云："缥缈珠幢羽卫。望蓬莱、初无弱水。"这些典故的运用，不仅透露出三教合一的思想观念凝固于如幻道人的意识之中，同时也表明如幻道人又是一位文化素养较高的崂山道士。

除《明万历十三年重修神清宫碑》之外，后世还留有其他的"重修神清宫"碑刻。上引周志元《崂山志》提及，神清宫在"元、明两代迭经重修，至清康熙中又加修葺"。清代神清宫重修，留有《清康熙三十一年重修神清宫碑》，此碑由东莱泉石老人撰于清康熙三十一年（1692）十月，碑文内容述及崂山自然形胜、神清宫创建与重修始末、撰碑因由与目的等。③ 除此之外，近代民国时期也修葺过神清宫，且留下了《民国十二

---

① （后晋）刘昫等撰：《旧唐书》，中华书局1975年版，第5115页。

② （汉）东方朔：《海内十洲记》，贾传棠编：《五朝小说大观》，中州古籍出版社1991年版，第170页。

③ 此碑可参（清）黄肇颚《崂山续志》，山东省地图出版社2008年版，第297页；周志元《崂山志》，齐鲁书社1993年版，第226页；青岛市史志办公室编《崂山志》，五洲传播出版社2003年版，第444—445页。

年重修神清宫碑》，此碑由即墨人刘显初撰于1923年，碑文内容追述了丘处机崂山修真的事迹，回顾了明清以来神清宫创建与重修的历史，表达了让后人延续传统、传承美德的愿望。[①]

上引周志元《崂山志》又说到，神清宫在"事变中，经日人焚毁，已大非畴昔"。青岛市史志办公室编《崂山志》也记载："该宫（神清宫）为崂山古老道观之一……1939年该宫被日军烧毁，1943年又被日军轰炸，庙舍全毁。"[②] 据说"文化大革命"期间及20世纪80年代当地村民开山取石时，神清宫庙址再次遭受破坏，周围诸多道教胜迹也不复存在了。由此看来，"重修神清宫"碑刻或也在劫难逃。

2008年，青岛新闻网"青青岛社区"论坛平台刊登了《有人在神清宫盗挖古文物》一文，其中写道："在新近被挖开的土坑中，有一块破碎的石碑，碑的两面都有龙的图案，看来是建宫时候立的石碑，由于只余少量的部分，不能确定整个墓碑的历史，但据住在附近的王思恩老人讲，这石碑最晚也有400年以上的历史，很有可能是《明万历十三年重修神清宫碑》。如果能找到全部，石碑的历史还可提前。其余部分是被不法分子运走，还是在土中，成了一个巨大的问号。"[③]

二　颁《道藏》敕谕碑

太清宫位于崂山东南海滨，以三官殿、三清殿、三皇殿为主殿。上文提及，太清宫及其附近地区，历代留传下来的各类碑碣刻石的数量很多。除上面述及的太清宫三皇殿"元太祖敕谕刻石"二则之外，在太清宫三官殿院内，至今仍保存着明万历二十八年颁《道藏》敕谕碑，现碑已残。[④] 王瑞竹《崂山题刻今存》将其称为《明万历二十八年颁布道经谕文碣》，且详言："碑冠竖刻'敕谕'二字，篆书，阴刻。残碑只有上半部分，正文为楷书，阴刻，字径约10厘米，7行"，并记载残余碑刻的文字

[①]　此碑可参见周志元《崂山志》，齐鲁书社1993年版，第231页；青岛市史志办公室编《崂山志》，五洲传播出版社2003年版，第449页。

[②]　青岛市史志办公室编：《崂山志》，五洲传播出版社2003年版，第225页。

[③]　参见青岛新闻网"青青岛社区"（http://club.qingdaonews.com/showAnnounce_108_3810186_1_0.htm），2008年11月30日。

[④]　高明见言此碑"毁于'文化大革命'"。见高明见《道家海上名山——东海崂山》，宗教文化出版社2007年版，第151页。

为："敕谕劳山太清宫住持人……/朕发诚心印造道士藏……/尔住持及道众人等……/往愆尤祈无疆寿福……/已无为之治道焉今……/安各宜仰体知悉钦……/大明万历二十八年十……/。"① 虽然太清宫明万历二十八年颁《道藏》敕谕碑已残，但好在相关文史资料对这则碑刻多有记载，我们能够从中得知此碑创制的缘由、过程和完整的碑文内容。

图 5-2-1　明万历二十八年颁《道藏》敕谕碑残碑

据民国太清宫监院周宗颐所编的《太清宫志》记载，明代万历皇帝"敕赐道藏经"给崂山太清宫的因由是："明万历二十八年，本宫道人耿义兰奏闻朝廷，略谓劳山，为东海名胜，福地仙山，历代仙迹卓著，恳请颁赐藏经，用镇名山。"② 由此可知，朝廷之所以颁赐《道藏》给崂山太清宫，是因为有太清宫道士耿义兰奏请朝廷在先。与之相关，耿义兰尚作有诗曰："东海名高上鳌峰，初开茅庵是太清。恩深一观明帝主，敕谕颁来道藏经""道宫旧基汉时开，郁郁葱葱气佳哉。一部藏经留圣迹，天空

---

① 王瑞竹：《崂山题刻今存》附有此碑图片，不过在个别文字辨识上有误，如"住持人"应为"住持及"之误，"道士藏"应为"道大藏"之误。详见王瑞竹《崂山题刻今存》，中国海洋大学出版社 2016 年版，第 14 页。

② 周宗颐：《太清宫志》卷五，载高明见《道家海上名山——东海崂山》附录，宗教文化出版社 2007 年版，第 262 页。

海阔日月来"。① 关于耿义兰其人，青岛市史志办公室编《崂山志》载："耿义兰，字芝山，号飞霞，又号灵应子，明代高密（今山东省高密市）人，生于正德四年（1509 年）九月十八日。嘉靖年间进士，后弃家入道，从师太清宫道士高礼岩，偕师同去华山北斗坪挂单 10 余年，拜赵景虚学道说法，后辞师入京都白云观丛林挂单，参访道理玄学。未几即归崂山，隐居慈光洞、黄石宫等处静修"，又载："万历十七年，耿义兰与贾性全、刘真湖、张复仁、谭虚一等道人上书县、府，控告憨山和尚在道院建佛寺。万历十九年（1591 年）秋，耿义兰赴京城上控，万历二十八年（1600 年）朝廷降旨毁海印寺重建太清宫，敕封耿义兰为'扶教真人'，应耿义兰之奏请，皇帝又赐《道藏》共 480 函，并钦赐御伞御棍，金冠紫袍，永镇太清宫道场。万历三十四年（1606 年）十月十五日耿义兰去世，年 97 岁，葬于三皇殿前，今太清宫三皇殿西厢为'耿真人祠'，内祀扶教真人耿义兰之神位。"② 这样看来，耿义兰作为文化素养较高的崂山道士，其向朝廷奏闻崂山并请赐《道藏》之事，还有更深层次的历史因素，那就是当时崂山的佛道之争。

关于耿义兰控告憨山和尚在崂山道院建造佛寺之事，早在明万历三十一年（1603）胶西进士赵任撰文的《太清宫碑记》中即有记载："万历初，释德清羡其胜概，因宫址为海印寺。黄冠者为鸣官奏之，命下不以寺为宫，辄毁之而存其址。无何，敕中使何堂，颁道藏经四百八十函，令羽士贾性全焚修，以祈福国民安。"③ 碑文中的"释德清"即为憨山和尚，黄宗昌《崂山志》卷五"仙释"载："（憨山）名德清，南京报恩寺僧"，又详载当时的佛道之争曰："（憨山）别妙峰，东蹈海，寻那罗延，不可居，至下清宫止焉……下清宫，旧道院也，倾圮甚，羽流窜亡，一二香火守废基，苦无藉。念可建大法幢者，此其机。久之，羽流益窘，愿资我多

---

① 诗见周宗颐《太清宫志》卷九，载高明见《道家海上名山——东海崂山》附录，宗教文化出版社 2007 年版，第 288 页。

② 青岛市史志办公室编：《崂山志》，五洲传播出版社 2003 年版，第 318 页。

③ 碑记参见周宗颐《太清宫志》卷五，载高明见《道家海上名山——东海崂山》附录（题为《太清宫形胜地至碑记》），宗教文化出版社 2007 年版，第 264—266 页。另外，黄肇颚《崂山续志》中也记有此碑，但个别语句和文字上与《太清宫志》所载存在出入。详见（清）黄肇颚《崂山续志》，山东省地图出版社 2008 年版，第 272—273 页。高明见言此碑"今已毁"，见高明见《道家海上名山——东海崂山》，宗教文化出版社 2007 年版，第 152 页。

金，举地属之。于是走京师，奏请内廷供奉，于是出旃檀佛暨大部藏经界之将奉。比至，大建梵刹曰海印寺。于是教行而人归之者众，佛宇僧寮之盛几埒于五台、普陀。居数年，道士耿义兰者，寺中有所餂，见逆，出怨言，讼于官，见笞益怨，乃指宫门詈曰：'您秃覆楚，予将秦庭七日哭而复地尔。'于是上变告，憨山被诬，戍雷州。"① 由此看来，憨山到达崀山之时，太清宫已经残破不堪，大量道众已经流亡，只有少数道士守护于此，随着困顿贫苦的加剧，他们最终将太清宫之地卖掉。憨山既爱太清宫之地，购得此地后又得到朝廷的资助，故能于此建起一时昌盛的海印寺。据材料所载，道士耿义兰之所以控诉憨山，起因是他欲向"寺中有所餂"而见逆，即想从佛寺中获取好处而遭到拒绝，所以怀恨在心，便与其他道众一起讼于地方官府。但官府审理后，不但没有获准崀山道士的状告，反是耿义兰本人遭到诬告而受到笞刑，这更加激怒了耿义兰，他至寺庙门口大骂，并发誓要像当年申包胥哭救楚国于秦庭一样，定会不遗余力地寻找外援予以还击。蓝水《崀山古今谈》也载："有旧时太清宫道士耿义兰者，寄食寺中，有餂不得，怒诉于公，被笞，乃走京师上变告。"② 周志元《崀山志》也有相似的记载："道士有耿义兰者，有餂于憨山，不遂，乃控告于抚院，又被逐。益怒。于是赴京变告于内廷"，并附有耿义兰呈万历皇帝的《控憨山书》。③ 最终憨山和尚被诬告，于万历二十三年（1595）被发配到雷州戍守，以耿义兰为代表的道士一方获得胜诉，万历二十八年（1600）朝廷下旨毁海印寺重建太清宫。

　　关于明代崀山这场佛道之争，历代人士评论颇多，多数人认为其本身并无正义与非正义之分，只不过是万历年间宫廷内部帝后权力之争的缩影，崀山佛道两家受此牵连，成为被利用的工具和牺牲品。④ 但不管怎样，崀山佛教昙花一现后，崀山道教又重新兴起。为博取朝廷的重视，耿义兰在胜诉之后，还向朝廷阐述了崀山"仙迹卓著"的历史并请求赐予

　　① （明）黄宗昌：《崀山志》，文海出版社 1961 年版，第 53—54 页。

　　② 蓝水：《崀山古今谈》，崀山县县志办公室编，1985 年版，第 79 页。

　　③ 参见周志元《崀山志》，齐鲁书社 1993 年版，第 115、291—293 页。

　　④ 关于憨山其人事迹与崀山佛道之争的详细考述，可参见赵伟《崀山道教与佛教研究》第六章《憨山与崀山佛教》，人民出版社 2015 年版，第 203—234 页；任颖卮：《崀山道教史》第二章，中央编译出版社 2009 年版，第 44—46 页；何孝容：《从高僧到大师：崀山德清的崀山生涯》，《江西社会科学》2014 年第 10 期。

藏经，因此朝廷专派钦差赴崂山太清宫颁赐《道藏》和皇帝的诏令。对此，周宗颐《太清宫志》记载："蒙上嘉纳，钦差内宫监何堂，赍敕谕大道藏，及晓谕等，共安奉本宫。"① 由此可知，万历皇帝在敕赐《道藏》给崂山太清宫的同时，也颁布了一道"晓谕"给崂山道众，这则"晓谕"在周宗颐《太清宫志》中题为"敕谕"，其内容为：

> 敕谕劳山太清宫住持，及道众人等。朕发诚心，印造大道藏经，颁发在京及天下名山宫观供奉。经首护敕，已谕其由。尔主持及道众人等，务要虔诚供安，朝夕礼诵，保安朕躬康泰，宫台肃清。忏已往愆尤，祈无疆寿福，民安国泰，天下太平，俾四海八方，同归清静善教，朕成恭已无为之治道焉。今特差道经厂、侍经惜新、司左司付何堂，斋请前去彼处供安，各宜仰体知悉。钦哉故谕。
>
> 大明万历二十六年十月初三日谕。②

上引王瑞竹《崂山题刻今存》载有崂山太清宫三官殿《明万历二十八年颁布道经谕文碣》残碑，通过文字对比会发现，残碑中的文字即是万历皇帝颁给崂山太清宫住持和道众的"晓谕"文。《太清宫志》载"晓谕"文的落款为"大明万历二十六年十月初三日谕"，此处落款时间疑有误，上文引《太清宫志》指出朝廷"敕赐道藏经"给崂山太清宫的因由时已明确提及，"万历二十八年，本宫道人耿义兰奏闻朝廷，略谓劳山……恳请颁赐藏经"，况且太清宫三官殿敕谕碑残碑中的落款时间也为"大明万历二十八年十……"故《太清宫志》中的"万历二十六年"应为"万历二十八年"之误。③ 万历皇帝在"晓谕"中阐释了印造《道藏》经颁发京师及天下名山宫观供奉的用心，并督促崂山太清宫住持和道众，

---

① 周宗颐：《太清宫志》卷五，载高明见《道家海上名山——东海崂山》附录，宗教文化出版社 2007 年版，第 262 页。

② 同上。

③ 此"晓谕"文还见载于黄肇颚《崂山续志》中，但个别文字与《太清宫志》所载存在差别，落款时间亦为"万历二十八年"十月初三日。详见（清）黄肇颚《崂山续志》，山东省地图出版社 2008 年版，第 272 页。另外，周志元《崂山志》也载有这则"晓谕"文，题为《明万历间颁布道经谕文碣》，其中部分文字与《太清宫志》所载同样存在差异，落款为"大明万历二十八年鳌山卫致仕指挥石柱国督建上石"。详见周志元《崂山志》卷六，齐鲁书社 1993 年版，第 207—208 页。

要静心修行并虔诚地供奉和礼诵藏经，以保皇帝安康和国家太平，文后指出朝廷专派钦差何堂护送藏经至崂山太清宫并表达慰问之意。

既然太清宫三官殿残碑的上半部分是皇帝的"晓谕"文，那么亡佚的下半部分应该是"颁《道藏》敕谕碑"文的全部内容，周宗颐《太清宫志》将此题为《敕谕碑文记》，其文为：

> 敕谕劳山太清宫住持，及道众人等，惟道藏一书，乃黄帝、老子以来，诸高名流玄言法旨，大较以清净慈俭为宗。朕自冲脉承嗣洪基，迄今二十七祀，天下和平，臣民乐业，是皆天眷祖德所致，足证灵通妙应之机。昔汉文帝常用其言，庶几富庶之风。所谓道之精以治身，其绪余为天下，非其验欤？厥后源流渐广，文字虽繁。金简丹书，纷然并出；符箓科教，沓尔嗣兴。其说在拔济幽途，祈求福利，虽曰多端，要以作善降祥，作不善降殃。感应之理，焉可诬也。我祖宗设立道录一司，专领是教，圣母慈圣宣文明肃皇太后尝命摹印全经，颁布天下。朕既序之简端，跋之篇末矣。兹者国灵遐峗，荡除晦氛。朕自承天地祖宗之佑恩，与四方休息，归于无为，念尔蠢蠢众生，知识各别，日罹苦罟，幽负谴责，夫一不获是予之辜，所以道过雪愆，祈恩清福，朕实惓惓（拳拳）也。奚命所司印造全藏经四百八十函，施舍在京及天下名山诸道观，用广其传，凡尔羽流，其焚香讽诵，信受奉行，为国祝禧，为民解罪，洁严顶礼，永远尊藏，不许亵玩损失，特赐此护敕通知，钦哉故谕。
>
> 巡抚山东等处地方督理营田提督军务都察院右付御史臣刘谨同巡按山东监察御史臣杨光训立石于东海劳山太清宫
>
> 分守莱州府海防道山东按察司付使兼布政司右参议臣盛稔
>
> 分巡登州府海防道山东按察司付使臣孙健
>
> 莱州府知府臣龙文明同知臣王世爵通判臣李汝珍推官臣陈耀
>
> 胶即守备署指挥佥事臣李大生胶州知州臣汪兆龙
>
> 即墨县知县臣刘应旗县丞臣张崇友主簿臣典史臣彭慕荣
>
> 大明万历二十八年月日　仝立。①

---

① 周宗颐：《太清宫志》卷五，载高明见《道家海上名山——东海崂山》附录，宗教文化出版社 2007 年版，第 262—263 页。此碑还可参见青岛市史志办公室编《崂山志》，五洲传播出版社 2003 年版，第 441 页，题为《明万历二十八年颁道藏敕谕碑》。

从这则"颁《道藏》敕谕碑"的篇幅和内容上可看出，它是万历皇帝敕赐《道藏》之时，颁给崂山太清宫道士的更为正式和详细的圣谕。前引万历皇帝"晓谕"中有"经首护敕，已谕其由"一句，而此则"颁《道藏》敕谕碑"篇末又有"特赐此护敕通知"一句，二者所指概为一事，也就是说"颁《道藏》敕谕碑"文应该是"晓谕"中言及的"经首护敕"，即附在《道藏》经首页的圣谕。①

"颁《道藏》敕谕碑"的正文部分，是对《道藏》首页所印皇帝圣谕的直接引录。在圣谕中，皇帝首先向崂山住持和道众阐明了《道藏》的历史地位，认为《道藏》是自黄帝、老子以来道家者流持有和尊奉的玄言法旨，以清净、慈俭为宗旨。后叙及按道旨行事的有益之处，皇帝认为自己即位二十七年以来，之所以天下太平、臣民安居乐业，主要仰赖于上天对祖先德行的眷顾，同时也是修道敬天后表现出来的灵兆；且举例说，汉文帝奉道旨行事，崇尚清净无为，国家也因此富庶，故能得知，道既可修身，又可兼治天下。接下来又对后世道教发展的情形进行了描述，随着历史的发展，虽然道教流派不断增多，道教典籍也变得类别多样、文字浩繁，但天道拯救民苦、施与福禄及惩恶扬善的感应迹象依然如前。之后，圣谕中又述及本朝政体与道家思想的关系：既有先祖设立专门管理道教的机构在先，又有本朝太后号令摹印《道藏》经颁行天下之事，且皇帝又在《道藏》中亲作序跋以阐明弘道治国安民之意。圣谕最后提出了对天下道众的期望，既然皇庭奉行清净无为、与民休息之策，那么皇帝也希望天下道众潜心修行，消除自身苦难与罪过，专心为国祈福，如此皇帝心中也会感到欣慰，因此命专管道教的机构印造《道藏》经共四百八十函，颁布给京城和天下知名的道观，并希望道众用心诵经、广泛传播，为国祈福、为民解罪，并要永保虔敬之思，不得轻心亵慢。

"颁《道藏》敕谕碑"的正文之后，是主持或参与立碑之人的姓名和官职，从中可知此碑由来自6个地方官署的14名官员共同所立。主持立碑之人为山东巡抚刘谨和杨光训，参与者有：莱州府守御盛稔；登州府巡

---

① 任颖卮的《崂山道教史》认为"经首护敕"是指《正统道藏》每函卷首续有御制题识（竖式龙牌），其文曰："天地定位，阴阳协和。星辰顺度，日月昭明。寒暑应候，雨旸以时。山岳靖谧，河海澄清。草木蕃庑，鱼鳖咸若。家和户宁，衣食充足。礼让兴行，教化修明。风俗敦厚，刑罚不用。华夏归仁，四夷宾服。邦国巩固，宗社尊安。景运隆长，本支万世。"见任颖卮《崂山道教史》，中央编译出版社2009年版，第47页。

守孙健；莱州府知府龙文明、莱州府同知王世爵、莱州府通判李汝珍、莱州府推官陈耀；胶即守备李大生、胶州知州汪兆龙；即墨知县刘应旗、即墨县丞张崇友、即墨县主簿典史、即墨县主簿彭慕荣。可见，崂山太清宫"颁《道藏》敕谕碑"并非由崂山道众所立，主要是山东地区各地方官署所为。这也表明，皇帝颁赐《道藏》给崂山太清宫是朝廷大事，对地方官吏触动很大，所以他们纷纷到崂山致敬，并将皇帝的圣谕镌刻成碑文以表忠心。碑文末署有"大明万历二十八年月日，仝立"字样，所示立碑时间与朝廷颁赐《道藏》为同一年，其中"仝立"即"共同所立"之意，"仝"为"同"的古字。①

　　皇帝颁赐崂山太清宫《道藏》之后，为避免再次发生类似的争讼事件，亦为妥善安置和供奉《道藏》经，朝廷与地方官府便共同勘察了崂山太清宫及其属地的界至范围。这件事在当时也被镌刻成碑以传后世，碑文在周宗颐《太清宫志》中有所记载，题为《重立界石碑记》。其中载及"两院及两道并本府（按：莱州府）委掖县县丞潘英、本县刘应旗，踏勘古四至"，并言"栲栳岛（按：位于崂山之南半岛海滨）巡检刘默，即便亲诣太清宫，查照四至分明，速立界石，以为看守藏经、供奉香火之资"，又提到万历卅一年（1603）三月十二日，莱州知府龙文明和莱州同知谈诉，共同立有八处界石，这八处界石的具体位置和每处界石的数量在碑记中也有详细的展示，且碑记一再重申，太清宫界至之内"不许居民采樵，违者禀官究罪""永远遵守，不许损失，如有故违，损毁界石字据者，禀官究办"。②

　　此后不久，到了万历卅一年（1603）孟秋时节，胶西进士赵任又撰写了一篇《太清宫碑记》，周宗颐《太清宫志》将其题为《太清宫形胜地至碑记》，碑记落款有"莱州府署县事同知谈诉，通判李汝珍，推官王

---

① 另外需要注意的是，与崂山太清宫"颁《道藏》敕谕碑"相似的碑刻在当时应该还有很多，比如流传至今的"赐纯阳上宫《道藏》诏令碑"，是万历二十七年（1599）皇帝颁赐给中条九峰山通玄观住持和道众的诏令，碑在今山西芮城九峰山纯阳上宫；又如"赐冲佑观《道藏》诏令"碑刻，是万历三十年（1602）皇帝颁赐给武夷山冲佑观住持及道众的诏令，碑在武夷山冲佑观三清殿中。这些"赐《道藏》诏令"碑刻的内容，与崂山太清宫"颁《道藏》敕谕碑文"基本一致。

② 详见周宗颐《太清宫志》卷五，载高明见《道家海上名山——东海崂山》附录，宗教文化出版社 2007 年版，第 263—264 页。

谟，即墨县知县李一敬，某县许汝翼，主簿刘仕昌，典吏王应试，督工官江夜，督建太清宫，护守藏经住持贾性全立石”字样，由此可知此碑是莱州府和即墨县府的官员们督建太清宫时所立，主持立碑的是崂山太清宫住持贾性全。赵任在碑记中充分肯定了崂山太清宫的历史地位，描述了太清宫得天独厚的地理方位、清幽奇秀的自然形胜以及仙迹卓著的历史，并着重述及万历初年的佛道之争和朝廷命毁寺建宫及颁赐藏经的事件；碑记又提到莱州知府龙文明奉旨勘定太清宫界至之事，而且详细记述了太清宫及其庵庙的四至范围，并以此警醒崂山道众一定要恪守清规、虔诚修行，不要忘记太清宫没落而遭佛教侵占的历史，更不得重蹈覆辙，以免辜负了朝廷和郡府对太清宫及其道众的厚意。为做出深刻的警示，赵任在碑记末还直言：“三尺其严，耿义兰等覆车犹未远也，是德清之罪人矣。”①

由上可见，崂山佛道之争和皇帝颁赐《道藏》之事，不仅充实了崂山道教文化典籍，影响到崂山道众的信念，促进了相关题刻文化的发展，而且促使当时整个山东官场皆倾心于崂山道场，这无疑有利于推动太清宫的重建工作与道人修行的健康发展，且在无形中提高了崂山道教的整体地位。

还值得一提的是，明万历皇帝当年颁给崂山太清宫的《道藏》版本及下落问题。以上所引文献和碑刻资料中都载及，万历皇帝共赐《道藏》480函。《太清宫志》卷五《道藏经记》载，明正统万历年间对《道藏》相继纂修，“目为三洞四辅十二类，共五百一十二函，五千四百八十五卷，印造成一藏，颁发在京及天下名山宫观以资流传”，又言明太宗敕赐太清宫《道藏》“共四百八十函，四千四百八十七卷，分储各柜供奉。（第一柜），天字号起人字至。第二柜，始字号起伤字至。第三柜，女子号起竞字至。第四柜，资字号起咏字至。第五柜，乐字号起移字至。第六柜，坚字号起英字至。原缺杜字至婴字，卅二函，九百九十八卷。刻尚册数原缺

---

① 赵任这篇碑记，详见（清）黄肇颚《崂山续志》，山东省地图出版社2008年版，第272—273页；或周宗颐：《太清宫志》卷五，载高明见《道家海上名山——东海崂山》附录，宗教文化出版社2007年版，第264—266页。另外，这篇碑记在其他文史资料中也有记载，但碑记名称各不相同，黄肇颚《崂山续志》作《太清宫碑记》，周宗颐《太清宫志》作《太清宫形胜地至碑记》，周志元《崂山志》作《明万历重建太清宫碑》，青岛市史志办公室编《崂山志》作《明万历癸卯新立太清宫形胜地至碑》。

数，此外或缺之，即系请出检阅者未曾交回，或携册之外出矣"①。又据青岛市史志办公室编《崂山志》记载，明代的《正统道藏》和《万历续道藏》为现今通行本，崂山太清宫《道藏》是明正统十年刻万历二十六年（1598）官印本，原藏于太清宫三清殿内，"在三清殿正殿神像两侧安放六个乌木大柜，《道藏》放在大柜的抽屉内，每个抽屉放三函，抽屉外面有四字目录，按经卷册数目录存放，便于查阅，共计 4787 卷，4486 册。《道藏》每册长 35.2 厘米，宽 13 厘米，厚度不一，每半页 5 行 17 字，白口，上下双边"，又载及"'文化大革命'中太清宫的庙碑、神像、供器、经卷、文物均遭破坏"，而《道藏》等文物"在'文化大革命'初期被市文化局抢先转移，而免遭焚烧，现存于青岛市博物馆"②。目前这部《道藏》依然珍藏于青岛市博物馆，是青岛市博物馆的镇馆之宝之一，已入选《第一批国家珍贵古籍名录》和《山东省珍贵古籍名录》。

值得注意的是，青岛市博物馆所藏《道藏》的卷数、册数，在各相关资料中所载不一，可能是有些书籍采用了以前的统计数据或更早时期的数据导致的。笔者在 2018 年 4 月 4 日专就此问题咨询了青岛市博物馆文保部副主任罗琦，得到的答案是：存 120 箱，480 函，4499 卷，4524 册，这是可移动文物普查时的最新数据。

三 检阅《道藏》题名碑

除了位于太清宫三官殿的"明万历二十八年颁《道藏》敕谕碑"残碑外，太清宫处还曾有与之相关的另一碑刻，即"检阅《道藏》题名碑"。周宗颐《太清宫志》将其题为《太清宫检阅藏经题名碑记》，并详载其文曰：

维太清宫者，自华盖真人刘若拙从蜀而来，遁迹此处。宋太祖闻

---

① 周宗颐：《太清宫志》，载高明见《道家海上名山——东海崂山》附录，宗教文化出版社 2007 年版，第 269 页。任颖卮说："'杜'字号至'缨'字号属于万历三十五年（1607）才完成的《万历续道藏》，共 32 函，180 卷。而崂山的《正统道藏》不包含《万历续道藏》部分，故实际应缺数为 818 卷，系'请出检阅者未曾交回，或携册之外出矣'。"见任颖卮《崂山道教史》，中央编译出版社 2009 年版，第 48 页。另外，《太清宫志》卷五载有《本宫阅藏规则》，详见高明见《道家海上名山——东海崂山》附录，宗教文化出版社 2007 年版，第 272 页。

② 青岛市史志办公室编：《崂山志》，五洲传播出版社 2003 年版，第 171、217—218 页。

其有道，命赴阙庭。留之未久，求还此处。彼时敕建重修，赐为修真之所。其次长春真人教阐山东，元太祖皇帝钦差近侍刘仲禄敕请至京，君称师者。而西游化胡一十二国，玄风大振，宗派立焉。自我大明圣主于万历二十八年，命太监何堂驿送道经一藏，安奉本宫，永镇名山，令羽士贾性全护守。于三十五年十月十五日，领众检阅，朝暮焚香，上祝当今皇帝圣寿无疆，下祈万民风调雨顺，三年圆满，福有所归，功德善人，题名万古。

　　大明万历卅八年十月吉日立鳌山卫致仕指挥石国柱　督建。①

　　由碑文落款可知，此碑镌刻完成于明万历卅八年（1610），由退职归乡的鳌山卫指挥史石国柱督建。碑文内容远述宋代蜀地道人刘若拙奉敕创建太清宫的历史，又言及丘处机在山东传教及接受元太祖敕请西行之事对道教宗派发展的推动，接下来回顾了万历皇帝颁赐《道藏》经给崂山太清宫的盛事，碑文最后述及"（万历）三十五年十月十五日，领众检阅（道藏）"并为圣上和万民祈福之事。

　　需要注意的是，这则《太清宫检阅藏经题名碑记》在其他文献资料中也有记载，但与《太清宫志》所记颇有出入。如清人黄肇颚《崂山续志》称此碑为《太清宫检藏题名碑记》，② 除其中个别文字与《太清宫志》所载存在差异外，部分文句上也有不同。举例来看，比如《太清宫志》中"留之未久，求还此处。彼时敕建重修，赐为修真之所"一句，在《崂山续志》中作"留未从之，彼时敕建太平、上清、太清三宫，赐为修真之所"；《太清宫志》言"长春真人"，而《崂山续志》作"长春邱祖"；又如《太清宫志》中"安奉本宫，永镇名山"一句，在《崂山续志》中作"奉安本宫，永镇名山"。③ 以上这些不同，或是因转录碑文

---

　　① 见周宗颐《太清宫志》卷五，载高明见《道教海上名山——东海崂山》附录，宗教文化出版社 2007 年版，第 266—267 页。另外，高明见言此碑"毁于'文化大革命'"。见高明见《道家海上名山——东海崂山》，宗教文化出版社 2007 年版，第 151 页。

　　② 详见（清）黄肇颚《崂山续志》，山东省地图出版社 2008 年版，第 274 页。

　　③ 另外《检阅道藏题名碑》全文，在周志元《崂山志》、青岛市史志办公室编《崂山志》等史志中也有记载，题为《明万历三十年检藏题名碑》，其中"万历三十年"应为"万历三十八年"之误，所载碑文在个别文字上同样存在差异。详见周志元《崂山志》，齐鲁书社 1993 年版，第 222 页；青岛市史志办公室编：《崂山志》，五洲传播出版社 2003 年版，第 441 页。

内容时不够严谨导致，抑或是碑有残缺、辨识不清而引起，但整体上不影响文意。误差最大的是碑文末所述检阅《道藏》的时间，《太清宫志》作"于三十五年十月十五日，领众检阅"，而《崂山续志》却作"于三十三年四月十五日，领众检阅"，二者哪个更为准确呢？笔者认为《太清宫志》的记载更为准确，原因有二。

第一，这篇"检阅《道藏》题名碑"在述及检阅《道藏》之事后，又有"三年圆满，福有所归，功德善人，题名万古"一句，紧接着碑文落款时间标示为"大明万历卅八年十月"，"题名万古"就是指作此碑而言。也就是说，检阅《道藏》"三年圆满"后的"万历卅八年十月"作此碑以传世万古。那么以此推导，检阅《道藏》的时间正是《太清宫志》所记的"万历三十五年十月"。

第二，更为直接的证据是，万历三十五年（1607）检阅《道藏》时皇帝颁有圣谕，这在周宗颐的《太清宫志》中也有明确的记载，正文为："圣上皇恩，敕谕藏经安于本宫，教中庆幸，千载奇逢。凡在本宫，俱要恪守清规，扫除外念，共合一心，同受淡泊，莫生暴怨。神前焚修，虔诚洁净。朝夕看诵，香灯十分仔细，库房厨房，不许私取妄费。熟者不许偏众先餐，不许慢上欺下，心怀不端。不许立心争斗，口发胡言。各安锅灶，欲住苦乐同受，欲去任从自便，来去明白。出入公干，如有违反清规，轻则议处，跪香顶石，甚之责罚逐出，重则杖责，落领归俗，永不许进庙，不服禀官究治。特示。"而圣谕落款则清晰地标明："万历卅五年十月十五日晓谕。"[①] 故朝廷检阅《道藏》经的时间，应以《太清宫志》所录《太清宫检阅藏经题名碑记》中的"（万历）三十五年十月十五日"为准。

另外，还有些史志资料在转录这首"检阅《道藏》题名碑"时，标记的立碑时间有误。如周志元《崂山志》载录此碑时题为《明万历三十年检藏题名碑》，文字内容中也如黄肇颚《崂山续志》一样有"于三十三年四月十五日领众检阅"一语，这些均与《太清宫志》所载皇帝圣谕中的"万历卅五年十月十五日晓谕"及《太清宫检阅藏经题名碑记》中的"万历卅八年十月吉日立"相悖，故周志元《崂山志》言"检藏题名碑"

---

① 周宗颐：《太清宫志》卷五，载高明见《道教海上名山——东海崂山》附录，宗教文化出版社 2007 年版，第 266 页。

立于"明万历三十年"定有误。①

第三节　清代崂山道教碑刻

各类志书及与崂山相关的文化著作中，载录清代碑碣 20 多则。其中有文人诗刻，如崔应阶于太平宫后立碣刻诗、靳林等人的华严寺诸石碣诗刻、康有为太清宫诗碣等；有表彰地方官吏的功德碑，如《清康熙二十六年唐公祠碑》《清康熙重修童府君庙碑》②《清乾隆磐石犹存碑》；有展示崂山佛道生平事迹和潜心修行历程的警示碑，如《清康熙四十五年熟阳洞刘道人自叙碑》《清咸丰元年大方禅士碑》；有朝廷为维护僧道衣食之本而立的护持碑，如《清乾隆四十八年莱州府护持庙林碑》。此外，清代文人士大夫撰作的宫观碑还是占有多数，如进士王章撰有《清代顺治十年重修太平宫碑》、即墨进士黄鸿中撰有《清康熙五十六年重修百福庵碑》、即墨进士周毓正撰有《清康熙重修华楼宫碑》等。这些碑碣有的分布比较集中，比如十余首文人诗刻分散于华严寺的庵前、庵庭或嵌垣中；③又如修真庵处曾有三通"重修修真庵碑"，分别为《清康熙十年重修修真庵记》《清嘉庆六年重修修真庵碑》《清光绪十年重修修真庵碑》。同样，清代的崂山碑刻也有一些已经亡佚，如即墨周日灿撰文的《清康熙二十六年重建东华宫碑》、崂山白云洞道士王生本所立的《清乾隆三十五年白云洞历代碑》、崂山修真庵住持刘阳明所立的《清嘉庆六年重修修真庵碑》等，均已不可确考。本节依然选取与清代崂山道人紧密相关且至今可考的几则碑刻来阐述。

---

① 详见周志元《崂山志》，齐鲁书社 1993 年版，第 222 页。另外，青岛市史志办公室编《崂山志》、高明见《道教海上名山——东海崂山》载此碑的名称和内容均与周志元《崂山志》相同，故也沿用此误。详见青岛市史志办公室编《崂山志》，五洲传播出版社 2003 年版，第 441 页；高明见《道教海上名山——东海崂山》，宗教文化出版社 2007 年版，第 151—152 页。

② 此碑由即墨进士周毓正撰，与此相仿的碑刻在崂山还有两则，分别为即墨知县欧阳大勋撰《清嘉庆童公庙碑》、即墨知县秦锡九撰《清道光二十年童公庙碑》，碑文中的"童公"指东汉不其县令童恢。

③ 周志元的《崂山志》对这些文人诗刻辑录较详（参见周志元《崂山志》，齐鲁书社 1993 年版，第 208—210 页），但笔者于华严寺处并未寻得这些诗刻，或已不存。

一　熟阳洞刘道人自叙碑

　　熟阳洞位于崂山王哥庄唐家庄之西，三标山之东。黄肇颚《崂山续志》言"熟阳洞"曰："洞居三标山东北，刘道人信常习静于此，熟阳其自号也。"① 周志元《游劳山指南》介绍"王哥庄路胜迹"时说："由萧旺起至大劳止，汽车可直通之。附近诸胜有唐子观、修真庵、凝真观、熟阳洞、灵圣寺、劈石口"，又言："（凝真观）西北上三里有熟阳洞，洞深敞如厦屋，旁有室，今圮。清康熙间刘真人信常曾习静其中。"② 这里谈到"熟阳洞"等位于王哥庄的道教胜迹时，还提及清康熙年间道士刘信常在熟阳洞修真之事。周志元另一著作《崂山志》也有类似记载："（熟阳洞）在凝真观西北，三标山东麓。清康熙间，刘信常曾习静其中。"③

　　关于道士刘信常，青岛市史志办公室编《崂山志》说："刘信常，原名刘显长，字调元，号熟阳，清高密县（今山东省高密市）武兰庄人，幼敏悟好学，虽业学孔孟，但志好老庄，后入崂山出家为道，拜师刘长眉。其师去世后，刘信常遂迁身于三标山北一石洞。该洞原名消息石洞，刘改其名为熟阳洞，一作傲阳洞或朝阳洞。初刘信阳结草庵而居，后募捐修建玉虚殿，康熙元年（1662年）创基，康熙四十年（1701）起大殿，庙名亦为熟阳洞。刘信常苦心经营近50年，方修成此宏伟殿宇于寒崖僻坞之中。康熙四十七年（1708年），百福庵道士蒋清山，根据刘信常的自述，撰写《熟阳洞刘道人自叙碑》，植于玉虚殿中。"④ 引文中提及的《熟阳洞刘道人自叙碑》，在黄肇颚《崂山续志》卷八《补遗》部分有所记载，其文为：

　　　　混沌凿而有天地。阴阳交而有万物。物有生死，天有循环，唯仙不灭，浩劫长存。道人历来行脚自著，世居高密邑西武兰庄人也。父刘姓讳□，筑室南溪，乐水观书，号曰小渠公。母尹氏，素性好善，救济乡邻，人谓大慈母。母生子有五：曰显忠、显魁、显登、显宇、显常。后显常因入道改信常，字调元，号熟阳。业学孔孟，志好庄

---

① （清）黄肇颚：《崂山续志》，山东省地图出版社2008年版，第307页。
② 参见苑秀丽、刘怀荣校注《崂山志校注》，人民出版社2015年版，第217、219页。
③ 周志元：《崂山志》，齐鲁书社1993年版，第47页。
④ 青岛市史志办公室编：《崂山志》，五洲传播出版社2003年版，第319页。

老。幼时晨起赴学，母视之笑曰："子生之时，梦道人投宿，观子性灵，成必入道。"彼时母言入肺，道渐留心。越南窗，隐东海，入崂山，访明人，拜师刘长眉，交友宋水一。松间求道，月下参玄。同居四月，师驾回天，师壳葬于登高，自身迁于洞所。洞原曰消息石室，因号改洞熟阳。同护法高君宠，登巅四顾，海山一览，山势回龙顾祖，洞水玉带缠天。蛾眉抱岸，狮峰怀阳，石屏障汉，星宿罗堂。东岭松梢挂月，西山涧底流琴，面朝五老，背负一鹤。其间白云紫电，玉竹青林，结草庐而诵经，开石室而坐静，松荫萝月，梅影横窗，皇经祝国，施药救民。感神降庚子之年，凿山出壬寅之岁。是年殿基始创，福场新开，门人接踵阶下，善士丛集坛中。钱粮雾聚，匠作雷声，大殿起于辛巳，洪钟来于庚辰。始得玉帝显像，金色流辉。回想金阙瑶台，诚非一日之功；冒雪冲风，受尽十年之苦。十方捐滴滴之血汗，道人抱兢兢之良心。岂敢一朝辜负，惟愿千古常存。是故铭碑，永垂后世。

时康熙四十七年孟夏谷旦。道人刘信常自叙。烟霞散人蒋清山篆额并书。①

碑文开篇宏大、立意高远，远述自天地形成以来，万物生死循环，唯仙道长存不灭。接着便述及熟阳洞道人刘信常的籍贯、家世、赴崂山修道及创建玉虚殿的过程。按碑文所载，刘信常的籍贯为高密武兰庄。碑文在叙及刘信常的家世之时，除提到他父母的名讳、爱好及行善之事外，还着重描述了其母对他入道修行产生的影响：文中首先言及刘母生子五人，刘信常排名第五，本名显常，入道后改名信常，并言其志好老庄；后叙及刘信常年幼之时其母对他提到的一件事，即刘信常出生之时，母亲梦到道人投宿自家，且道人夸其子性灵，长大后必能宏大道业，此事使刘氏母子铭记于心。

碑文中间部分便述及刘信常专心投入修道事业中，先是东入崂山并拜刘长眉为师，随师修道未久师便离世，安葬好师父后刘信常迁移到山洞修行，山洞原名消息石室，刘信常根据自己"熟阳"的别号将其改称"熟

---

① （清）黄肇颚：《崂山续志》，山东省地图出版社 2008 年版，第 307—308 页。此碑还可参见青岛市史志办公室编《崂山志》，五洲传播出版社 2003 年版，第 445 页。

阳洞"，这便是熟阳洞的来历。碑文后半部分主要叙及刘信常艰苦创建玉
虚殿的过程，首先描述了熟阳洞及其附近地区自然环境的优美和静谧，由
此便能"结草庵而诵经，开石室而坐静"，刘信常在精心修道的同时，还
不忘"施药救民"以行善事；与此同时，他也开始了玉虚殿的筹建工作，
文中言及"凿山出壬寅之岁，是年殿基始创"，"壬寅之岁"即康熙元年
（1662），① 此殿创建在当时产生了较大的影响，不仅道众门人接踵而至，
而且各方善士也云集而来；自此多方人士给予钱粮资助，终使"大殿起
于辛巳，洪钟来于庚辰"，"庚辰"年为康熙三十九年（1700），"辛巳"
年为康熙四十年（1701），此时熟阳洞大殿终告完成，所祀玉帝神像等亦
置办齐全；文中又感叹玉虚殿的建成实属不易，受尽十年之苦，得各方捐
助，再加上道众的苦心经营才最终得以完成，所以希望此殿能够千古长
存，并作此碑以垂范后世之人。

　　碑文末尾指出，此碑内容由道士刘信常自述于康熙四十七年（1708）
初夏时节的某一吉日，烟霞散人蒋清山据其口述撰成碑文。关于蒋青山其
人，清代《即墨县志》记载："蒋青山，字云石，江南人，自幼出家，住
劳山百福庵，号烟霞散人，好读书，工书能文，修真养性，行谊高洁，胡
峄阳引为友，及老无病，沐浴更衣而化。"② 清人黄肇颚《崂山续志》有
相似的记载。周志元《崂山志》也载，蒋青山"字云石，河南祥符县人。
明进士。后感沧桑之变，云游至崂，栖百福庵中，黄冠道衣，自号烟霞散
人。工诗能文，行谊孤洁。胡峄阳先生引为契友。年八十无疾而逝"③。
而清代即墨进士黄鸿中撰文的《清康熙五十六年重修百福庵碑》又言及
蒋青山"古德耆宿，东方士大夫雅重之"，他立志为"崂山留一佳话"，
将毕生精力皆用于百福庵胜迹的重建事业中，故黄鸿中师徒称其"一人

---

　　① 苑秀丽、刘怀荣《崂山道教与〈崂山志〉研究》说："初，刘信常结草庵而居，后募捐
修建玉虚殿，壬寅康熙元年陈维垓撰并书《东崂山倏阳洞鼎建玉虚殿记》。"（参见苑秀丽、刘怀
荣《崂山道教与〈崂山志〉研究》，中国社会科学出版社 2011 年版，第 119—120 页）黄肇颚
《崂山续志》载有《东崂山倏阳洞鼎建玉虚殿记》全文，落款为："时康熙三十七年岁在壬午仲
秋，江左黄海学人陈维垓撰并书"（详见黄肇颚《崂山续志》，山东省地图出版社 2008 年版，第
307 页），可见这篇《东崂山倏阳洞鼎建玉虚殿记》后也被镌刻成碑。

　　② （清）林浦修、周翕镔等纂：《即墨县志》，成文出版社 1976 年版，第 1206 页。

　　③ 周志元：《崂山志》，齐鲁书社 1993 年版，第 148—149 页。另外，引文中提及的蒋青山
好友胡峄阳，原名胡翔瀛，字峄阳，即墨城阳人，此人事迹可参周志元《崂山志》，齐鲁书社
1993 年版，第 148 页；青岛市史志办公室编《崂山志》，五洲传播出版社 2003 年版，第 304 页。

之力，公诸道众；一时之急，庇及后人"，正所谓"成就远大，克振道续者"①。由这些材料可以看出，生于明末清初的蒋青山，不仅是文化素养较高的文士，而且也是道行高深的崂山道士，所以熟阳洞道人刘信常请他代笔撰作"自叙碑"也在情理之中。

青岛市史志办公室编《崂山志》介绍"熟阳庵"时说："又名朝阳洞、熟阳洞、傲阳洞……该庵于解放后渐圮，1966年拆除。1984年将熟阳庵定为县级文物保护单位。"② 以此看来，如今《熟阳洞刘道人自叙碑》或已不存。2018年4月底，笔者亲赴三标山一带寻觅熟阳洞遗址，因对当地地形不够熟悉，网络地图又标示有误，故翻山越岭良久并询及当地几位村民后，才最终找到熟阳洞遗址的方位。遗址旁边有正在建设中的清风道院，又经道院卜道长两番指引方找到熟阳洞旧址，原洞已经塌陷，洞口有人造刘真人石像一尊。在与卜道长交谈中得知，包括《熟阳洞刘道人自叙碑》在内的原有文物，皆为"文化大革命"浩劫及村民采石所毁。

二　重修修真庵碑

崂山历史上的修真庵，在清乾隆版《即墨县志》中共记有两处："一在县治东南，明隆庆年建，所奉老子像，甚古，今圮；一在县东王哥庄。"③ 按此记载可知，明代隆庆年间修建的位于县治东南的修真庵早已倾毁，除此之外还有位于即墨县治东王哥庄的修真庵存在。文本所述，即为后者。

据周志元《崂山志》记载，修真庵在王哥庄村中，"创建已不可考。明天启二年，全真道人李真立重建，其徒边永清、杨绍慎又大修之。正殿祀玉皇、三清，东祀文昌，西为王母殿。地既宏阔，殿尤轮奂。嗣后嘉庆、光绪间皆有续修。其地前横清溪，遥环群山，处市廛之中，而尘嚣不染，亦胜地也"④。周志元《游劳山指南》又具体指出："王哥庄，旧名

---

① 黄鸿中所撰《清康熙五十六年重修百福庵碑》，可参（清）黄肇颚《崂山续志》，山东省地图出版社2008年版，第304—305页；青岛市史志办公室编《崂山志》，五洲传播出版社2003年版，第445页。另外，关于蒋青山其人的介绍，青岛市史志办公室编《崂山志》所述较详，详见青岛市史志办公室编《崂山志》，五洲传播出版社2003年版，第319页。

② 青岛市史志办公室编：《崂山志》，五洲传播出版社2003年版，第231页。

③ 即墨市史志办公室编：《即墨县志》卷十二，中国和平出版社2005年版，第380页。

④ 周志元：《崂山志》，齐鲁书社1993年版，第101页。

太平村。距萧旺可二里许，地处平旷中，前为修真庵。"① 而黄肇颚《崂山续志》言："（修真庵）居邑东南五十里太平村，规模宏整……道人李玄真建。"②

修真庵作为"尘嚣不染"的道教圣地，自然会得到崂山道众的极大重视。上文已提及，在清代不止一次修建过修真庵，如清康熙十年（1671）、嘉庆六年（1801）、光绪十年（1884），都有重修工作，且留下了相应的碑文。《清康熙十年重建修真庵记》由修真庵住持道人杨绍慎立，碑文由进士张若麒撰，内容除记修真庵的兴废及当时的重建事迹外，还描述了整座崂山的自然景观和人文风貌。③《清嘉庆六年重修修真庵碑》由修真庵住持刘阳明立，此碑已亡佚，周志元《崂山志》言此碑文后载有该庙各处林产的界至。《清光绪十年重修修真庵碑》由崂山修真庵住持周兴教立，④ 其文为：

> 修真庵乃崂之别区也。殿居山阴，实为咽喉之虞；地当平旷，尤称名胜之境。左邻东海，蓬莱可望。右倚西山，崂崮堪登。南面巨峰，碧岫远峙。北枕柱顶，青岩遥连。极天地之钟育，名推福地；穷山川之灵秀，品推洞天。凡来此地者，靡不戾止于斯焉。惟玉皇大殿肇始于大明。天启二年，有全真子道人李真立，既徒众边常清等，创建于前；逮至大清康熙十年，道人杨常悟立碑。迄至今历年久远，屡经前人之修节，以壮后人之观瞻。试观其庙宇规模，未觉其高大；睹

---

① 参见苑秀丽、刘怀荣校注《崂山志校注》，人民出版社 2015 年版，第 219 页。

② （清）黄肇颚：《崂山续志》卷八，山东省地图出版社 2008 年版，第 309 页。另外，青岛市史志办公室编《崂山志》载："（修真庵）位于崂山区王哥庄街道办事处王哥庄村。创建于明代天启二年（1622 年）。该庵由道人李真立创建……明亡后，宫廷太监边永清、杨绍慎携 4 宫女来此出家，修道以终。"（详见青岛市史志办公室编《崂山志》，五洲传播出版社 2003 年版，第 229 页）与之相关的是，进士张若麒撰有《清康熙十年重建修真庵记》，其中言及"修真庵肇于道人（李）真玄建"，而黄肇颚《崂山续志》"修真庵"条下又称"道人李玄真建"，二者所言修真庵开创之人疑有误，应以周志元和青岛市史志办公室《崂山志》中的"李真立"为准。关于此的考证，可参刘怀荣、石飞飞《清代崂山道教发展考略》，《青岛大学师范学院学报》2012 年第 4 期。

③ 此碑可参（清）黄肇颚《崂山续志》卷八，山东省地图出版社 2008 年版，第 309—310 页；青岛市史志办公室编《崂山志》，五洲传播出版社 2003 年版，第 443—444 页。

④ 关于周兴教的生平事迹，史料缺乏记载，故不详。

其庙貌形象，未呈其辉煌，是以涵祖道人吴教真有志重修。量力不足，谋之道众。鸠工庀材，不数月而告厥成。向之隘狭，今见其高大；向之寂寞，今睹其辉煌。由是观之，殿宇森然，神像俨然。前后有次，左右有序，焕然一新，非为长子孙之计，聊以志后先之弗替耳。①

　　碑文内容大体可分为两部分。第一部分主要描述了修真庵得天独厚的地理方位，称其为山北平旷地带的咽喉要地，并述及其东、西、南、北四方之胜境，如此洞天福地，自然也吸引了许多外来之士驻足参观。

　　第二部分主要叙及修真庵的创建历程，文中首先谈及修真庵玉皇大殿已于明代始建，由全真道人李真立与边常青等徒众创建于明熹宗天启二年（1622）。关于李真立的生平事迹，史志资料记载不多，而其徒"边常青"在张若麒所撰《清康熙十年重建修真庵记》中作"边永清"，二者概为一人，上引周志元《崂山志》言及李真立重建修真庵时也说到"其徒边永清、杨绍慎又大修之"。边永清在明末清初是一位非常有名的崂山道士，据黄肇颚《崂山续志》、周志元《崂山志》和青岛市史志办公室编《崂山志》等史料记载，边永清字震圉，号玄隐道人，保定满城人，明熹宗时为御马监太监，明朝灭亡后携宫女四人潜逃到崂山，改称边静宁，于修真庵作道士，为人然诺不欺，当地绅士多敬礼之，据说顺治十年（1653）胶州总兵海时行叛变时，边永清一言而使高密、即墨二邑免遭侵害，其逝后，海阳进士赵似祖作《边道人歌》长诗对其讴颂。② 碑文中还提及"大清康熙十年，道人杨常悟立碑"之事，即修真庵住持杨绍慎所立的《清康熙十年重建修真庵记》，碑文由进士张若麒撰写，上文已述及。杨常悟（或作杨静悟）即是杨绍慎，字我修，亦为明末宫廷太监，明朝灭亡之时，他与边永清一起到达崂山修真庵，改名杨静悟，号玄墨道人，自此"兄事（边）永清，朴诚无期，煦煦然与物无竞，人多称之"，③ "边永清

　　①　碑文可参周志元《崂山志》，齐鲁书社1993年版，第230—231页；青岛市史志办公室编《崂山志》，五洲传播出版社2003年版，第448—449页。

　　②　参见周志元《崂山志》，齐鲁书社1993年版，第165—166页；青岛市史志办公室编《崂山志》，五洲传播出版社2003年版，第319页；（清）黄肇颚《崂山续志》，山东省地图出版社2008年版，第309—310页。

　　③　周志元：《崂山志》，齐鲁书社1993年版，第166页。

去世后，他继任崂山修真庵住持。崂山王哥庄村东有土台，名为'双台'，边永清与杨绍慎二人之墓皆在其下"①。

碑文最后述及，经历代住持道人的经营与维护，修真庵得以延续至今，但光绪十年（1884）之时，距前次重修又已过数十年之久，故修真庵道人仍觉庙宇不够高大，庙貌不够辉煌。此时涵祖道人吴教真有志重修，② 他将此意传告道众后，得到了广大道众的拥护和资助，因此短短数月修真庵即重修完毕。文末还描述了修葺后的修真庵无比高大辉煌之貌，殿宇、神像皆焕然一新、井然有序，欣慰、喜悦之情溢于言表。

青岛市史志办公室编《崂山志》说，修真庵在"清末民初时，有道众20余人，庙产300余亩，每年农历正月十六日为庙会。其址现已建为楼舍厂房，位于王哥庄镇的中心"③。而现在的王哥庄镇中心地区多为居民住宅所占，由此看来，"重修修真庵"实物碑或已不存。笔者赴崂山仰口景区途中几次路过王哥庄，惜未有时间停留考察，心有不甘，故于2018年4月10日致电王哥庄街道办事处咨询修真庵遗迹与碑刻现状，一连转接三个电话，可惜得到的答案却是，当地人对历史上的修真庵已不知晓。后笔者寻觅熟阳洞遗址遇清风道院卜道长，从其处得知修真庵及相关碑刻已为"文化大革命"所毁。

三　重修蔚竹庵庙记

蔚竹庵位于崂山内九水双石屋村东北的凤凰崮（凤凰岭）下。此庵周围有蔚竹环绕之景，故名"蔚竹庵"，因其所在地名为蔚儿铺，所以又俗称蔚儿铺，现为著名的"崂山十二景"之一。

周志元《崂山志》记载，蔚竹庵"在凤凰崮下，地名蔚儿铺，由太和观东去约五里。西北峭壁紧抱，东南峰峦环耸，修竹深邃，苍松巨石，层层压殿宇，空庭藓封，寒生白日，幽寂之景，为山外诸庵所不及。明万历十七年，道人宋冲儒结庐居之，至二十一年始增修之。祀真武及三清。至清嘉庆间，道人李礼秀又重新之。东庑为客舍，房宇雅洁。迤东有青风

---

① 青岛市史志办公室编：《崂山志》，五洲传播出版社2003年版，第319页。

② 关于涵祖道人吴教真生平事迹，史志缺乏记载，故不详。

③ 青岛市史志办公室编：《崂山志》，五洲传播出版社2003年版，第229页。

塔，再东有路可达棋盘石"①。可见，位于崂山北麓凤凰崮下的蔚竹庵之地，实乃世外之仙境，正是道家理想中的修真栖身之地。所以，自明代始即有道人宋冲儒自此结庐修行，②而后道众越发增多，道观也愈加华美，相关的宫观庙记或题刻自然也为数不少。据青岛市史志办公室编《崂山志》记载："崂山各庙宇之碑共达100余通，'文化大革命'期间破坏殆尽，惟蔚竹庵地处荒僻，幸有崂山林场住此保持至今，为崂山庙宇之少有，对研究崂山道教之发展有参考价值"；又载，蔚竹庵"庙内有碑三通：明万历二十一年（1593年）三月立《蔚竹庵碑记》；清嘉庆二十一年（1816年）刻石（按：应为嘉庆二十二年），记载庵竹庵始建年代；清道光十九年（1839年）四月立《重修蔚竹庵庙记》。……如蔚竹庵之全都得以完好保存，却极为少见"③。

明万历二十一年（1593）所立《蔚竹庵碑记》，现镶嵌于蔚竹庵正殿内的东墙壁上，一米见方，文字为阴刻楷书，共竖排9行，其文为："大明国山东莱州府胶州即墨县仁化乡聚仙社崂山蔚儿铺新建。三元殿蔚竹庵，计开四至：东至莺嘴石、南至三教堂、西至丑蒲庵、北至北大顶。住持道人宋冲儒。万历二十一年立。"由碑文落款可知，此碑由蔚竹庵住持道人宋冲儒所立，碑文内容主要叙及新建三元殿和蔚竹庵东、西、南、北四个方向的界至。

清嘉庆二十二年（1817）所立石刻，位于蔚竹庵正殿东墙外一巨石上（非碑刻）。文为阴刻楷书，字径约5厘米，共竖排18行，内容主要述及蔚竹庵兴衰浮沉的历史（详见第一章第五节）。

清道光十九年（1839）四月所立《重修蔚竹庵庙记》，现镶嵌于蔚竹庵正殿内的西墙壁上，高约100厘米，长约200厘米，文字为阴刻楷书，共竖排23行，其文为：

---

① 周志元：《崂山志》，齐鲁书社1993年版，第103页。另外，周志元《游劳山指南》述"北九水胜迹"时也提到"蔚竹庵"："地名蔚儿铺，在凤凰崮下。距双石屋东可二里，中祀真武。西北峭壁环弯，乔松层布，其上浓荫沉沉，庭宇生寒。门前碧涧一道，潆洄万状，迸裂萧瑟，如风雨声。东有清风塔，为道人于某藏修处。沿而更东，即赴棋盘石道，夹道松杉深密，高下延纡约数里，绿幕高张，苍翠满目，游人评为山中奥区云。"（参见苑秀丽、刘怀荣校注《崂山志校注》，人民出版社2015年版，第235—236页）

② 据《蔚竹观历代祖师谱》（镶嵌于崂山蔚竹庵三官殿墙壁上）记载，蔚竹庵开山祖师宋冲儒是陕西人，为全真华山派第十一代传人。

③ 青岛市史志办公室编：《崂山志》，五洲传播出版社2003年版，第176、208页。

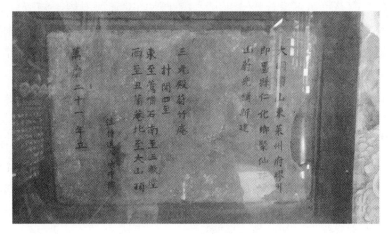

图 5-3-1　蔚竹庵碑记

重修蔚竹庵记。

蔚竹庵是吾先师祖宋真人养静之处，始于明万历四十三年创建者也。山素无田地，自余师祖宋真人羽化后，其间住持者迭为流连至□。嘉庆十七年饥馑，荐臻住持姜详玉者，用度无计，赴外访去。其时庙宇倾圮，神像凋残。道人李礼秀因虑先祖师之志宝，欲香火永隆，虽不能兴盛，亦宜守成。是年秋，遂率徒赴住励众，勤俭修、植树木，蓄积其中二十余年，始得涧其地势，重修其圮基，因时颇兴。爰立碑以志不朽。

住持道人李扎秀、庞智远、康信成、李智霞、由信亮、康智纯、李信已、徐嘉乐。

道光十九年四月立。

道光十九年（1839）所立的这篇《重修蔚竹庵庙记》，与嘉庆二十二年（1817）立于蔚竹庵正殿东墙外巨石上的石刻内容基本一致（详见第一章第五节），同样记载的是蔚竹庵兴废沉浮的历史。此庙记开篇也述及蔚竹庵本是师祖宋真人（宋冲儒）的修真之处，但言建庵时间为明万历四十三年（1615），这不同于蔚竹庵正殿东墙壁《蔚竹庵碑记》中的万历二十一年（1593），也不同于嘉庆二十二年（1817）蔚竹庵东墙外石刻中的万历十七年之次年，即万历十八年（1590），概一言草创房舍时间，一言正式建庵时间。这篇庙记中间也提到，师祖宋冲儒之后，蔚竹庵住持与

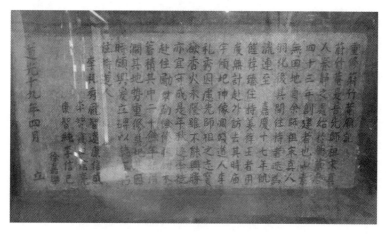

图 5-3-2　重修蔚竹庵庙记

时更迭，至嘉庆年间发生灾荒，再加上住持姜详玉经营不善，[①] 且用度无计，致使庙宇倾圮、神像凋残。庙记后半部分同样提及，道人李礼秀继承祖师遗志，欲重新振兴蔚竹庵，因此他率领徒众勤俭修行、广植树木，经过二十余年的辛苦努力，终于重新建起蔚竹庵，且一时兴盛，故立此碑以传盛事。

　　碑文落款处列举了李礼秀等八位道人的姓名，他们是蔚竹庵重建工作的主要参与者，且均为师徒关系。据《蔚竹观历代祖师谱》（镶嵌于崂山蔚竹庵三官殿墙壁上）记载，李智霞、庞智远、康智纯师事李礼秀，是全真华山派第十九代传人；由信亮师事李智霞，是全真华山派第二十代传人；康信成师事庞智远，是全真华山派第二十代传人；李信巳师事康智纯，是全真华山派第二十代传人；徐嘉乐师事康信成，是全真华山派第二十一代传人。另外，嘉庆二十二年（1817）蔚竹庵东墙外石刻所载重建蔚竹庵的道士名录中，还有周信学、李信法、王信志、张信禄的名字（详见第一章第五节），他们师事李智霞，是全真华山派第二十代传人。

　　青岛市史志办公室编《崂山志》记载，"据传，（蔚竹庵）重修后一度为尼姑庵，清咸丰年间（1851—1861 年）尼姑无继，始由全真道华山派道士主持。蔚竹庵建正殿 3 间、客堂 3 间、道舍 3 间及其他用房共 20 余间，形成一处精巧玲珑的小院落，占地面积 1730 平方米，建筑面积

---

　　① 此处提到的住持名为"姜详玉"，与嘉庆二十二年（1817）蔚竹庵东墙外石刻中的"江相玉"应为同一人（详见第一章第五节），二者同音异字，概是口传中的谐音字现象。

图 5-3-3　蔚竹观历代祖师谱

150 平方米。正殿，内祀檀木精雕真武、观音和铜铸三官神像"。又载：
"'文化大革命'初期，庵内之神像、文物全部被毁焚烧，房屋为崂山林
场使用。2000 年 6 月由崂山风景管理委员会投资修复真武殿、观音殿、
三官殿、三阳殿、三清殿，建筑面积 300 平方米。2001 年 4 月完工并对
外开放。该庵现为青岛市文物保护单位。"①

　　1982 年，青岛市人民政府将蔚竹庵列为市级文物保护单位；2006 年，
蔚竹庵升庵为观，故现称蔚竹观；2013 年，蔚竹庵崂山道教建筑群被国
务院公布为全国重点文物保护单位。

　　除以上所述外，历代还有很多与崂山道教或崂山道人相关的碑刻。如
周志元《崂山志》载及的《明天顺元年重修灵峰庵碑》，由华楼宫住持李
一胜及施主孙福其立；《清白云洞历代碑》由崂山白云洞道士王生本立于
乾隆三十五年，碑文内容述及开山师田白云的功果及其祖师海岳真人事
迹；《清嘉庆六年重修修真庵碑》由崂山修真庵住持刘阳明立，文后载及
该庵各处林产的范围，等等。可惜这些碑刻如今均已亡佚不存，碑文内容
亦不可详考。青岛市史志办公室编《崂山志》说："崂山自古多庙宇，历
代重修，皆有碑碣存世。此外，尚有墓碑与记事之碑，抗日战争前，袁榕
叟和唐廷章曾入崂山访碑，共得庙宇碑记 40 余处，现已不存。嗣后，庙
宇倾圮，碑石残破，许多碑文亦随之湮没。'文化大革命'中，崂山庙宇

_____

　　① 青岛市史志办公室编：《崂山志》，五洲传播出版社 2003 年版，第 176、228 页。

的碑碣损坏殆尽……"① 崂山碑刻及相关的宫观庙记，在崂山历史文化上曾极度繁荣，它们虽然创制的时代不同，撰作者不同，类型也各异，但大都与崂山道教存在着或多或少的联系，是崂山道教文化中必不可少的组成部分，也是值得我们今天全力保护和发掘的地域文化。

---

① 青岛市史志办公室编：《崂山志》，五洲传播出版社 2003 年版，第 434 页。

参考文献

一　史书类

（汉）班固：《汉书》，中华书局1964年版。

（宋）范晔撰，（唐）李贤等注：《后汉书》，中华书局1965年版。

（唐）李延寿撰：《北史》，中华书局1974年版。

（唐）李延寿撰：《南史》，中华书局1975年版。

（后晋）刘昫等撰：《旧唐书》，中华书局1975年版。

（宋）欧阳修、宋祁撰：《新唐书》，中华书局1975年版。

（南朝梁）沈约撰：《宋书》，中华书局1974年版。

（明）宋濂等撰：《元史》，中华书局1976年版。

（元）脱脱等撰：《金史》，中华书局1975年版。

（元）脱脱等撰：《宋史》，中华书局1977年版。

（北齐）魏收撰：《魏书》，中华书局1974年版。

（清）张廷玉等撰：《明史》，中华书局1974年版。

二　文献和专著类

柏铮主编：《中国古代官制》，北京大学出版社1989年版。

北京图书馆古籍出版编辑组：《北京图书馆古籍珍本丛刊》第91册，书目文献出版社1987年版。

北京图书馆古籍出版社编辑组：《北京图书馆古籍珍本丛刊》第77册，书目文献出版社1990年版。

蔡美彪：《元代白话碑集录》，科学出版社1955年版。

（清）曹元忠：《蒙鞑备录校注》，《续修四库全书》本，上海古籍出版社2002年版。

（金）长筌子：《洞渊集》，《道藏》本，文物出版社、上海书店、天津古籍出版社联合出版，1988 年版。

（明）陈继儒撰，陈桥生评注：《小窗幽记》，中华书局 2008 年版。

（清）陈立：《白虎通疏证》，中华书局 1994 年版。

（清）陈铭珪：《长春道教源流考》，聚德堂丛书本，1929 年版。

（宋）陈景元集注：《元始无量度人上品妙经四注》，《道藏》本，文物出版社、上海书店、天津古籍出版社联合出版，1988 年版。

陈全林点校：《新编张三丰先生丹道全书》，团结出版社 2008 年版。

陈垣：《道家金石略》，文物出版社 1988 年版。

陈垣：《南宋初河北新道教考》，中华书局 1962 年版。

《洞玄灵宝玉京山步虚经》，《道藏》本，文物出版社、上海书店、天津古籍出版社联合出版，1988 年版。

傅勤家：《中国道教史》，商务印书馆 2011 年版。

高明见：《道教海上名山——东海崂山》，宗教文化出版社 2007 年版。

（宋）郭茂倩：《乐府诗集》，中华书局 1979 年版。

海天秋月道人玄全子集：《真仙直指语录》，《道藏》本，文物出版社、上海书店、天津古籍出版社联合出版，1988 年版。

（宋）洪兴祖：《楚辞补注》，中华书局 1983 年版。

胡道静等编：《藏外道书》第五册，巴蜀书社 1992 年版。

（汉）桓谭：《新论》，上海人民出版社 1976 年版。

（明）黄宗昌：《崂山志》，文海出版社 1961 年版。

（清）黄肇颚：《崂山续志》，山东省地图出版社 2008 年版。

黄晖：《论衡校释》，中华书局 1990 年版。

（日）吉川忠夫等编：《真诰校注》，朱越利译，中国社会科学出版社 2006 年版。

即墨市史志办公室编：《即墨县志》，中国和平出版社 2005 年版。

贾传棠编：《五朝小说大观》，中州古籍出版社 1991 年版。

（南唐）静、筠二禅师编：《祖堂集》，中华书局 2007 年版。

蓝水：《崂山古今谈》，崂山县县志办公室编，1985 年版。

（宋）李昉等：《太平广记》，中华书局 1961 年版。

（元）李道谦：《甘水仙源录》，《道藏》本，文物出版社、上海书店、天津古籍出版社联合出版，1988 年版。

（元）李道谦：《七真年谱》，《道藏》本，文物出版社、上海书店、天津古籍出版社联合出版，1988 年版。

（元）李志常：《长春真人西游记》，河北人民出版社 2001 年版。

（清）梁教无：《玄门必读》，萧天石主编《道藏精华》本，自由出版社 1980 年版。

（清）林浦修、周翕镆等纂：《即墨县志》，成文出版社 1976 年版。

（南朝宋）刘敬叔：《异苑》，中华书局 1996 年版。

（宋）刘希岳：《太玄朗然子进道诗》，《道藏》本，文物出版社、上海书店、天津古籍出版社联合出版，1988 年版。

（明）陆西星：《邱长春真人青天歌测疏》，胡道静等编《藏外道书》本，巴蜀书社 1992 年版。

（南朝宋）陆修静：《洞玄灵宝斋说光烛戒罚灯祝愿仪》，《道藏》本，文物出版社、上海书店、天津古籍出版社联合出版，1988 年版。

（唐）吕岩：《纯阳真人浑成集》，《道藏》本，文物出版社、上海书店、天津古籍出版社联合出版，1988 年版。

《吕祖志》，《道藏》本，文物出版社、上海书店、天津古籍出版社联合出版，1988 年版。

（金）马钰著，赵东伟辑校：《马钰集》，齐鲁书社 2005 年版。

（金）牧常晁：《玄宗直指万法同归》，《道藏》本，文物出版社、上海书店、天津古籍出版社联合出版，1988 年版。

（元）彭致中：《鸣鹤余音》，《道藏》本，文物出版社、上海书店、天津古籍出版社联合出版，1988 年版。

（元）祁志诚：《西云集》，《道藏》本，文物出版社、上海书店、天津古籍出版社联合出版，1988 年版。

（元）秦志安：《金莲正宗记》，《道藏》本，文物出版社、上海书店、天津古籍出版社联合出版，1988 年版。

青岛市崂山风景区管理局和崂山区文化新闻出版局编：《崂山摩崖集萃——华楼篇》，中国海洋大学出版社 2016 年版。

青岛市崂山区志编纂委员会编：《崂山区志》，方志出版社 2008 年版。

青岛市崂山文化研究会：《崂山研究》第 1 辑，中国海洋大学出版社

2006 年版。

青岛市崂山文化研究会：《崂山研究》第 2 辑，中国海洋大学出版社
2008 年版。

青岛市诗词学会编：《万古崂山千首诗》，新华出版社 2002 年版。

青岛市史志办公室编：《崂山志》，五洲传播出版社 2003 年版。

青岛市政协文史资料委员会：《青岛文史撷英——古迹寻踪》，新华
出版社 2000 年版。

（金）丘处机著，赵卫东辑校：《丘处机集》，齐鲁书社 2005 年版。

人若书编著：《万神圭旨·万法秘藏》，西南师范大学出版社 1993
年版。

任继愈：《中国道教史》，上海人民出版社 1990 年版。

任颖卮：《崂山道教史》，中央编译出版社 2009 年版。

（清）阮元：《十三经注疏·尚书正义》，中华书局 1980 年版。

（宋）阮阅：《诗话总龟》，人民文学出版社 1987 年版。

（清）石和阳：《太上黄庭经注》，萧天石主编《道藏精华》本，自
由出版社 1980 年版。

（民国）宋宪章等修：《牟平县志》，成文出版社 1968 年版。

（宋）宋先生述：《了明篇》，《道藏》本，文物出版社、上海书店、
天津古籍出版社联合出版，1988 年版。

孙守信、王玉华编著：《青岛崂山》，青岛出版社 1997 年版。

孙文昌等：《崂山与名人》，旅游教育出版社 1997 年版。

（金）谭处端等著，白如祥辑校：《谭处端·刘处玄·王处一·郝大
通·孙不二集》，齐鲁书社 2005 年版。

唐圭璋编：《全金元词》，中华书局 1979 年版。

（元）陶宗仪：《南村辍耕录》，中华书局 1959 年版。

（金）王嚞：《重阳分梨十化集》，《道藏》本，文物出版社、上海书
店、天津古籍出版社联合出版，1988 年版。

（金）王嚞：《重阳全真集》，《道藏》本，文物出版社、上海书店、
天津古籍出版社联合出版，1988 年版。

（金）王重阳著，白如祥辑校：《王重阳集》，齐鲁书社 2005 年版。

（晋）王嘉撰，（梁）萧绮录：《拾遗记》，中华书局 1981 年版。

（明）王逵：《蠡海集》，中华书局 1985 年版。

（清）王士禛：《池北偶谈》，中华书局 1982 年版。

（元）王玠：《青天歌注释》，《道藏》本，文物出版社、上海书店、天津古籍出版社联合出版，1988 年版。

（元）王颐中集：《丹阳真人语录》，《道藏》本，文物出版社、上海书店、天津古籍出版社联合出版，1988 年版。

王国维：《长春真人西游记校注》，广文书局 1972 年版。

王集钦：《崂山碑碣与刻石》，青岛出版社 1998 年版。

王明：《抱朴子内篇校释》，中华书局 1986 年版。

王瑞竹：《崂山诗刻今存》，中国海洋大学出版社 2013 年版。

王瑞竹：《崂山题刻今存》，中国海洋大学出版社 2016 年版。

王淑岷：《列仙传校笺》，中华书局 2007 年版。

王原祁等纂辑，孙霞整理：《佩文斋书画谱》第三册，文物出版社 2013 年版。

王宗昱编：《金元全真教石刻新编》，北京大学出版社 2005 年版。

务成子注：《太上黄庭外景经》，（宋）张君房辑《云笈七签》本，齐鲁书社 1988 年版。

萧天石主编：《道藏精华》，自由出版社 1980 年版。

（元）谢西蟾、刘志玄：《金莲正宗仙源像传》，《道藏》本，文物出版社、上海书店、天津古籍出版社联合出版，1988 年版。

（元）熊梦祥：《析津志辑佚》，北京古籍出版社 1983 年版。

许旌阳述：《灵剑子引导子午记》，《道藏》本，文物出版社、上海书店、天津古籍出版社联合出版，1988 年版。

严一萍：《道教研究资料》第二辑，艺文印书馆 1974 年版。

姚从吾：《东北史论丛》，正中书局 1976 年版。

（元）耶律楚材：《西游录》，中华书局 1981 年版。

（汉）阴长生注：《金碧五相类参同契》，《道藏》本，文物出版社、上海书店、天津古籍出版社联合出版，1988 年版。

苑秀丽、刘怀荣：《崂山道教与〈崂山志〉研究》，中国社会科学出版社 2011 年版。

苑秀丽、刘怀荣校注：《崂山志校注》，人民出版社 2015 年版。

（宋）赞宁：《宋高僧传》，中华书局 1987 年版。

（明）张丑：《清河书画舫》，上海古籍出版社 2011 年版。

（宋）张伯端：《修真十书悟真篇》，《道藏》本，文物出版社、上海书店、天津古籍出版社联合出版，1988 年版。

（宋）张君房辑：《云笈七签》，齐鲁书社 1988 年版。

（唐）张果老述：《太上九要心印妙经》，《道藏》本，文物出版社、上海书店、天津古籍出版社联合出版，1988 年版。

（明）张宇初等：《道藏》，文物出版社、上海书店、天津古籍出版社联合出版，1988 年版。

（民国）赵琪修、袁荣等纂：《胶澳志》，成文出版社 1968 年版。

（元）赵道一：《历世真仙体道通鉴》，《道藏》本，文物出版社、上海书店、天津古籍出版社联合出版，1988 年版。

（元）赵道一：《历世真仙体道通鉴续编》，《道藏》本，文物出版社、上海书店、天津古籍出版社联合出版，1988 年版。

赵伟：《崂山道教与佛教研究》，人民出版社 2015 年版。

（宋）周方：《至真子龙虎大丹诗》，《道藏》本，文物出版社、上海书店、天津古籍出版社联合出版，1988 年版。

周志元：《崂山名胜介绍》，山东人民出版社 1959 年版。

周志元：《崂山志》，齐鲁书社 1993 年版。

三　论文类

常大群：《至今绝壁幽岩下，尚有群仙听海潮——崂山全真道胜迹》，《中国宗教》2005 年第 12 期。

常大群：《山东半岛全真七子碑刻、摩崖石刻寻真》，《中国道教》2007 年第 1 期。

邓安生：《〈琴操〉的版本与作者》，《民族文学研究》2014 年第 5 期。

郭清礼：《金山派始祖孙玄清生平考述》，《中国道教》2011 年第 4 期。

何孝容：《从高僧到大师：憨山德清的崂山生涯》，《江西社会科学》2014 年第 10 期。

李晓菲：《新发现元代金牌及元代牌符文献研究》，《西南民族学院学报》2002 年第 12 期。

刘怀荣、石飞飞：《清代崂山道教发展考略》，《青岛大学师范学院学报》2012 年第 4 期。

刘明、王铭：《元初崂山太清宫圣旨石刻研究》，《青岛大学师范学院学报》2006 年第 5 期。

马萌：《〈琴操〉撰者考辨》，《中国社会科学院研究生院学报》2005 年第 2 期。

谭勤：《〈全金元词〉丘处机〈西江月〉词辨误》，《汉语史学报》第十四辑，上海教育出版社 2014 年版。

佟柱臣：《成吉思皇帝赐丘处机圣旨石刻考》，《文物》1986 年第 5 期。

王辉斌：《蔡邕与〈琴操〉及其题解批评》，《广西师范大学学报》2013 年第 3 期。

尹洪林：《全真道随山派发祥地考记》，《三秦道教》2013 年第 2 期。

赵德波：《〈琴操〉的作者及其成书》，《西南交通大学学报》2008 年第 5 期。

后　记

　　2015 年本人获北京大学文学博士学位后，至青岛大学文学院任教，从此有了较多的机会接触和了解崂山。逢刘怀荣先生组织编撰《崂山文化研究丛书》第二辑，其中崂山题刻部分的撰稿本由我的同事宋亚莉老师负责，但她因有项目急做，无暇顾及，故转嫁给了我。限于时间和能力，起初我感觉难以胜任此项工作，好在生活工作之余，接触到不少研究崂山文化和青岛地方文化的同道，并拜读了他们的许多研究成果，这支持和鼓舞了我做此项研究工作的信心。

　　书稿撰写之初，确实遇到不少困难，没有研究基础，资料缺乏，时间紧迫，精力不能集中。此外，查阅资料时我又发现，部分崂山题刻在上石之时即有谐音字现象或文字错误之处存在，这给后人的理解和解读带来困难，还有一些诗词题刻的内容本是道家修炼要诀，文句中含有较多晦涩难懂的道教术语，而道家文化研究又非本人所长，这无疑给本书的撰写增添了很大难度。因此，协调好工作与研究的时间后，全面搜集与崂山题刻相关的史志资料，学习道教文化知识，查询道教相关文献等，占据了书稿写作的大部分时间。尽管付出了很大努力后，书稿最终完成，但仍有些许内容阙疑待考，部分内容感觉空洞，错误或欠妥之处更觉难以一时肃除，故心中忐忑，祈请方家拨冗斧正。

　　为增强学术性和可读性，本书在论述相关题刻内容时力求做到图文并茂，一目了然，故实地考察和相应题刻的图片不可缺少。通过网络和参阅前人的成果，我看到了大量崂山题刻的图片，这能帮助我尽快地投入研究，不过本书内容涉及的题刻及所用图片，我一直想利用地利条件亲至崂山拍摄最新版。崂山地域广阔、支脉众多，部分地区艰险难攀，有些题刻漫漶严重，有些题刻又为草木所掩，有些题刻需要反复寻找辨认，且崂山部分地区近年因自然灾害而封山修缮，故凭一己之力难以在短时间内完成所有图片的搜寻与拍摄。再加上本人教学与科研任务繁重，只有周末才有时间进山，故一年来入山近三十次，才基本将书中涉及的题刻搜集并拍摄齐全。

崂山部分山区高大险峻，翻山越岭的辛酸自不必多言，其中一些经历也使自己刻骨铭心，如自己开路上山、穿越丛林时身上多处擦破流血，在毒蛇出没区遇到毒蛇时的惊心动魄，被护林防火人员驱赶时的委屈与无奈，天色晚时急寻隐处石刻而致汗水渗透棉服，等等，不一而足。其中的一些艰险经历现在想想都后怕，甚至说以命相搏也不为过。虽历尽艰辛与困苦，但当看到那些一般游人难以观摩的题刻时，内心又是欣喜的，成就感油然而生，所以一年来自己坚持探寻崂山题刻的意志和决心从未动摇。另外，崂山自然景色雄壮优美、文化底蕴深厚，当把领略文化和欣赏风景相结合时，也就冲淡了那些困苦与艰辛。

虽然书中涉及的题刻我已基本看到了实物，但有些题刻图片的拍摄并不理想。因为有些题刻位于人迹罕至的荒山野岭，保护措施缺乏，风化愈加严重；还有些题刻前的竹木近年来长势高大茂密，将部分文字掩盖，不能直观；也有一些题刻随着山石渐渐沉入地下，底部文字已经难以看到。所以，本人近一年来拍摄的崂山题刻图片，有些不及他人前些年所拍。另外，限于条件，本人没有团队和高级的拍摄设备，一些悬崖高处的题刻只能远处拍照，图片字迹较难辨识清楚。在此要感谢崂山风管局的栾绍刚处长和风管局资源处高工相石宝老师，从 2017 年开始，他们组织专业人士对崂山上的部分题刻进行拓印，并将拓片移交青岛市博物馆文保部进行存档保存，书中个别图片即为崂山风管局和市博物馆提供的拓本。另外，本书撰写过程中还得到过其他一些人士的帮助：关于崂山太清宫原有《道藏》的存储问题，咨询了青岛市博物馆文保部罗琦副主任，崂山题刻的拓本图片也是他转发给我的；关于崂山历代碑刻的现状问题，咨询过崂山清风道院的卜道长和华楼山沈鸿烈别墅的看宅老人；在寻找某些荒僻之地的题刻时，得到过当地村民的指点；关于某题刻中的文字辨识，咨询过同事兼校友的王术臻老师；刘怀荣先生为全部书稿的组织协调和出版等事宜奔波劳顿，还为本书提出了很多修改意见。在此，对以上支持和帮助过本书撰作的所有人士致以衷心的感谢！